KB179796

임진왜란기

손자병법
주해

임진왜란기

孫子兵法註解

손자병법 주해

이순신과 조선 장수들이 읽은 병법지침서

손무 지음 | 노승석 옮김

여해

역자 서문

인류의 역사를 보면 어느 시대를 막론하고 태평성대를 추구하는 현명한 위정자들은 항상 전쟁을 국가가 발전하는데 소홀할 수 없는 불가분의 관계로 보았다. 이러한 인식은 이미 2천여 년 전 중국 춘추시대의 최고 병법가인 손무(孫武)가 "전쟁이란 국가의 대사이다."라고 말한 데서 비롯하였다. 이것이 패도(覇道)가 성행한 시대의 전쟁 이론이지만, 인간의 생사와 국가의 존망이 달린 현실적인 문제라는 점에서 항상 중시되어 온 것이다.

물론 천하 경영의 방법에 있어서 유가(儒家)에서 중시하는 오덕(五德, 인의예지신)의 도덕론이 당연히 우위에 있음은 재삼 논할 필요가 없다. 하지만 손무가 말한 장수의 오덕(지신인용엄)도 유가의 영향을 받은 덕목이고, 이를 기반으로 한 다양한 전쟁 이론이 항상 국가경영에 큰 도움이 되어왔다. 때문에 그가 지은《손자병법》은 이 세상에서 시대를 관통하는 최고의 병법지침서로서 자리 매김할 수 있었다.

이로 인해 후대에는 각 시대별 병가들에 의해《손자병법》에 대한 연구가 끊임없이 이어져 왔다. 삼국시대 위(魏)나라 때 조조(曹操)부터 시작하여 당송(唐宋)과 명청(明淸) 시대를 거쳐 근현대에 이르기까지 수많은 주석서가 나오게 되었다. 특히 송대에 병가인 주복(朱服)과 하거비(何去非)가《무경칠서》를 편찬하면서 여기에 포함된《손자병법》이 선본으로 정해지고 명대에는 이것이 무과 시험에 사용되었다.

그러한《손자병법》이 조선에도 전해져 무과시험 과목으로 사용됨에 따라 대부분의 장수들이 전쟁 대비를 위해 교본으로 사용하며 전법을 익혔다.《손자병법》을 보면, 전쟁 준비 과정에서의 예측, 속전의 중요성, 승세를 이용하는 법, 변화에 대응하는 위장 전술, 기(奇)와 정(正)·분산과 집중의 전술, 유인 작전, 지형의 활용법, 간첩 이용법 등이 주된 내용이다. 이로써 살펴보면《손자병법》은 전쟁에 유용한 전법 이론이 총 망라된 것이라고 할 수 있다.

우리나라에서 최고 전략가로 손꼽히는 이순신은 임진왜란의 전쟁에서 한 번도 진 적이 없는 불패의 전공을 세운 인물이다.

이러한 이유에 대해 학계에서는 이순신이《손자병법》의 이론을 충실히 실행했기 때문이라고 한다. 또한 병법연구가들은 이순신의 전법 대부분이 이길 수 있는 형세를 만들어 놓고 전쟁을 구한다는《손자병법》의 선승구전(先勝求戰) 이론과도 일치하므로, 이순신 전법에 대한 이해는 곧《손자병법》에 대한 이해라고까지 말한다. 이러한 점에서《손자병법》이 이순신 전법의 근간이 되는 것이므로, 필자는 우선 이순신이 직접 읽은《손자병법》판본을 찾아야겠다는 생각을 하였다.

이에 해당 판본을 찾기 위해 10여 년 전부터 임진왜란과 관계된《손자병법》판본에 대한 조사를 하였다. 그 결과 중국 명나라 때 만력(萬曆) 연간에 간행된 3종의 판본을 확인하였다. 그중에서 1종의 판본이 유력했는데, 바로 만력 22년 갑오년(1594) 맹동(10월)에 남경(南京)과 절강성(浙江省), 광동성(廣東省)에서 항왜 활동에 참가한 명나라의 병가들에 의해서 남경(南京)의 국자감(國子監)에서 간행된 것이다. 이 판본은 세간에 제대로 소개된 적이 없는 희귀본으로 판단된다. 이때 남경의 병부우시랑(兵部右侍郎)이었던 형개(邢玠)가 간행을 감독한 것으로 보인다. 이 판본의 간행 목적이 "무력으로 왜적을 정벌하려는 것(撻伐倭虜之策)"이며, 갑오년 10월 이후 이것이 조선에 유입되어 1597년 10월 이순신이 고하도로 진영을 옮긴 후 민가에서 수백 권의 한정판으로 재간되고, 조선의 모든 장수들이 읽었다고 한다. 따라서 이 판본의 유입 시기와 보급 상황을 미루어 보면, 이순신과 조선의 장수들이 이 책을 읽고서 명량대첩과 노량해전을 치렀을 것으로 짐작된다.

> 나를 알고 적을 알면 백 번 싸움에 백번 이기고, 나를 알고 적을 모르면 한번 이기고 한번 질 것이다. 나를 모르고 적도 모르면 매번 싸울 때마다 반드시 패할 것이다. 이는 만고불변의 이론이다.
>
> 知己知彼 百戰百勝 知己不知彼 一勝一負 不知己不知彼 每戰必敗 此萬古不易之論也
>
> -《난중일기》 갑오년 11월 28일 이후 기록 -

이순신은 《난중일기》에 위의 《손자병법》〈모공편〉의 지피지기(知彼知己)에 관한 구절을 옮겨 적었다. 이는 이순신이 《손자병법》을 읽었다는 중요한 근거가 되어 준다. 특히 이순신이 적은 시기가 갑오년 겨울인데, 만력 갑오본 판본이 간행된 직후 조선에 유입되어 이순신이 보고 적은 것으로도 추정된다.

만력 갑오본《손자병법주해》는 편수가 13편이고 원문 글자는 약 6천여 자이고, 주해는 약 만 4천여 자로 총 2만여 자이다. 이 판본 상황은 송대의 주복(朱服)이 교정한《무경칠서》계통이고, 주해의 내용은 명대의 병가인 유인(劉寅)과 조본학(趙本學), 그 외 다양한 역대 병가의 이론들이 두루 반영되었다. 기존의 판본에 없는 새로운 주해도 보인다.

이제 수년 만에 이 책에 대한 해독 작업을 마치고보니, 이 책은 중국의 역대 최고 병법가들이 전쟁에서 경험한 전법을 모아 만든 실용적인 전법이론서임을 알게 되었다. 특히 이 책의 원문을 해석함에 있어서 판본에 영향을 많이 받은 1568년에 간행된 조본학의《손자교해인류(孫子校解引類)》주석을 많이 인용하였다. 이 책은 주해 내용이 핵심이므로, 원문은 가급적 주해의 의미를 살려서 번역하였고, 주해의 출처도 일일이 밝혔다. 간혹 원문이 마멸되거나 훼손된 부분은 이본(異本), 또는 역대 병가들의 이론을 추적하여 해당 글자들을 찾아서 보충하였다. 이 과정에서 새롭게 해석한 대표적인 사례 23건을 해제에 수록하였다.

이 책이 전하는 의미의 핵심은 위급한 전쟁 상황을 단기에 속전하여 승리하는 비결을 전해주는 것이다. 21세기 무한경쟁

시대에 사는 현대인들도 이 책을 읽고 뜻하지 않은 위기를 만났을 때 슬기롭게 극복하고 진정한 승리의 의미를 실천할 수 있기를 바란다. 무엇보다 임진왜란 당시 실전용으로 사용된 전쟁 이론들이 더욱 의미 있게 와 닿을 것이다.

필자는 대학원시절 한중고전분야의 최고 권위자이신 송재소 교수님과 임형택 교수님으로부터 고전해독의 방법을 배웠는데, 이때 얻은 문리력이 《손자병법주해》를 완역하는데 큰 도움이 되었다. 이 책의 원문과 주석을 분석하는 과정에서 역대 병가들의 다양한 이론을 참고하였지만, 아직도 미진한 점이 있을 것이다. 끝으로 이 책의 해석 내용에 대해 세인들의 많은 관심과 질정을 바라는 바이다.

2022. 3.
여해연구실에서
노승석

차 례

일러두기

1. 이 책은 만력 갑오년(1594)에 명나라에서 간행된 《손자병법》을 번역의 저본으로 삼았다. 이는 임진왜란 당시 왜군을 정벌하기 위한 목적으로 간행된 판본으로, 이순신과 조선 장수들이 실전에 사용한 병법지침서이다.
2. 역대 다양한 병가들의 이론이 다양하게 인용되었고, 일부 새로운 주석도 수록되어 있다.
3. 이 책은 《무경칠서》계열의 명대 판본의 영향을 많이 받았기에 임진왜란 이전에 간행된 조본학의 《손자교해인류(孫子校解引類)》 주석을 많이 인용하였다.
4. 원문은 주석의 의미에 맞게 번역하고, 전후 문맥과 상황에 맞는 의역을 하였다. 때에 따라 주석에 근거하여 원문에 없는 용어를 삽입하였다.
5. 기존의 번역서를 참고하되 기존 저자의 창작적인 해석은 가급적 인용을 피했다.
6. 각 편의 첫 장에는 전체 내용의 요약문을 수록하였다.
7. 주해에 인용된 고사는 중국의 고전적 및 26사(史)와 한국고전번역원 DB를 참고하였다.

해제

1. 손무(孫武)와 《손자병법》

춘추 시대 말기의 병법가인 손자(孫子)는 이름이 무(武)이고 제(齊)나라 낙안(樂安, 지금의 산동 혜민현) 사람이다. 그의 조상인 진완(陳完)은 진(陳)나라 사람인데, 진나라가 멸망하자 제(齊)나라로 망명하여 성을 전(田)으로 바꿨다. 그의 조부인 전서(田書)는 제나라 대부로서 거읍(莒邑)을 공격하여 공로를 세워 제나라 경공(景公)이 손(孫)씨 성을 하사하고 낙안을 영지로 주었다.

제나라에 전(田)·포(鮑)·난(欒)·고(高)씨 4가의 반란이 일어나자, 손무는 오(吳)나라로 도피하여 도성인 고소(姑蘇) 서쪽 궁륭

산에서 은거하였다. 이때 초나라 장수 오자서(伍子胥)[1]도 오나라로 망명하여 손무와 교유하며 돈독한 관계를 맺었다. 이를 계기로 손무는 천하를 경영하는 데 전쟁이 중요함을 깨닫고 전쟁 경험을 바탕으로 《손자병법(孫子兵法)》 13편을 짓게 되었다.

한편 오나라 공자 광(光)은 오자서와 함께 모의하여 오왕 요(僚)를 죽이고 스스로 왕이 되었다. 이가 바로 합려(闔閭)인데, 이때 오자서를 등용하여 행인(行人)[2]에 임명하고 국방과 외교정책에 대해 논의하였다. B.C 512년 오나라와 초나라가 전쟁하는데, 오자서가 오왕에게 손무를 추천하였다. 이와 관련한 내용이 사마천의 《사기(史記)》〈손자오기열전(孫子吳起列傳)〉에 다음과 같이 나온다.

손무가 오왕 합려에게 《손자병법》13편을 바치니 오왕이 손

---

1 중국 춘추전국시대 초(楚) 나라 사람. 그의 아버지 오사(伍奢)와 형인 오상(伍尙)이 초나라 평왕에게 죽음을 당하자, 오(吳)나라 왕 합려(闔閭)를 도와 초나라를 치고 수도인 영(郢)에 들어가서 죽은 평왕의 무덤을 파헤쳐 시체를 채찍질하여 복수했다.《사기》〈오자서열전〉 오나라 부차(夫差)를 도와 월(越) 나라를 정벌하는데 큰 공을 세웠으나 후에 부차에게 처형당했다.

2 춘추시대 때 조정에서 알현하고 외국의 사자를 접대하는 일을 맡은 관리이다.

무에게 말하기를,

"그대의 13편을 내가 다 보았소. 군사를 지휘하는 것을 조금 시험해볼 수 있겠는가"

라고 하였다. 이 말을 미루어 보면《손자병법》13편이 손무의 저작임을 분명히 알 수 있다. 손무는 왕이 제안한대로 오왕의 궁녀 180명을 두 편으로 갈라 오왕의 총애하는 후궁 두 명을 대장으로 삼아 훈련하도록 하였다. 그러나 두 대장이 웃으며 명을 따르지 않자, 손무는 군중에서는 왕명을 따르지 않는다며 이들의 목을 베고, 대장을 재임명하여 잘 훈련시켰다. 손무가 오왕에게 보고하기를, "군사가 잘 정돈되었으니, 왕께서 원하는 대로 사용하십시요. 물과 불 속에도 달려 들어갈 수 있을 것입니다."라고 하였다. 오왕은 결국 손무가 용병에 능함을 깨달아 장수로 임명하고, 서쪽의 강국인 초나라를 격파하여 영(郢, 수도)으로 들어가서 제나라와 진나라에 위엄을 보이니 제후들

에게 이름이 알려졌다.[3]

손무가 등용된 이후 오자서와 함께 초나라를 공격하는 작전을 본격적으로 시작하였다. 오나라 군사 3천명을 거느리고 초나라 군사 20만 명을 상대하여 전쟁한 결과, 초나라를 크게 격파하여 수도를 점령하고 오왕이 추구한 패권을 차지함으로써 최대의 전공을 세웠다. 이때 오왕의 아들 부차(夫差)가 왕이 되었는데, 오자서가 부차(夫差)를 도와 월(越) 나라를 정벌하여 큰 공을 세웠으나 후에 부차에게 처형을 당했다. 손무의 이 이후에 대해서는 기록이 없어서 알 수가 없다고 한다.[4]

위에 언급한《사기》내용과 전국 시대와 진한(秦漢) 시대에 나온《전국책》·《여씨춘추》·《한비자》같은 기록에서 손무와《손자병법》에 대한 일부 내용이 확인되었다. 그러나 이 이상의 구체적인 기록이 없다보니 송(宋)대 이후에는 학자들이 간혹 이에 대해 의문을 제기하였다. 송대 학자 구양수(歐陽修)는 "손

---

3 사마천,《사기(史記)》권65,〈손자오기열전(孫子吳起列傳)〉

4 고체(古棣),《손자병법대사전》〈서론·손자병법내용개설〉, 상해고적출판사, 2015, 참고.

무의 병서는 전국의 기울어진 설"이라고 하고, 엽적(葉適)은 "모두 사실이 아니다"라고 하였으며, 진진손(陳振孫)은 "손무가 《좌씨전》에 나오지 않으니 어느 때 사람인지 알 수 없다"고 하였다. 명대 학자 황운미(黃雲眉)와 청대 학자 전조망(全祖望)도 역시 의문을 제기하였다. 그러나 이러한 여러 가지 설에는 억측의 판단이 많고 역시 증거가 부족하다고 한다.[5]

한편 명대 학자 송렴(宋濂)과 청대 학자 손성연(孫星衍)은 손무의 《손자병법》이 실존했던 사실 기록이라는데 의견을 함께 하였다. 후한의 학자 반고(班固)의 《한서》〈예문지〉에 《오손자(吳孫子)》 82편이 보이고, 당대 학자 두우(杜佑)가 지은 《통전》에 《손자》의 내용이 약간 보인다. 이처럼 손무의 《손자병법》에 대한 역대 학자들 간의 논란이 오랫동안 있어 왔던 것이 사실이다.

그러나 1972년 산동성 은작산(銀雀山)에 있는 서한(西漢)의 묘에서 죽간에 2천 6백여 자가 적힌 《손자병법》이 《손빈병법》과

---

5 오구룡(吳九龍), 《손자교석(孫子校釋)》〈전언(前言)〉, 북경 군사과학출판사, 1990, 참고.

함께 발견되고,[6] 이 내용이《사기》내용과 일치함에 따라 그동안 있었던《손자병법》에 대한 논란과 의문이 모두 해소되었다. 이는 결국 손무라는 인물이《손자병법》을 저술한 춘추 시대의 실존 인물이었다는 사실이 밝혀진 것이다.

2.《손자병법》의 판본과 주석서

죽간본《손자병법》은 손무의 친필본에 가까우나 후대에 전하는 판본보다 분량이 적은 차이점이 있다. 전한(前漢) 때부터《손자병법》의 판본을 수집하고 정리하는 작업이 본격적으로 시작되었는데, 초기에 장량(張良)[7]과 한신(韓信)[8]이 병서의 차례를 정하고, 그 후 성제 때 임굉(任宏)[9]이 원문의 글자를 교정하

---

6 오구룡 등이《산동임기의 서한묘에서 발견된 손자병법과 손빈병법 등의 죽간 보고》를 발표했다.

7 장량은 중국 천하를 통일한 전략가로서 지략이 뛰어나고 병법에 통달했다. 한(漢)나라 유방(劉邦)을 도와 항우(項羽)를 패망시키고 다리 밑에서 황석공에게 병법을 전수받은 고사가 있다.

8 한신(韓信)은 한나라 유방이 천하를 통일하는데 공을 세운 장수로 장량과 소하와 함께 삼걸이라 한다.

9 임굉(任宏)은 중국 한나라 성제(成帝) 때 병법에 뛰어난 학자로 병서와 술서 등

고 정본을 만들었다. 이때 《손자병법》의 명칭은 《한서》〈예문지〉에 보이는 《오손자병법》이다.

최초의 《손자병법》 주석서로는 삼국시대 위(魏)나라 때 조조(曹操)가 주석한 《손자주(孫子注)》를 들 수 있고, 그 후 당송 시대에 여러 종류의 주석서가 나오게 되었다. 송나라 원풍(元豐) 연간(1078~1085)에는 《무경칠서(武經七書)》가 간행되었는데, 이를 칠서(七書)라고도 한다. 여기에는 국자사업(國子司業) 주복(朱服)[10]과 무학박사(武學博士) 하거비(何去非)[11]가 《손자》를 교정한 《주복교정손자(朱服校定孫子)》가 들어 있다. 이 책은 명대에 간행된 유인(劉寅)[12]의 《무경칠서직해(武經七書直解)》와 조본학(趙

을 교정했다.

10 주복(朱服 1048~?)은 송나라 때 호주 오정(湖州烏程, 절강성 호주) 사람이다. 1083년 신종 때 국자 사업(國子司業)을 맡아 무경칠서를 교정했다. 이는 당시 수백 종의 병서 중 최고만을 정선하여 교감한 것으로 선진(先秦)부터 당(唐)까지의 병서를 대표한다.(성백효, 《손무자직해》〈해제〉(김성애) 전통문화연구회 인용)

11 하거비(何去非)는 북송의 포성(浦城, 복건성 포성시) 사람으로, 평소 용병의 지략에 밝았다. 신종 때 1082년 무학교수를 거쳐 무학 박사가 되어 왕명을 받들어 《손자》를 교정하고 칠서(七書)를 간행하였다.

12 유인(劉寅)은 산서성 곽현(崞縣) 사람으로 명나라 태조 때 시랑을 지냈다. 《무경칠서직해》를 교감하고 직해했는데, 여기에 《손무자직해(孫武子直解)》가 들어있다. 이 책이 명대의 가장 먼저 나온 판본이다.

本學)[13]의 《손자교해인류(孫子校解引類)》에 큰 영향을 주었다.

또한 《손자병법》에 대한 병가 11명의 주석을 모은 《십일가주손자(十一家注孫子)》가 있다. 이것은 송나라 때 길천보(吉天保)가 병가 10명의 주석을 모은 《십가회주(十家會注)》에 당나라 때 두우(杜祐)가 기록한 《통전(通典)》의 병부에 관한 주석을 합본한 것이다. 여기의 병가 10명은 위나라의 조조, 양(梁)나라의 맹씨, 당(唐)나라의 이전(李筌)·가림(賈林)·두목(杜牧)·진호(陳皞), 송(宋)나라의 왕석(王晳)·매요신(梅堯臣)·하씨(하연석(何延錫))·장예(張預)를 말한다.[14]

명(明)나라 때 1486년 진사 유인(劉寅)이 편찬한 《무경직해》에 들어 있는 《손무자직해(孫武子直解)》가 있다.[15] 이는 원문의 오류를 고증하여 교감하였고, 특히 옛 주석에서 여러 병가의

---

13 조본학(趙本學 1478-1544)은 복건성 천주(泉州) 사람이다. 자가 본학, 이름은 세욱(世郁), 호는 허주(虛舟). 이학자 채청(蔡淸)의 제자로 역경에 밝았고, 《손자병법》을 깊이 연구하여 손자를 주해하여 간행하였다.

14 오용구, 《손자교석(孫子校釋)》〈전언(前言)〉; 《십일가주 손자교리》, 중화서국, 1999, 참고.

15 국내에는 2012년 전통문화연구회에서 간행한 성백효의 《완역 손무자직해》가 대표적이다.

모순된 내용들을 바로잡아 통일하고 이해하기 어려운 점을 보완한 것이다. 주로 조조와 두목, 장예의 주석을 인용하되 특히 장예가 난해한 점을 분석한 것을 많이 언급하였다.

그 후 1568년 조본학(趙本學)이 편찬한 《손자교해인류(孫子校解引類)》가 있는데, 이는 《손자십삼편주해(孫子十三篇註解)》, 또는 《조주손자(趙注孫子)》라고도 한다. 이 책은 《손자》의 서로 다른 문장과 오자를 교정하였다. 저자는 평생 은거한 선비로서 병법과 《주역》에 밝았다. 청나라 초기 《명사(明史)》를 간행할 당시에는 그 저작의 존재를 알지 못했는데, 그의 제자이자 항왜전법 연구가인 유대유(兪大猷)에 의해 비로소 세상에 전해지게 되었다. 조본학은 유인의 설을 중시하고 장예(張預)와 허동(許洞), 소순(蘇洵)의 설을 간혹 인용하되 대부분 자기의 의견을 적었다.

3. 임진왜란기에 간행된 《손자병법》

이상으로 전국 시대부터 후대에 이르기까지 주종을 이룬 《손자병법》의 판본과 주석서에 대한 현황을 살펴보았다. 대표적인 판본은 조조의 《손자주》와 송대의 《무경칠서》, 《십일가주손자(十一家注孫子)》 3종으로 정리되는데,[16] 이 책들은 서기 8세기부터 일본과 조선에 전해지게 되었다. 이 이외에 명나라 때 간행된 유인의 《손무자직해》와 조본학의 《손자교해인류》는 그 당시에 유행한 판본이라는 점에서 큰 의미가 있다.

이 두 판본은 그 당시 간행된 이후와 임진왜란 때 간행된《손자병법》에 큰 영향을 주었을 것으로 보인다. 이에 대해서는 지금까지 제대로 다뤄진 적이 없었는데, 중국의 현대 학자 진병인(陳秉仁)과 주혜림(周慧林)이 편찬한《손자병법》 서목에서 임진왜란 중에 간행된《손자》 2종이 확인되었다.[17]

---

16 오구룡,《손자교석》《손자교석(孫子校釋)》〈전언(前言)〉.

17 고체,《손자병법대사전》〈손자병법〉서목, 상해고적출판사, 2015.

	서 명	저 자	발행처	연 도	비 고
1	《孫子大文附孫子本傳》	미 상	明·朝鮮	萬曆21年(1593)	
2	《孫子》	周國雝	明 籌勝堂	萬曆23年(1595)	무경칠서본

위 두 판본은 현재 확인이 어려운 상태인데, 다만 만력 21년본(1593)인 《손자대문부손자본전》은 일본 국내성(國內省)에 소장된 것으로 확인되고, 만력 23년본(1595)인 주국옹(周國雝)의 《손자》(주승당 간)는 무경칠서 계열의 판본임을 알 수 있다.

위의 《손자병법》 두 판본은 아마도 임진왜란 중에 참전한 장수들이 전쟁에 사용하도록 간행되었을 것이기 때문에 다른 판본과는 분명한 차이가 있을 것이다. 그동안 학계에서는 이순신이 《손자병법》이론을 적용하여 전쟁을 했다는 견해들이 있었는데, 이순신이 《손자병법》 글귀를 적은 내용이 《난중일기》에 나온다.

> 나를 알고 적을 알면 백 번 싸움에 백번 이기고, 나를 알고 적을 모르면 한번 이기고 한번 질 것이다. 나를 모르고 적도 모르면 매번 싸울 때마다 반드시 패할 것이다. 이는 만고불변의 이론

이다.[18]

知己知彼 百戰百勝 知己不知彼 一勝一負 不知己不知彼 每戰必敗 此萬古不易之論也

- 이순신, 《난중일기》 갑오년 11월 28일 이후 기록 -

이는 이순신이 1594년 겨울에 《손자병법》〈모공편〉의 지피지기(知彼知己) 관련한 구절을 《난중일기》에 적은 것이다. 이순신이 이에 대해 "만고불변의 이론"이라고 한 것을 보면 평소에 《손자병법》의 이론을 매우 높이 평가한 것을 알 수 있다. 이뿐 아니라 이순신의 전법은 대부분이 이길 수 있는 형세를 만들어 놓고 전쟁을 구한다는 《손자병법》의 선승구전(先勝求戰) 이론과도 일치한다. 이러한 점에서 《손자병법》은 이순신 병법의 근간이 된다고 할 수 있는데, 그러함에도 이순신이 직접 읽고 참고한 《손자병법》 판본을 찾지 못한 것은 매우 아쉬운 일이었다.

---

18 이순신이 《난중일기》 중 갑오년 9월 3일과 갑오년 11월 28일 이후에 적은 내용이다. 이는 《손자(孫子)》〈모공편(謀攻篇)〉의 내용을 인용한 것인데, 다만 어순이 바뀌고 몇 글자가 수정되었다. 모공편 원문에는 "知彼知己 百戰不殆 不知彼而知己 一勝一負 不知彼不知己 每戰必殆"로 되어 있다.

이에 필자는 10여 년 동안 중국의 삼국시대부터 명나라 만력(萬曆) 연간까지 간행된 《손자병법》 판본들을 두루 조사하였다. 그 결과 20여 종의 판본을 확인하였고, 이를 위주로 추적하여 마침내 임진왜란기에 장수들이 왜군 정벌용으로 사용한 판본을 찾을 수 있었다. 이는 그 당시 남경(南京)과 절강성(浙江省), 광동성(廣東省)에서 항왜 활동하는 병법가들에 의해 광동성 신령(新寧, 현 대산시(臺山市))에서 편찬되었고, 명나라 만력 22년(갑오, 1594) 맹동(孟冬) 10월에 '무력으로 왜적을 정벌하려는 목적(撻伐倭虜之策)'으로 남경(南京)의 국자감(國子監)에서 간행되었다. 이 판본은 세간에 제대로 소개되지 않은 희귀본으로 판단된다.

이 때는 명일간의 강화교섭이 이루어진 시기였는데, 이로 인해 부진한 전쟁 상황을 극복하기 위한 대책으로 병서에 능통한 여러 장수들이 중심이 되어 실전용 《손자병법》을 발행한 것으로 보인다. 그 당시 항왜 활동을 하며 조선의 지원을 준비한 장수로는 형개(邢玠)·유정(劉綎)·진린(陳璘)·오광(吳廣)·마귀(麻貴)·동일원(董一元)·동원진(童元鎭)·이응상(李應祥) 등이 《명사》에서

확인된다.[19]

특히 그 당시 남경(南京)의 병부 우시랑(兵部右侍郎)이었던 형개(邢玠)가 이 책의 간행을 감독했을 것으로 짐작된다. 그 후 1597년 형개는 총독군무아문(總督軍務衙門)으로서 조선을 지원하기 위해 왔다. 유정은 남경과 운남에서 활동하고 임진년과 계사년, 정유년에 조선을 지원하러 왔고, 진린은 광동성 소주(韶州, 지금의 소관(韶關)) 출신으로 광동의 군사 5천명을 거느리고 조선에 왔으며, 오광은 광동 출신으로 유정을 따라 조선에 왔고, 마귀는 정왜대장(征倭大將)으로서 조선을 지원하러 와서 동로를 맡았으며, 동일원은 형개의 부장으로서 조선에 와서 중로를 맡았다. 그 외 동원진은 광동에서 활동하고, 이응상은 사천 총병으로 활동했는데, 이 두 명은 조선에 오지 않았다.

이 판본은 기존의 판본처럼 13편이고 원문의 구절마다 하단에 단구 형태의 주해(註解)가 달려 있다. 때문에 이를 "만력 갑오본《손자병법주해》"라고 칭하였다. 원문은 6천여 자이고 주해는 만 4천여 자로, 모두 합하면 총 2만여 자이다. 이 만력 갑

---

19 《손자병법주해》가 간행된 시기에 항왜 활동을 한 장수들의 명단이《명사(明史)》〈본기〉와 〈열전〉에 보인다.

오본이 조선에 들어온 시기와 경로에 대해서는 정확한 기록이 없지만, 갑오년(1594) 10월 이후 명나라 장수들이 조선에 올 때 가져온 것으로 보인다.

한편 이순신이 지피지기(知彼知己) 구절을《난중일기》에 적은 시기도 갑오년 겨울인데, 이 판본이 조선에 들어와 이순신이 보고 적은 것으로도 추정된다. 이 만력 갑오본은 정유년 10월 이순신이 명량대첩을 끝내고 고하도로 진영을 옮긴 후 민가에서 수백 권의 한정판으로 재간되었는데, 조선의 모든 장수들이 이를 읽지 않은 이가 없었다고 한다. 전쟁 중에 이 책을 간행한 것은 '난리를 없애고 세상을 태평하게 만들고자 한 것'이었다고 한다.

이러한 만력 갑오본《손자병법주해》의 원문과 주해를 분석한 결과, 이 판본은 송대의 주복(朱服)과 하거비(何去非)가 교정한《무경칠서》에 들어있는《주복교정손자(朱服校定孫子)》계통이고, 주해 내용에는 유인(劉寅)의《무경칠서직해(武經七書直解)》와 조본학(趙本學)의《손자교해인류(孫子校解引類)》주석이 다수 인용된 것을 확인하였다. 또한《십일가주손자》에서 여러 병가의 주석을 다양하게 인용한 내용도 보이고, 기존의 판본에 없는 새로운 해석도 있다. 간혹 원문이 마멸되거나 훼손된 부분은 같은 계열의 이본(국립중앙도서관, 서울대, 성균관대, 고려대 소장)에서 해당 글자들을 일일이 찾아 보충하였다.

4. 이순신이 참고한 《손자병법주해》와 새로운 번역 사례

이상의 내용을 정리하면, 만력 갑오본(1594) 《손자병법주해》는 중국의 역대 최고 병법가들이 전쟁에서 경험한 병법 이론을 위주로 원문에 주석하여 간행한 판본이라고 말할 수 있다. 실전에 유용하게 사용하기 위해 매 편의 구절마다 핵심적인 내용들이 간결하게 정리되어 있다. 여기에는 관련된 고사들도 함께 수록되어 있어 원문을 이해하는 데 도움이 된다. 이 책에서는 주해 내용이 핵심이므로 이를 원문과 함께 모두 번역하였고, 원문은 가급적 주해의 의미에 맞게 번역하였다.

요컨대 《손자병법주해》는 실전용으로 특별히 제작된 것이므로, 이순신과 조선 장수들이 명량대첩과 노량해전을 치를 때에도 병법지침서로 사용했을 것이다. 이 내용은 송대 주복(朱服)의 《무경칠서》 계통에 속한 명대의 판본류에서 영향을 받은 것이 분명하다. 이 책은 무엇보다 원문 내용과 관련된 다양한 병가들의 핵심 이론이 주해에 실려 승리의 비결을 전해주는 점이 특징이다. 필자는 각 주해에 실린 병가들의 이론의 출처도 일일이 밝혔다. 이제 원문과 주석을 완역하고 각 병가의 이론까지 고증을 더하여 이 책의 가치를 높였는데, 이것이 이 책을 수년 동안 연구한 성과이다.

다음은 《손자병법주해》에서 새롭게 번역한 대표적 사례이다.

① 다른 판본에 없는 새로운 주해

도(道)라는 것은 백성들에게 임금과 뜻을 화합하게 한다. 그러므로 함께 죽을 수도 있고 함께 살 수도 있어서 환난을 두려워하지 않게 한다.

道者, 令民與上同意. 故可與之死, 可與之生, 而不畏危也. -〈시계편〉 60p.

▶ 5사(事)인 도천지장법(道天地將法)의 하나인 도(道)에 대해 기존의 학자들은 "도덕", "도의", "도리"로 해석했는데, 이와 달

리 주해에는 "가르쳐 기른다(教養)"로 되어 있다. 즉 길 도(道)자는 인도할 도(導)자와 통하니, "교도(教導)", "훈도(訓導)"의 의미가 있는 것이다. (《장자》〈전자방〉 성현영 주)

② 다른 판본에 없는 새로운 주해

법(법도)이란 지휘편제, 복무규정, 관리 비용을 신중히 하는 것이다.

法者, 曲制 · 官道 · 主用也. -〈시계편〉 60p.

▶ 주해에는 "부곡(部曲)에 지휘통제가 있고 편비(偏裨, 부장)를 맡김에는 방법이 있으며, 군수품을 주관하여 지키는 이(主守之人)는 비용을 신중히 한다.(費用謹)"고 하였다. 장분은 "부곡에 절제함이 있고, 관리를 나눔에 방도가 있다"고 하였다.

③ 고대의 병법에서 주해 내용을 찾은 예

무기를 둔하게 하고 예리한 기세를 꺾으며 힘이 모자라고 재물이 다하게 되면, 제후들이 그 피폐한 기회를 타서 일어날 것이니, 비록 지혜로운 자가 있을지라도 그 뒤를 잘 처리하지 못할 것이다.

夫鈍兵挫銳, 屈力殫貨, 則諸侯乘其弊而起, 雖有智者, 不能善其後矣. -〈작전편〉 91p.

▶ 주해에, "오(吳)나라가 초(楚)나라를 쳐서 수도(郢)에 들어가서 오래도록 귀국하지 못하자, 월나라가 그 피폐한 기회를 틈타 엄습하여 멸망시켰다. 당시의 손자(孫子)와 자서(子胥)가 모두 오나라의 뒤를 잘 처리할 수 있는 계책을 만들지 못한 것이 이것이다."라고 하였다. 이 주해는 장예의 주석에 근거한 것이다.

④ 다른 판본에 없는 새로운 주해

반드시 병력과 재정을 완전하게 하여 천하에서 쟁취하므로, 군사가 쇠퇴하지 않고 이익을 온전히 취할 수 있으니, 이것이 계략으로 공격하는 방법이다.④

必以全爭於天下, 故兵不頓而利可全, 此謀攻之法也. -〈모공편〉 120p.

▶ 주해에 "오래 전쟁하지 않으면 군사가 다치지 않고 힘이 쇠하지 않고 재정을 낭비하지 않아서 반드시 완전하게 하여 천

하에서 승리한다(必以完全勝於天下)"로 되어 있으므로, 전쟁(全爭)을 "병력과 재정을 완전하게 하여 쟁취하다"로 해석했다. 조본학은 "만전을 기함으로써 전쟁하는 것이다.(以萬全爭)"라고 하였다. 주해에 "병부돈(兵不頓)의 돈(頓)은 쇠퇴(頓德)"의 의미로 되어 있어 이를 따랐다. 조본학은 "무너짐(頓壞)"으로 해석했다.

⑤ 다른 판본에 없는 새로운 주해

> 옛날에 전쟁을 잘 하는 자는 먼저 군사훈련을 잘하여 이길 수 없는 형세를 만들고 형체를 감추고 내실을 쌓아 이길 수 있는 때를 기다린다. … 그러므로 "승리함은 알 수는 있으나 억지로 할 수는 없다."고 하였다.
>
> 昔之善戰者, 先爲不可勝, 以待敵之可勝. … 故曰 勝可知而不可爲.
>
> -〈군형편〉 139p.

▶ 주해에 "이길 수 없는 것은 군사를 훈련하고 기르는 것을(練兵養士) 잘 갖춤을 말하므로, '형체를 감추고 안으로 다스려서 적의 비고 나태함을 엿본다(藏形內治 伺其虛懈)'고 말한 것이

다. … 적군이 대비함이 있다면 억지로 할 수 없는 것이다.(敵人有備 不可强也)"라고 하였다. 불가승(不可勝)은 "군사훈련을 잘하여 이길 수 없는 형세를 만들다"로, 이대적지가승(以待敵之可勝)은 "형세를 만들고 형체를 감추고 내실을 쌓아 이길 수 있는 때를 기다린다"로, 불가위(不可爲)는 "억지로 할 수 없다."고 해석하였다. "藏形內治 伺其虛懈"구절은 매요신의 주석 내용이다.

⑥ 다른 판본에 없는 새로운 주해

가을의 터럭을 든다고 힘을 세게 할 수 없고, 해와 달을 본다고 눈을 밝게 할 수 없으며, 우레와 천둥소리를 듣는다고 귀를 밝게 할 수 없다.

擧秋毫不爲多力, 見日月不爲明目, 聞雷霆不爲聰耳. -〈군형편〉 146p.

▶ 주해에는 "이 세 글귀는 지장(智將)이 승리를 예견함이 보통 사람과 같으면 지장이 될 수 없음을 비유한 것"이라고 하였다. 조본학은 "이는 누구나 쉽게 할 수 있는 것이니, 반드시 홀로 지극히 미묘한 곳에서 실정을 얻어야 한다"고 하였다. 이 글은 지장이 되기 위해서는 남다른 예견과 혜안이 있어야 함을

강조한 말이다.

⑦ 다른 병법서에서 인용한 주해

많은 무리를 싸우게 하기를 적은 무리를 싸우게 하는 것처럼 하는 것은 바로 형명(形名, 신호 기구)에 있다.

鬪衆如鬪寡, 形名是也. -〈병세편〉 158p.

▶ 주해에 "깃발을 형(形), 징과 북을 명(名)이라고 한다. 저마다 절제함이 있으니 적군을 두려워하지 않는다.(旌旗曰形 金鼓曰名 各有節制 則不畏敵矣)"고 하였다. 형명(形名)은 군사들에게 신호를 전하는 기구다. 이 주해는 명나라 때 병법가 모원의(茅元儀)의 《무비지(武備志)》〈병결평(兵訣評)〉의 내용을 인용한 것이다.

⑧ 다른 판본에 없는 새로운 주해

세찬 물이 빠르게 흘러서 돌을 떠내려가게 하는 것은 형세이고, 사나운 새가 빠르게 날아서 다른 새의 날개를 훼손하고 꺾는 것은 억센 마디(節)이다.

激水之疾, 至於漂石者, 勢也. 鷙鳥之疾, 至於毀折者, 節也.

-〈병세편〉164p.

▶ 표석(漂石)의 표(漂)는 "표요(漂搖)"의 뜻이니(《시경》〈치효〉), 즉 떠내려간다(冲走)는 의미이다.(주영(周英)) 주해에 "격동하는 물이 돌을 떠내려가게 하는 것은 소용돌이치기 때문이다. 사나운 새가 물건을 낚아 챌 때 비록 큰새가 맞닥뜨릴지라도 그 날개를 훼손하고 꺾는 것은 날개에 억센 마디가 있기 때문이다(激蕩其水 至於漂石 洶湧故也 鷙鳥搏物 雖大鳥當之 亦至毀折其翼 以翅有勁節故也)."라고 하였다.

⑨ 새롭게 문헌 고증한 내용

진군해도 적이 막을 수 없는 것은 적의 허점을 공략하기 때문이다.

進而不可禦者, 衝其虛也. -〈허실편〉187p.

▶ 조조는 "병사가 나아가서 적의 비고 나태한 곳을 공격한다"고 하였다. 허동(許洞)의 《호령경(虎鈴經)》〈허(虛)를 습격하는 법〉

을 보면, 적이 향하는 곳을 함께 향하는 척하다가 허(虛)를 치는 인법(因法)과 적의 요지를 치지 않고 인근으로 유인한 뒤 적의 출병한 곳을 습격하는 유법(誘法)이 있다. 이것이 허를 엄습하는 방법이다.(조본학)

⑩ 새로운 주해를 따른 해석

우리가 전쟁을 원하지 않으면, 비록 땅에 경계를 그어 쉽게 수비할지라도 적이 우리와 교전할 수 없는 것은 적이 가는 곳을 다방면으로 미혹시키기 때문이다.

我不欲戰, 雖畫地而守之. 敵不得與我戰者, 乖其所之也.

-〈허실편〉 188p.

▶ 주해에 "적이 가는 것을 어긋나게 하는 것은 여러 방법으로 미혹시켜 어지럽게 하는 것이다.(乖其所之 多方以惑亂之也) 깃발을 눕히고 북을 쉬게 하여 거짓으로 미끼 질 하는 군대의 형상을 만든다.(如偃旗息鼓 佯作餌兵之狀)"라고 하였다. 장예는 "의심스런 형상을 보인다"로, 조본학은 "군사를 보내어 갈 곳을 의심하게 한다"고 하였다. 이를 근거하여 괴(乖)를 미혹시키다로

해석하였다.

⑪ 주해에 따라 새롭게 해석한 예

> 적에게 허실의 형상을 보이되(위장) 우리가 형상이 없음을 보이면(은닉) 우리는 오로지 집중하고 적은 분산될 것이다.
>
> 形人而我無形, 則我專而敵分. -〈허실편〉 191p.

▶ 주해에 "적에게 허와 실의 형상을 보이되 또다시 형상이 없음을 보이면, 적은 장차 형세를 분산하여 우리를 대비하고 우리는 형세를 모아서 적에게 임할 것이다.(示人以虛實之形 而又無形可見 則敵將分勢 以備我 我得合勢 以臨敵)"라고 하였다. 조본학은 형인(形人)은 위장하는 위장술로, 무형(無形)은 형상을 숨기는 은닉의 전술로 보았다.

⑫ 다른 문헌으로 오류를 수정한 예

오(吳)나라로 헤아려보건대, 월나라의 군사가 비록 많으나 승리하는데 무슨 도움이 되었겠는가.

以吾度之, 越人之兵雖多, 亦奚益於勝哉. -〈허실편〉 195p.

▶ 오(吾)자는 오(吳)의 오자(誤字)이다.(장예 주) 무경본과 조주본에는 "吳"로 되어 있다. 《오월춘추》와 《사기》〈월세가(越世家)〉를 보면, 오자서가 오왕 합려에게 손무를 추천했는데, 이때 월(越)은 실제 강대하지 않았고, 원문의 "월(越)"은 본래 "초(楚)"이었다고 한다.(주영) 월나라 군사가 많았다는 내용은 사실과 다르다고 한다.

⑬ 새로운 주해를 따른 해석

적의 형세를 헤아려서 득실(이해)의 계책을 알고, 적의 형세를 탐지하여 동정의 이치를 알며, 형세를 드러내어 죽고 사는 땅을 알며, 적과 겨루어 여유가 있고 부족한 곳을 안다. 때문에 군대의 허실을 나타내는 극치는 형상을 드러내지 않음에 이르는 것이다.

故策之而知得失之計, 作之而知動靜之理, 形之而知死生之地, 角之而知有餘不足之處. 故形兵之極, 至於無形. - 〈허실편〉 198p.

▶ 주해에 "책(策)은 헤아리는 것이고(度), 싸우기 전에 탐지하는 것을 '작(作)'이다"라고 하였다. "작(作)"은 "살필후(候)"자의 의미가 있다.(《통전》·《태평어람》·《장단경》·《호령경》) 조본학은 "죽고 사는 땅은 유비(有備)와 무비(無備)의 상태로서 유비함이 사는 곳(生處)이고, 무비함이 죽는 곳(死處)이다"라고 하였다. 장예는 "허실로 드러내면 적이 예측할 수 없기에 마침내 무형(無形)으로 돌아간다"고 하였다.

⑭ 다른 판본에 없는 새로운 주해

적의 변화하는 형상에 따라 배치하고 군사들에 의해 승리를 해도 군사들은 그 운영기법을 알지 못한다.

因形而措, 勝於衆, 衆不能知 - 〈허실편〉 201p.

▶ 주해에 "적의 변화하는 형상에 따라 기병(奇兵)과 정병(正兵)을 알맞게 배치하여 많은 사졸들에게서 승리를 취하고 나면

사졸들은 운영기법을 들어도 역시 알지 못할 것이다."라고 하였다. 이를 근거하여 조(措)를 기병과 정병을 적절하게 배치한다(布置)로 해석했다.

⑮ 주해와 이본에 따라 새롭게 해석한 예

용병의 방법은 장수가 임금에게 명령을 받아 군대의 무리를 규합하고, 수해로 파괴된 곳에는 주둔하지 말고, 사방으로 통하는 곳에서는 이웃 나라와 외교를 맺고, 절명의 위험이 있는 곳에는 머무르지 말고, 적에게 쉽게 포위되는 곳에서는 계책을 세우고, 죽을 곳에서는 결사의 전투를 해야 한다.

用兵之法, 將受命於君, 合軍聚衆, 圮地無舍, 衢地合交, 絶地無留, 圍地則謀, 死地則戰. -〈구변편〉 237p.

▶ 주해에 "수해로 파괴된 비지(圮地)에 머물러서는 안되고, 사방으로 통하는 구지(衢地)에서는 마땅히 제후들과 맹약의 모임을 갖고, 절지(絶地)에서는 오래 머물지 말 것이고, 위지(圍地)에서는 마땅히 계책을 세우고, 사지(死地)에서는 결사적인 전투가 이롭다."고 하였다. 비지(圮地)는 수해로 파괴된 곳인데, 이

는 조조의 주석이고, 구지(衢地)에서는 제후들과 외교를 맺어야 한다고 했는데, 이는 이전의 주석이다.

⑯ 새로운 주해를 따른 해석

산을 넘어 갈 때는 계곡을 의지하고, 양지를 살펴보고 높은 언덕을 점거하며, 높은 곳에서 싸울 때는 올라가지 말아야 한다. … 큰 습지를 지나갈 때는 오직 속히 지나가서 머물지 말아야 한다.

絶山依谷, 視生處高, 戰隆無登 … 絶斥澤, 惟亟去無留.

-〈행군편〉 263p.

▶ 절(絶)자는 넘어서 지나간다는 뜻인데,(此絶乃越過也)(주해), 조본학의 주석도 같다. 행군할 때는 마땅히 양지를 대하고 높은 언덕이 있는 땅을 점거해야함을 말했는데, 이는 이전(李筌)의 주석과 같다. 척택(斥澤)은 큰 습지인데 척(斥)은 크다(大)의 뜻이다. 이는 기존과 다른 해석으로, 《창힐편》과 《문선》에 용례가 보인다.

⑰ 주해에 따라 새롭게 해석한 예

명령하는 데는 은혜(文)로 하고, 가지런히 하는 데는 형벌(武)로 한다. 이를 일러 반드시 쟁취하는 것이라고 한다.

令之以文, 齊之以武, 是謂必取. - 〈행군편〉 290p.

▶ 주해에 "먼저 은혜와 신의를 사용하여 친하게 따르도록 한 뒤에 형벌을 사용하여 엄하게 정제하게 하고, 은혜와 위엄을 겸해서 이루면 반드시 승리를 쟁취할 수 있을 것이다."라고 하였다. 조본학은 "文을 은혜, 武를 형벌"이라고 하여 이를 따랐다. 조본학은 "이를 일러 '공격하면 반드시 취하는 길이다'"라고 하였다.

⑱ 다른 문헌으로 새롭게 번역한 예

애형(隘形)이란, 아군이 먼저 점거해야 하는데 반드시 군사를 가득히 충원해서 적을 기다려야 한다. 만약 적군이 이를 먼저 점거한 경우 군사가 가득하면 추격하지 말고 가득하지 않으면 추격해야 하는 것이다.

隘形者, 我先居之, 必盈之以待敵. 若敵先居之, 盈而勿從, 不盈而從之. -〈지형편〉 299p.

▶ 두 산 사이에 낀 길이 "애(隘)"인데, 조본학은 "두 산 사이 골짝의 형세가 허리와 다리와 같은 것이다"라고 하였다. 주해에, "협로의 땅은 아군이 먼저 차지한 다음 군사를 가득히 충원하고, 적군이 먼저 그곳을 점거하고 협로에 군사를 가득 충원하여 진을 만들었으면, 추격하지 말아야 한다."고 하였다. 종(從)은 추격(逐)의 뜻이다.(가림,《상서》〈탕서〉주)

⑲ 여러 주해로 새롭게 해석한 예

용병을 잘하는 자는 능히 적군으로 하여금 전군과 후군이 서로 호응하지 못하게 하고, … 윗사람과 아랫사람이 서로 보호하지 못하게 한다.

善用兵者, 能使敵人, 前後不相及, … 上下不相收, -〈구지편〉 332p.

▶ 불상급(不相及)의 급(及)자는 겸고(兼顧)와 책응(策應)의 뜻이니(오구룡, 관동), "서로 호응하지 못하게 하다"로 해석하였다. 불

상수(不相收)에 대해 주해에는 "위와 아래가 단절되어 서로 구원하여 보호하지 못한다(上下隔絶 不相救保)"로 되어 있어 이를 따라 해석하였다.

⑳ 다른 판본에 없는 새로운 주해

> 말을 나란히 묶어 매고 수레바퀴를 땅에 묻어 출동하지 않음을 보일지라도 군사들이 협력하지 않으면 믿을 것이 못된다.
>
> 方馬埋輪, 不足恃也. -〈구지편〉 243p.

▶ 주해에 "말을 묶어 매고 수레바퀴를 땅에 묻어 출동하지 않음을 보여줄지라도(縛結其馬 埋伏其輪 以示不動) 사람의 마음이 일치하지 않는다면 역시 믿을 것이 못된다."라고 하였다. 이는 조조와 조본학의 주석에 근거한 것이다.

㉑ 다른 판본에 없는 새로운 주해

> 용병의 이치는 위지(圍地)에 있으면 방어하게 되고, 어쩔 수 없으면 분투하게 되고, 승산이 있는 곳을 지나게 되면 부하들이 순종

하게 된다.

兵之情, 圍則禦, 不得已則鬪, 過則從. - 〈구지편〉 352p.

▶ 주해에, "용병의 이치가 위지(圍地)에 있으면 적군을 방어하기를 생각하고, 부득이하면 분투하는 거사(擧事)를 생각하며, 지나가는 데에 승산이 있으면 사람들이 비로소 순종하게 된다."고 하였다. 과(過)는 "지나가는 데에 승산이 있다(過往有勝算)"의 의미이므로, 이에 따라 해석하였다.

㉒ 주해와 문헌에 따라 해석한 예

전쟁하는 일은 적의 뜻을 따르는 척하며 살피는데 달려 있다. 부하들과 협력하여 적군을 집중 공격하면, 천리 길에서도 적장을 죽일 수 있다.

爲兵之事, 在順詳敵之意. 并敵一向, 千里殺將. - 〈구지편〉 361p.

▶ 주해에 "전쟁하는 일은 적을 살피는 것을 귀하게 여긴다(兵事貴審敵)"고 하였다. 조조는 상(詳)자를 양(佯)자로 보았으나 주해대로 "살피다(審)"로 해석했다. 주해에 "부하들과 협력하여

적군에게 집중 공격한다(并力於敵 而專一向之)"고 하였는데, 병적일향(并敵一向)은 "병일향적(并一向敵)"의 도치된 구절이다.(양병안, 《손자집교(孫子集校)》). 병(并)은 협력, 일향(一向)은 집중 공격하는 것이다.

㉓ 새로운 주해를 따른 해석

> 적군의 간첩으로 아군에게 와서 간첩활동 하는 자를 반드시 찾아서, 그에게 이익을 후하게 주고 유인했다가 놓아주어야 한다.
>
> 必索敵人之間, 來間我者, 因而利之, 導而舍之. -〈용간편〉 402p.

▶ "인이리지 도이사지(因而利之, 導而舍之)"는 주해에 "후한 이득을 주고, 정으로써 유인했다가 이를 놓아주어 돌아가게 한다(啗以厚利 道之以情 而舍之使還)"고 하였다. 사(舍)를 조본학도 "놓아주다(遺縱)"로 주석했다. 이를 "머물다(稽留)"로 보는 기존의 해석과는 다른 것이다.

《손자병법주해》

손자(孫子)

손자(孫子)는 이름이 무(武)이고 제(齊)나라 사람이다. 병법을 잘 알아서 병서 13편을 지었다. 오원(伍員)[1]의 추천을 통해 오(吳)나라 왕(합려)을 만나 상장군이 되어 서쪽으로 강한 초(楚)나라를 격파하여 영(郢, 수도)으로 들어가고 북쪽으로 제(齊)나라와 진(晉)나라를 위협하여 제후들에게 이름을 드러내었다. 그의 13편은 세상에 성행하자 홀로 제가의 병법에서 으뜸이 되었다.

---

1 오원(伍員)은 중국 춘추전국시대 초(楚) 나라 사람. 자는 자서(子胥). 그의 아버지 오사(伍奢)와 형인 오상(伍尙)이 초나라 평왕에게 죽음을 당하자, 오(吳)나라 왕 합려(闔閭)를 도와 초나라를 치고 수도인 영(郢)에 들어가서 죽은 평왕의 무덤을 파헤쳐 시체를 채찍질하여 복수했다.《사기》〈오자서열전〉 오나라 부차(夫差)를 도와 월(越) 나라를 정벌하는데 큰 공을 세웠으나 후에 부차에게 처형당함.

한(漢)나라가 일어나자 장량(張良)[2]이 차례를 정하고 임굉(任宏)[3]이 논술하한 것이 모두 수십 가(家)인데, 지금은 모두 마멸되었고 볼 수 있는 것은 다만 일곱 가(家)의 책뿐이다. 오대(五代)의 장소(張昭)[4]가 권모로써 한다고 칭하여 인의(仁義)를 돕게 하고, 지혜로운 계략[智術]을 우선하고 화평(和平)을 뒤로 하여 공격과 수비의 방법을 얻었다.

송나라 유자(儒者) 대소망(戴少望)이 말하기를 "손무의 이 책은 여러 병가(兵家)들의 설이 갖추어져 있다."고 하였다. 때문에 송나라 소사성(少司成) 주복(朱服)[5]이 《무경칠서》를 교정하여 정하고 《손자(孫子)》를 첫머리로 삼았다.

---

2 장량은 중국 한(漢)나라 유방(劉邦)을 도와 항우(項羽)를 패망시키고 천하를 통일한 전략가. 지모가 뛰어나고 병법에 통달함. 다리밑에서 황석공에게 병법을 전수받은 고사가 있다.

3 임굉(任宏)은 중국 한나라 성제(成帝) 때 병법에 뛰어난 학자로 병서와 술서 등을 교정했다.

4 삼국 시대 오(吳) 나라 사람으로 오왕(吳王) 손권(孫權)의 휘하 보오장군(輔吳將軍) 등을 지냄.

5 송나라 신종(神宗) 때 국자 사업(國子司業)을 맡아 무경칠서를 교정하고 간행했다.

나 역시 《손자》를 혹독하게 좋아하기에 유독 주석을 달아서 앞에 두었고, 《오기(吳起)》와 《위료자(尉繚子)》, 《육도(六韜)》《삼략(三略)》등 여러 유명한 병가의 긴요한 말을 채록하여 뒤에 붙이니, 병법을 논하는 자가 본받아서 편리하게 보는 바가 있기를 기다리노라.

제 1 편

시계편
始計篇

전쟁 초기에 계책을 결정하라

계(計)라는 것은 곧 오사(五事)와 칠계(七計)[1]를 말한다. 군사를 일으키는 초기에 계책을 결정하는 것을 먼저 해야 한다.[2]

計卽五事, 七計之謂, 興師之始 定計爲先.

시계(始計)란 전쟁 초기에 작전 계획을 결정하는 것이다. 죽간본에는 시(始)자가 없고 계(計)로 되어 있으나 이 책의 원문과 명(明)나라 때 유행한 판본에는 "시계"로 되어 있다. 이 편에서는 전쟁에 인간의 생사와 국가의 존망이 달려 있음을 강조하고, 전쟁 조건으로 도(道)·천(天)·지(地)·장(將)·법(法)의 5사(事)와 군주·장수·천지·법령·군중·병졸·상벌의 7계(計)를 제시

---

1 다섯 가지 일은 도(道)·천(天)·지(地)·장(將)·법(法)이고(五事), 일곱 가지 계책은 군주·장수·천지·법령·군중·병졸·상벌에 관한 것(七計)을 말한다.

2 죽간본과 《십일가주손자교리》에는 "계(計)"로 되어 있으나 이 책의 원문과 조본학의 판본 등 명(明)나라 때의 판본에는 대부분 "시계(始計)"로 되어 있다.

하였다.

5사는 전쟁하는 데 승리의 비결이니 이를 알아야 승전할 수 있다. 특히 "도(道)"에 대한 해석이 여기서는 기존의 "도덕"이라는 해석과 다르게 "가르쳐 기른다(敎養)"의 의미로 새롭게 해석되었다. 7계는 기존에는 "계"로만 되어 있던 것이 여기서는 7사례를 반영하여 교감된 것이다. 아군과 적의 정세를 탐색하려면 반드시 7계를 비교하고 계산해야 한다.

전쟁의 기만술에 대한 12가지 방법을 설명하였다. 능력이 있어도 없는 것처럼 하고, 용장을 등용해도 등용하지 않은 것처럼 하며, 적이 탐욕하면 이익으로 유인하는 등 적의 상황에 따라 이롭게 행동한다. 적이 대비하지 못한 곳을 공격하는 것이 중요하다. 전쟁하기 전에 5사 7계로 처음의 작전계획을 잘 세워야 적과 아군의 승부를 예측할 수 있다. 계산과 예측이 전쟁의 승패를 좌우한다.

1. 전쟁에 생사와 존망이 달렸다

손자가 말하였다.

전쟁이란 국가의 대사이다.[1] 이는 사람이 죽고 사는 곳이 되고, 나라가 존속하고 망하는 길이 되니 깊이 살피지 않으면 안 될 것이다.① 그러므로 다섯 가지 일(五事)로써 경영하고, 일곱 가지 계책(七計)으로써 비교하여 승부에 대한 정세를 탐색해야 한다.②

孫子曰 兵者, 國之大事, 死生之地, 存亡之道, 不可不察也. 故經之以五事, 校之以七計, 而索其情.

---

1 병(兵)은 무기, 군사, 용병을 뜻하는데, 여기서는 "전쟁"으로 해석했다.(오룡구·곽화약·고체) 두목은《좌전(左傳)》의 "나라의 대사는 제사와 전쟁에 있다(國之大事, 在祀與戎)"는 내용을 인용하고, 나라의 존망과 사람의 생사가 전쟁에 달렸다고 하였다.

【주해】

죽고 사는 것에 대해 전쟁을 가지고 말하고, 존속하고 망하는 것에 대해 나라를 가지고 말한 것은 관찰자가 깊이 생각하고 계획해야함을 이른 것이다.[2]①

그러므로 다섯 가지 일로써 경영하여 계획하고, 일곱 가지 계책으로써 비교하고 헤아리어 적과 아군의 승부에 대한 정세를 탐색(探索)해야 한다.[3]②

---

2 척계광(戚繼光)은 "전쟁에 군사의 죽고 삶이 매여서 존망을 나라로써 말한 것이다."라고 하였다. 《대학경해》 조본학은 "임금과 장수를 생각하고자 하는 자는 계책을 감추지 않으면 안된다"고 하였다.

3 조본학은 "출병하는 초기에 마땅히 먼저 바른 일로 위주하고 적과 아군의 사이에서 누가 득실이 되는지를 비교하여 승부의 정세를 점쳐야 한다"고 하였다.

2. 장수가 경영할 다섯 가지 조목

첫째는 도(道, 도덕)요, 둘째는 하늘(天, 천시)이요, 셋째는 땅(地, 지리)이요, 넷째는 장수(將)요, 다섯째는 법(法, 법도)이다.[4] ① 도(道)라는 것은 백성들에게 임금과 뜻을 화합하게 하므로 함께 죽을 수도 있고 함께 살 수도 있어서 환난을 두려워하지 않게 한다. ② 하늘(천시(天時))이란 음(陰)과 양(陽), 춥고 더운 것을 때에 따라 알맞게 맞추는 것이다.[5] ③ 땅(지리)이란 멀고 가까운 것, 험하고 평탄한 것, 넓고 좁은 것, 죽고 사는 것이다. ④ 장수란 지혜, 신의, 어짊, 용기, 위엄이다. ⑤ 법(법도)이란 군대 지휘

---

4 5사의 도천지장법(道天地將法)에 대해, 기존의 학자들은(유인, 변우건, 오구룡, 김원중, 성백효 등) "도덕(도의), 천시(天時), 지리(地利), 장수, 법도(법령)"라고 해석했다. 단, 주해의 도(道)는 기존의 해석과 달리 "가르쳐 기르다(教養)"로 되어 있다.

5 주해에, "때에 따라 알맞게 맞추는 것(因時制宜)"이라고 하였다. 왕석은 "시제(時制)란, 시기의 이해(利害)에 따라 알맞게 맞추는 것"이라 하였고, 유인은 "때에 따라 조절함"이라고 하였다.(성백효) 조본학은 "때에 알맞게 군사를 일으키는 것"으로 보았다.

의 편제(曲制), 복무 규정(官道),[6] 지휘의 편제(曲制), 복무 규정(官道)[7]이다.⑥ 이 다섯 가지에 대해 장수들이 모두 들었겠지만, 이를 아는 자는 이길 것이고, 이를 모르는 자는 이기지 못할 것이다.⑦

一曰道, 二曰天, 三曰地, 四曰將, 五曰法. 道者, 令民與上同意. 故可與之死, 可與之生, 而不畏危也. 天者, 陰陽 寒暑, 時制也. 地者, 遠近, 險易, 廣狹, 死生也. 將者, 智信仁勇嚴也. 法者, 曲制, 官道, 主用也. 凡此五者, 將莫不聞, 知之者勝, 不知者不勝.

---

6 곡제(曲制)는 군대의 지휘 편제인데, 부곡(部曲)은 대장이 지휘하는 5부(部)와 곡(曲)이다. 관도(官道)는 부장(副將)을 임명하는 규정이고, 편비(偏裨)는 대장의 부장으로서 편장과 비장의 합칭이다. 장분(張賁)은 "부곡에 절제가 있고, 관리를 나눔에 방도가 있다"고 하였고, 조본학은 "곡제와 관도는 대오를 편성하는 법이다"라고 하였다.

7 주용(主用)은 군수 관리자의 비용이다. 主는 주관하여 지키는 사람(主守之人)이고, 용(用)은 비용을 신중히 하는 것이다(費用謹)(주해). 조본학은 "主는 창고·사육·직무의 일을 관장하는 것, 用은 거마·무기·필수품이다."라고 하였다.

【주해】

이것이 다섯 가지 일의 조목이다.[8]①

길 도(道)자에는 가르쳐 기른다(教養)는 의미가 있고,[9] 함께할 동(同)자는 즉 사람들이 화합하는(人和) 효험이 있다. 그러므로 함께 생사를 같이 할 수 있어서 환난을 겪어도 두려워하지 않는 것이다.[10]②

음과 양은 고허(孤虛)[11]와 왕상(旺相)[12]의 종류이고, 추위와 더

---

8 이 구절은 조본학의 주석 내용을 인용한 것이다. 조본학은 5사의 각 조목이 상호 연계성이 있다고 하였다.

9 길 도(道)자는 인도할 도(導)자와 통하니, "교도(教導)", "훈도(訓導)(《장자》〈전자방〉성현영 주)"의 의미가 있다. 이를 근거하여 교양(教養)의 의미로 주해한 것으로 보인다.

10 왕석(王皙)은 "죽을힘을 얻은 자는 환난을 구제할 수 있다"고 하였는데, 위(危)를 환난으로 해석한 점이 주해와 같다. 조본학은 "백성이 임금의 뜻을 본체로 삼고 임금의 명령을 따라 함께 근심하여 죽음에 이르러도 달아나지 않게 된다면, 도가 있는 임금이 될 것이다"라고 하였다.

11 고대 방술가들이 일시로 길흉을 따지는 방법. 육갑(六甲)에서 천간과 지지를 10단위로 배치하여 남은 2개 지지를 고(孤, 등짐)라 하고, 10일 중 5, 6일에 해당하는 상대 지지를 허(虛)라고 한다. 예로, 갑자(甲子)로 시작된 십일 중에는 술해(戌亥)가 없는데 이 술해를 고(孤)라 하고, 십일 중 5, 6일에 해당하는 진사(辰巳)를 허(虛)라고 한다.《육갑고허법(六甲孤虛法)》

12 왕상(旺相)은 명리의 용어. 4계절에 오행(五行, 금수목화토)을 배치하고 성쇠를 왕상휴수사(旺相休囚死)로 표시한다. 예로, 봄에는 목이 왕(旺)하고 화가 상(相)하고 토가 사(死)하고 금이 수(囚)하고 수가 휴(休)한다. … 때를 얻으면 왕상(旺相)이 되고, 때를 잃으면 휴수(休囚)가 된다.(《논형(論衡)》〈녹명편〉)

위는 바로 심한 추위와 여름 장마[祁寒暑雨]이다.[13] 《사마법》에 이르기를, "겨울과 여름에는 군사를 일으키지 않는다."[14]라고 하였는데, 이 두 경우는 때에 따라 알맞게 맞추는 것이다. 때문에 이를 "시제(時制)"라고 말한 것이다.③

먼 곳은 마땅히 천천히 가야하고, 가까운 곳은 마땅히 빠르게 가야하며, 험한 곳은 마땅히 걸어가야 하고, 평탄한 곳은 마땅히 말을 타고 가야 하며, 넓은 곳은 마땅히 무리가 많아야 하고, 좁은 곳은 마땅히 무리가 적어야 하며, 죽을 곳에서는 마땅히 전쟁을 해야 하고, 살 곳에서는 마땅히 수비를 해야 한다.[15]
④

지혜로우면 능히 적을 헤아릴 수 있고(智能料敵), 신의가 있으면 능히 군사를 복종시킬 수 있으며(信能服衆), 인자하면 능히 아랫사람을 사랑할 수 있고[仁能愛下], 용기가 있으면 능히 전

---

13 유인은 "음양은 시일 간지에 대한 고허(孤虛), 왕상(旺相)의 종류이고, 추위와 더위는 여름장마와 심히 추운 달이다."라고 하였다.《손무자직해》 조본학은 "음양은 날씨의 현상이니, 天時의 孤虛·旺相 뿐 아니라, 星雲風雨의 변화로 병가의 승부를 징험할 수 있다"고 하였다.

14 사마양저(司馬穰苴)의 《사마법(司馬法)》 〈인본(仁本)〉에, "겨울과 여름에 군사를 일으키기 않는 것은 백성을 겸애하기 때문이다."라고 하였다.

15 이 주해 내용은 유인의 《손무자직해》주석을 근거한 것이다.

투에 나아갈 수 있으며(勇能赴鬪), 엄하면 능히 군법을 단속할 수 있다(嚴能勅法). 이 다섯 가지가 장수의 덕이다.⑤

부곡(部曲)에 지휘 통제(節制)가 있고 편비(偏裨)에게 임명함에는 방법이 있으며, 군수품을 주관하여 지키는 이는 비용을 신중히 한다.⑥

이상의 다섯 가지 일은 장수들이 모두 들었어도 반드시 알고서 행하는 것은 아닐 것이다. 이를 안다면 비로소 능히 승리를 만들 것이지만, 다만 듣기만하고 아는 것이 없는 자는 승리할 수 없을 것이다.⑦

3. 장수가 헤아릴 일곱 가지 계책

때문에 일곱 가지 계책[16]으로 다섯 가지 일과 비교하여 아군과 적군의 정보를 탐색해야 한다.①[17] 그 일곱 가지란 다음과 같다. 군주는 누가 바른 도를 지녔는가.② 장수는 누가 뛰어난 능력이 있는가.③ 하늘(천시)과 땅(지리)은 누가 활용하겠는가.④ 법령은 누가 잘 실행하겠는가.⑤ 군사들은 어느 쪽이 더 강한가.⑥ 사졸들은 누가 잘 훈련했는가.⑦ 상과 벌은 누가 더 공정한가.⑧ 나는 이 일곱 가지 계책으로 다섯 가지 일을 얻으면 승부를 알 수 있다.⑨

---

16 칠계(七計)가 죽간본과 《손자교리》 등에는 "計"로 되어 있으나 여기서는 "七計"로 되어 있는데, 아래의 7사례를 반영한 것이다.(조조·가림·장예) 왕석(王晳)은 "七計를 기다려야 실정을 다 안다"고 하였다.

17 두목은 "위에 5사를 말하고 장수가 들어서 알고자 하니, 피차의 우열을 비교하여 헤아리고 계산한 뒤에 정상을 수색해야 반드시 이길 수 있고 그렇지 않으면 패한다"고 하였다.

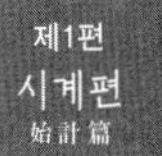

故校之以七計, 而索其情. 曰 主孰有道? 將孰有能? 天地孰得? 法令孰行? 兵衆孰强? 士卒孰練? 賞罰孰明? 吾以此知勝負矣.

【주해】

정세란 적과 아군을 겸하여 한 말이다.①

군주는 두 나라의 군주를 가리켜 말한 것이다. 예를 들면 진(晉)나라의 순식(荀息)은 우공(虞公)이 탐욕스러워 보화를 좋아하고, 그의 신하 궁지기(宮之奇)가 나약하여 우공에게 강하게 간언하지 못할 것을 헤아린 것이[18] 바로 그것이다. 또 예를 들면, 회음후(淮陰侯, 한신)가 항우(項王)는 필부의 용맹과 부인의 어짊으로[19] 명성이 비록 으뜸일지라도 실제는 천하의 마음을

---

18 진(晉)나라 순식(荀息)이 헌공(獻公)에게 괵(虢)을 치면 우도 차지할 수 있고, 보화를 좋아하는 우공은 궁지기(宮之奇)의 간을 듣지 않는다고 했다. 그후 진나라가 괵을 치고 재차 우에게 길을 청하자, 우공이 허락했다. 궁지기는 마음이 약하여 억지로 간하지 못했다. 그해 겨울 진나라가 괵과 우를 멸망시켰다.《춘추좌씨전》(희공 2년)

19 한(漢)나라 한신(韓信)이 유방에게 항우에 대해 평하기를, "항왕이 노하여 꾸짖으면 천 사람이 모두 기절하나 어진 장수에게 일을 맡기지 못하니, 이는 필부의 용기이다. 또 정이 넘쳐서 병자를 보면 눈물을 흘리나 유공자에게 벼슬을

잃은 것을 헤아린 것이 그것이다.②

능력이란 어질고 유능함이니, 바로 최상의 지혜·신의·어짊·용기·위엄[智信仁勇嚴]을 이른다. 예를 들면, 한나라 고조(高祖)가 "백직(柏直)이 어찌 한신(韓信)을 감당하겠냐."고 헤아린 것이[20] 바로 이것이다.③

조조(曹操)가 한겨울에 오(吳)나라를 정벌한 것은[21] 바로 천시(天時)를 잃은 것이고, 모용초(慕容超)가 대현산(大峴山)을 웅거하지 않은 것은[22] 바로 지리(地利)를 잃은 것이다.④

위강(魏絳)이 양간(楊干)(마부)을 죽이고,[23] 양저(穰苴)가 장가

아끼니 이는 부인의 인(仁)이다." 하였다.《사기》권92 〈회음후열전〉

20 한나라 유방이 위(魏)나라 대장 백직(柏直)의 이름을 듣고 "입에 아직 젖내가 나는데 어찌 우리 한신을 당할 수 있겠느냐"고 했다 하였다.《자치통감》〈한기(漢紀)〉(태조 2년조)

21 중국 한나라의 조조(曹操)가 남정하여 유비와 손권의 연합군을 공격했는데, 208년 겨울 오(吳)나라 장수 주유(周瑜)가 유비와 합세하여 적벽에서 조조의 전선을 화공으로 모두 물리쳤다.

22 남연(南燕)의 임금인 모용초(慕容超)가 회수(淮水) 일대를 치자, 동진(東晉)의 유유(劉裕)가 대응했다. 참모들이 모용초에게 요새인 대현산을 점령하기를 청했으나 거절하고, 유유는 대현산을 침입하여 남연을 멸망시켰다.《송서》〈무제본기〉

23 위강(魏絳)은 진(晉)나라 장수이고 양간(楊干)은 진나라 임금 도공(悼公)의 아우이다. 양간이 전쟁 중 법을 어기자, 위강이 차마 그를 죽이지 못하고 대신 그의 마부를 죽였다.《사기》〈위세가〉 원문은 양간을 죽인 것[戮楊干]으로 이와 다르게 되어 있다.《손무자직해》도 같음.

(莊賈)의 목을 베고,[24] 여몽(呂蒙)이 고향 사람을 죽이고,[25] 제갈공명이 마속(馬謖)을 처형한 것은[26] 이른바 법을 시행하면 범하지 않아야 하고 범하면 반드시 죽인다는 것이니,[27] 누가 이와 같이 할 수 있겠는가⑤.

제(齊)나라 환공(桓公)이 군사 5만 명을 모아 제후의 으뜸이 되었고, 진(晉)나라 문공(文公)은 전방부대 4만 명을 소집하여 자신의 뜻을 얻었으며, 진(秦)나라 목공(穆公)은 적진을 함락시킬 군사 3만 명을 두어 이웃한 적국을 굴복시켰다. 이것은 군사들이 강하여 승리한 것이다.[28]⑥

'익힐 련(練)'은 훈련하여 익히는 것이다(訓習). 예를 들면, 곽거병(霍去病)의 병력은 항상 선발한 정예한 군사를 거느린 것

---

24 춘추시대 제(齊)나라 경공 때의 장수 사마양저(司馬穰苴)가 진(晉)나라와 연(燕)나라가 침입했을 때 술에 취해 약속을 어긴 감군(監軍) 장가(莊賈)의 목을 베었다.《사기》〈사마양저전〉

25 오(吳)나라 장수 여몽(呂蒙)이 작전 중 남군(南郡)에서 민폐를 끼치지 말라고 명했는데, 동향인인 휘하 장수가 민가에서 갑옷 덮개용 삿갓 한 개를 구했다. 이를 안 여몽이 군법 위반 죄로 그의 목을 베었다.《어정연감유함》〈호령〉

26 촉한의 제갈량이 위나라를 정벌할 때 군량 보급로인 가정(街亭)의 전투에서 휘하 장수 마속이 명을 어기고 무리하게 싸우다가 위군에게 대패하여 처형당했다.《삼국지·촉서》〈제갈량전〉

27 이 주해 내용은 장예(張預)의 주석을 인용한 것이다.《십일가주손자교리》

28 이 내용은 유인의 《손무자직해》의 주해와 같다.

이다.[29] 난무자(欒武子)가 이른바 "훈련하지 않은 날이 없다."고 한 것이 바로 이것이다.⑦

항우(項羽)는 자기 부하가 공이 있어서 마땅히 봉해주어야 하는 경우에 새긴 도장이 닳아 없어져도 도장[30]을 주지 않아 마침내 패하였으니, 이는 상이 불분명한 것이다. 한(漢)나라 원제(元帝)가 홍공(弘恭)과 석현(石顯)이 소망지(蕭望之)를 위협하여 죽인 것을 알았지만 그의 죄를 바로잡지 못했으니[31] 이는 벌이 불분명한 것이다.⑧

오사(五事)를 얻으면 이기고, 얻지 못하면 진다.[32]⑨

---

29 곽거병(霍去病)은 한무제 때의 장수로 흉노를 물리친 공을 세웠다. 《자차통감강목》4권하, 경신2년에 "곽거병이 거느린 병력이 항상 정예병을 선발했다"고 하였다. 그 주에 "상선은 항상 정병을 선발한 것이다"라고 하였다.

30 《손무자직해》에는 "참을 인(忍)"자로 되어 있는데, 여기에는 "도장 인(印)"자로 되어 있다.

31 한(漢)나라 원제(元帝) 때 태자태부 소망지(蕭望之)는 환관 홍공(弘恭)과 석현(石顯)의 모함을 받고 음독자살했다. 원제가 문책했으나 그들이 사죄하여 처벌하지 못하고 문책을 중지했다.《한서》〈소망지전〉

32 이것은 5사의 비교 대상인 7계를 말한다. 이 7계로 비교하여 5사를 얻으면 승부를 알 수 있는 것이다. 조본학은 "오사(五事)로써 서로 비교하여 헤아리면 누가 이기고 지는지를 알아서 결정할 수 있다"고 하였다.

4. 계책에 따라 등용한다

장수가 나의 계책을 따른 경우 이를 등용하면 반드시 승리할 것이니 그를 유임하고, 장수가 나의 계책을 따르지 않은 경우 이를 등용하면 반드시 패할 것이니 그를 버릴 것이다.① 계책이 유리하여 보좌하는 장수들이 잘 따르면 곧 형세를 만들어서 그 5사(事) 7계(計)의 밖에서 돕도록 한다.[33]②

將聽吾計, 用之必勝, 留之, 將不聽吾計, 用之必敗, 去之. 計利以聽, 乃爲之勢, 以佐其外.

【주해】

여기서 "장수 장(將)"자는 대장과 보좌하는 장수를 아울러서

---

33 장예는 "우리가 유리한 계책을 따르면 아군은 다시 병세를 만들어 밖에서 일을 보좌한다"고 하였다.

한 말이다.[34] 생각건대 계책이 이미 결정되어서, 임금이 대장에게 계책을 주고 대장이 보좌하는 장수들에게 계책을 헤아리게 하면 그 사람을 택하지 않을 수 없는 것이다.[35] 이는 용병에서 가장 긴요한 업무이다.①

계책이 이미 유리함을 말했다. 보좌하는 장수들이 또한 모두 따르고 믿으며 복종하면 곧 5사(事) 7계(計)의 밖에서 형세를 세워 돕도록 하는 것이다.②

---

34 장(將)은 "장수"의 뜻이다(주해). 장예는 이를 어조사로 보았으나 양맹씨(梁孟氏)는 "裨將"으로 보고, 조본학은 "여러 편장(偏將, 부장)"으로 보았다.

35 조보학은 "주장이 조정의 계책을 결정한 뒤 여러 장수들을 간택하여 직무에 충원하고 능히 나의 계책을 따른 경우 그를 등용하면 필승을 보전하니 그 현능한 장수를 유임하고, 나의 계책을 따르지 않은 경우 등용해도 그 불패를 보전하기 어려우니 그 재량이 없는 장수를 버려야 한다"고 하였다.

5. 전쟁은 기만술이다

전쟁이란 기만술이다.[36] 그러므로 능력이 있어도 능하지 못한 것처럼 보이고,① 뛰어난 장수를 등용하고도 등용하지 않은 것처럼 보이며,② 가까이서 치려면 먼 것처럼 보이고,③ 멀리서 치려면 가까운 것처럼 보인다.[37]④ 적이 이익을 탐하면 그것으로 유인하며,[38]⑤ 적이 혼란하면 이를 점령하고,⑥ 적이 충실하면 이를 미리 대비하며,⑦ 적이 강하면 이를 피하고,⑧ 적을 성나게 하여 교란시키며,⑨ 나를 낮추어 적을 교만하게 하고,⑩ 적이 편안하면 피로하게 하며,[39]⑪ 적이 친하면 이간시키고,⑫ 적

---

36 조본학은 "이하 12가지 일은 계책 밖의 형세를 들어 이익에 따라 행하는 전술이다"라고 하였다.

37 두목은 "가까이서 적을 습격하려면 반드시 멀리 가는 형상을 보이고, 멀리서 적을 습격하려면 반드시 가까이 나아가는 형상을 보여야 한다"고 하였다.

38 이(利)는 적이 이익을 탐하는 것이다(貪利)(고체, 오구룡, 변우건). 주해를 보면, 적이 탐하는 이익에 따라 유인하는 것이다. 시자미(施子美)는 이를 "적이 좋아하는 것을 미끼질 하는 것(餌)"으로 보았다.

39 조본학은 "왕명으로 달려가는 일로 피로하게 하여 안일하지 못하게 하는 것이

이 대비하지 못한 곳을 공격하고 적이 예측하지 못한 곳으로 출격한다.[40]⑬ 이것은 병가의 승리를 만드는 방법이니 먼저 적에게 누설해서는 안 될 것이다.[41]⑭

兵者, 詭道也. 故能而示之不能, 用而示之不用, 近而示之遠, 遠而示之近. 利而誘之, 亂而取之, 實而備之, 强而避之, 怒而撓之, 卑而驕之, 佚而勞之, 親而離之, 攻其無備, 出其不意. 此兵家之勝, 不可先傳也.

【주해】

능력이란 장수의 재능을 말한다. 예를 들면 이목(李牧)이 안문(雁門)을 수비하니 흉노가 겁낸다고 여겼고,[42] 한신(韓信)이

다"라고 하였다.

40 조본학은 "이는 이상의 12가지 형세로 적을 속이는 것을 정의한 것이다"라고 하였다.

41 전(傳)자는 "누설(泄)"의 뜻이다.(주해 및 조조·이전·조본학 주) 조본학은 "기만하는 형세로 허를 습격하는 계책은 병가의 승리를 취하는 비결이니, 마땅히 은밀히 하여 누설해서는 안된다"고 하였다.

42 조(趙)나라 장수 이목(李牧)이 안문(雁門, 만리장성 관문)을 수비할 때 흉노와 싸우지 않고 방어만 하자, 모두 겁낸다고 여겼다. 다른 장수로 교체한 뒤 불리해져 이목을 재기용하여 흉노의 기병 10여 만명을 죽였다.《사기》〈염파인상여열전〉

강을 반쯤 건너다가 달아나니 용저(龍且)가 겁낸다고 여겼으며,[43] 한나라 고조(유방)가 흉노를 공격할 때 쇠약한 노인을 보았다.[44] 이것이 모두 능력이 있어도 능하지 못한 것처럼 보이게 한 것이다.①

예를 들면 반초(班超)가 사거(莎車)를 공격하려고 할 때 장수들이 흩어져 갔다고 거짓말을 하고,[45] 배행검(裴行儉)이 도지(都支)[46]를 기습하려고 할 때 거짓으로 한가한 모습을 보였으며,[47] 진(秦)나라는 백기(白起)를 등용하면서 남에게 누설하지 말라

---

43 한(漢)의 한신이 초(楚)의 용저와 유수(濰水, 산동 거현)를 사이에 두고 전쟁할 때, 밤에 모래주머니로 상류를 막고 반쯤 건너다가 거짓으로 후퇴하여 쫓는 용저의 군사에게 물을 터서 전멸시켰다.《사기》〈회음후열전〉

44 한고조(유방)가 흉노를 공격할 때 사자들이 흉노의 병력이 약한 것을 보고 모두 공격하자고 말했다. 그때 누경(婁敬)만은 "지금 쇠약한 노인만 보이는 것은 필시 능력이 있으면서 불능함을 보이는 것이니 공격하면 안된다."고 했다. 그러나 고조가 출동하여 백등에서 포위당했다.《십일가주손자교리》

45 후한의 반초(班超)가 우전(于闐)국의 2만여 군사로 사거(莎車, 예르창)를 치자, 구자(龜玆)왕이 5만 군사로 구원했다. 반초가 우전의 왕에게 "병력이 적으니 각자 흩어져 가자"고 했다. 이에 구자왕이 일만 기병을 보냈으나 반초는 몰래 정병으로 사거를 점령하여 구자군이 후퇴했다.《후한서》〈반초열전〉

46 본문은 "질지(郅支)"로 되어 있으나 《구당서》와 《백장전》을 근거하여 "도지(都支)"로 수정했다.

47 당나라 사람 도지(都支)와 이차복(李遮匐)이 안서(安西)에 난을 일으키자, 조정이 이를 정벌하려는데 배행검이 폭염으로 진격하지 못한다는 헛소문을 내고 두배로 전진하고는 겉으로 한가한 척 했다. 그후 유인하여 도지를 체포하고 이차복이 항복했다.《십칠사백장전》

고 하였고,[48] 단기명(段紀明)이 선비(鮮卑)를 공격하고자 하여 거짓으로 소환된 것처럼 했다.[49] 또한 여몽(呂蒙)이 거짓으로 병을 핑계대어 육손(陸遜)이 대신하고 몰래 운장(雲長, 관우)을 도모한 것이[50] 바로 이것이다.②

예를 들면 잠팽(岑彭)이 서쪽의 산도현(山都縣)을 치라고 거듭 명령하고서, 몰래 군사들을 보내어 면수(沔水)를 건너 진풍(秦豊)을 쳐부순 것이[51] 바로 이것이다.③

예를 들면 한신(韓信)이 임진(臨晉)에 군사를 많이 충원하고 배를 늘어세워 반드시 건너가려는 형세를 만드니, 위나라 왕 표(豹)가 군사를 보내어 항거했다. 이에 한신이 하양(下陽)에서

---

48 진(秦)이 조(趙)를 칠 때 범저(范雎)가 "진은 조괄(趙括)을 두려워한다."고 하자, 조왕이 조괄을 장수로 삼고, 진왕은 백기를 상장군으로 삼아 이를 누설하면 처형한다고 했다. 그후 조괄군은 진군의 역공에 전멸했다.《사기》〈백기열전〉

49 후한의 장수 단기명(段紀明, 단경(段熲))이 선비(鮮卑)족을 칠 때 도주를 염려하여 거짓으로 황제에 의해 소환되었다고 했다. 단기명은 퇴로에 복병을 두고 선비족들을 사로잡았다.《괘검여화》,《후한서》〈단경열전〉

50 관우가 위나라를 칠 때 오(吳)의 여몽(呂蒙)은 병을 핑계로 도성에 돌아가고 육손(陸遜)이 대신 관우를 회유하여 철수시켰다. 그후 여몽은 군사들을 장사꾼으로 위장하여 관우를 공격하여 형주를 차지했다.《삼국지》〈여몽열전〉

51 한나라 광무제가 잠팽을 보내 등(鄧)에 있는 진풍(秦豊)을 치게 했으나 고수하여 몇 달간 치지 못했다. 잠팽이 거짓으로 내일 먼 산도(山都, 호북 양양)를 친다고 하고는 밤에 가까운 면수(沔水, 한수 상류)를 건너 야습한 진풍을 역공하여 진풍이 패주했다.《백장전(百將傳)》

나무통 장치로 황하를 건너 위(魏)나라를 습격하여 격파한 것이[52] 바로 이것이다.④

예를 들면 이목(李牧)이 이익으로 흉노를 꾀어 변경에 들어오게 하여 그 무리들을 크게 쳐부수고,[53] 조조(曹操)는 말고삐와 안장을 풀고 군수품을 버리고 원소(袁紹)를 연진(延津)에서 유인하여 그의 총지휘관(上將)을 넘어뜨린 것이[54] 바로 이것이다.⑤

예를 들면 소선(蕭銑)이 승세를 이용하여 강을 건너고 배를 버리고 약탈하자, 이정(李靖)이 그 무리들이 혼란한 것을 틈타 급히 격파한 것이[55] 바로 이것이다.⑥

---

52 한신이 위왕 표를 칠 때 위장한 병사를 많이 두고 배를 늘어세워 가까운 임진(臨晉 고을)을 건널 것처럼 한 뒤, 하양에서 나무통 장치를 타고 건너가 먼 안읍(安邑)을 습격하고 위왕을 사로잡았다.《사기》〈회음후열전〉

53 조(趙)나라 장수 이목(李牧)이 흉노를 가축으로 유인하되 싸움을 피하고 군사들에게 소를 잡아 먹이고 상을 주었다. 그후 흉노의 선우(單于)가 쳐들어오자, 사기 충전한 군사들이 일거에 대파하였다.《사기》〈이목열전〉

54 위나라 원소(袁紹)가 연진(延津, 하남성 고을)의 남쪽에 진군하자, 조조(曹操)는 군사들에게 안장을 풀고 말을 놓아 보내어 원소의 대군을 유인했다. 그후 원소의 휘하 문추(文醜)와 유비(劉備)의 기병(騎兵) 5, 6천 명이 두 차례 침입하자, 조조의 군대가 이를 대파하였다.《역대사선》

55 당나라 때 소선(蕭銑)의 정병 수만 명이 청강(淸江)에서 이효공의 군사를 물리치고, 이를 추격하면서 배를 버리고 약탈하느라 군중이 혼란하자, 이정이 습격하였다.《구당서》〈이정열전〉《이위공문대》〈이정본전〉에는 "적들이 모두 무거운 짐을 지고 가느라 혼란스러웠다"고 하였다.

적의 병사가 이미 충실하면 우리는 마땅히 미리 대비해야 한다. 예를 들면 초(楚)나라의 의상(倚相)이 말하기를, "오나라는 갑옷과 병사를 다 모아서 대비하는 것만 못하다."라고 하였다.[56] 조사(趙奢)가 알여(閼與)를 구원할 때 진영에 군사를 크게 모아 진(秦)나라 군사를 대비한 것이[57] 바로 이것이다.⑦

법에 이르기를, "정예한 병사를 공격하지 말라."고 하였고, 또 이르기를, "날카로운 기운을 피하라[避其銳氣]."고 하였다. 예를 들면 주아부(周亞夫)가 "초나라 군사가 사납고 재빨라서 교전하기 어렵다."고 말하고는 성벽을 견고히 하고 막아 지키며 그들이 굶고 피폐해지기를 기다리다가 군사를 출동시켜 공격한 것이[58] 바로 이것이다.⑧

예를 들면 제갈공명이 건괵(巾幗, 여자가 쓰는 수건과 장식)을

---

56 《한비자》〈설림하〉에, "초나라 좌사 의상(倚相)이 자기(子期)에게, '비 내리는 십일동안 갑옷과 병사를 모으시오. 오나라 사람이 반드시 올 것이니 대비하는 것이 낫습니다.'"라고 하였다.

57 진(秦)나라가 한(韓)나라를 치려고 알여(閼與)에 진군하자, 조왕(趙王)이 조사(趙奢)에게 구원하라고 명했으나 조사는 보루를 정비하고 나아가지 않았다. 조사는 진의 사자에게 싸울 뜻이 없는 것처럼 보인 후, 북산(北山) 요새를 먼저 점거하여 진군을 대파하니 알여의 포위가 풀렸다.《사기》〈조사열전〉

58 전한(前漢)의 경제(景帝)가 장수 주아부에게 오(吳)와 초(楚)의 반란을 평정하게 하자, 주아부는 "초군이 사납고 재빨라서 교전이 어렵다"며 수비만하다가 피폐해진 오초군을 공격하여 평정했다.《사기》〈강후주발세가〉

중달(仲達, 사마의)에게 보냈으나 끝내 중달이 움직이지 않았으니 또한 어찌 교란시키랴.[59] ⑨

예를 들면 묵특(冒頓)이 천리마와 부인 연지(閼氏)를 동호(東胡)에게 주자, 동호는 마음이 교만해져서 방비책을 세우지 않은 탓에 묵특이 동호를 습격하여 멸망시켰다.[60] 당(唐)나라 고조(이연)가 이밀(李密)에게 편지를 보냈는데, 이밀이 말하기를 "당공(唐公, 이연)의 추대를 받았으니 천하를 염려할 것이 없다."고 한 것이[61] 바로 이것이다. ⑩

예를 들면 오자서(伍子胥)가 오왕 합려에게 청하기를, "세 부대를 만들어서 초나라를 괴롭혀야 하는데 적이 나가면 아군이 돌아오고 적이 돌아오면 아군이 나가야 합니다."라고 하였다.

---

59 촉한(蜀漢)의 제갈량이 위수(渭水) 남쪽 언덕에 진을 치고 위(魏)나라 장수 사마의(司馬懿)와 대치할 때 사마의가 싸우러 나오지 않자, 일부로 건귁(巾幗, 부인이 쓰는 수건과 장식)을 보내어 조롱했다. 이에 사마의가 격분하여 출전하려 했으나 신비(辛毗)가 만류하여 그만두었다.《진서》〈선제기〉

60 흉노 묵특이 몽고의 동호(東胡)에게 천리마와 애첩 연지(閼之)를 바치자, 교만해진 동호가 천여 리의 황무지를 다시 요구하였다. 이에 묵특은 동조한 신하들을 모두 죽이고 동호를 습격하여 멸망시켰다.《사기》〈흉노열전〉

61 이연(李淵)의 맹약 편지를 받은 이밀(李密)이 담대하게 답신을 하자, 이연은 그를 서방정벌에 이용하기 위해 겸사의 답장을 보냈다. 이에 자만해진 이밀은 반란을 꾀하다가 살육을 당했다.《자치통감》〈당기〉

그후 초나라가 마침내 괴로움을 겪었다.[62] 곽자의(郭子儀)가 낮에는 군사 시위를 하고 밤에는 보루를 습격하여 적을 휴식하지 못하게 한 것이[63] 바로 이것이다.⑪

예를 들면 응후(應候, 범저)가 조(趙)나라를 이간하여 염파(廉頗)를 물러나게 하고,[64] 진평(陳平)은 초나라를 이간하여 범증(范增)을 버린 것이[65] 바로 이것이다.⑫

예를 들면 등애(鄧艾)가 음평(陰平)에서 사람이 살지 않는 땅 7백리를 가고,[66] 금(金)나라 군사가 화상원(和尙原)을 공격하자,

---

62 오(吳)왕 합려가 초(楚)를 치려 하자 오자서가 "세 부대를 만들어 초를 괴롭혀야 하는데, 적이 나오면 아군이 돌아오고 적이 돌아가면 아군이 나가서 초가 반드시 피폐해질 것입니다. 그런 뒤 삼군이 침입하면 반드시 대승할 것입니다."라고 하였다. 합려가 이를 따르자 초가 괴로움을 겪었다.《춘추좌씨전》(소공 30년)

63 당나라 안녹산의 난에 곽자의가 사사명(史思明)의 무리를 토벌할 때 곽자의가 사명의 군사 2천명을 참수한 뒤, 낮에는 군사시위, 밤에는 보루 습격으로 적들이 쉬지 못하게 한 후 사사명의 군사를 섬멸했다.《신당서》〈곽자의전〉

64 진(秦)나라 장수 왕흘이 조나라 장수 염파 때문에 전쟁이 불리하자, 응후(범저)가 조나라에 간첩을 보내어 "진나라가 두려워하는 것은 조괄이다."라고 하자, 조왕이 염파 대신 조괄을 장수로 삼았다.《사기》〈백기열전〉

65 유방이 영양성에서 포위되어 항우와 화친하려 하자, 항우의 책사 범증이 만류했다. 유방의 모사 진평이 염탐하러 온 초나라 사신에게 범증이 아닌 항우의 사신이라고 푸대접하자, 항우가 범증을 내쳤다.《사기》〈진승상세가〉

66 위나라가 촉나라를 정벌할 때 등애(鄧艾)가 음평(陰平)에서 군사를 출발시켜 무인지경인 700리를 행군하여 성도(成都)에 들어가니, 촉한의 후주인 유선(劉禪)이 등애에게 항복하였다.《삼국지》〈위서〉

오개(吳玠)는 그들이 당연히 달아날 것을 예측하고 신분(神坌)에 복병을 설치하여 한밤중에 차단하고 살상하니 금나라 장수(올출)가 간신히 몸만 빠져나온 것이[67] 바로 이것이다.⑬

이상은 승리를 만드는 방도(制勝之道)를 먼저 적군에게 누설(漏泄)해서는 안 됨을 말한 것이다.⑭

---

67 금나라 올출(兀朮)의 군사가 화상원을 공격하자, 남송의 장수 오개가 여러 장수들에게 강한 활과 쇠뇌를 쏘게 하고, 기병으로 공격하여 식량보급로를 끊고는 곤궁하면 도주할 것을 예상하여 신분(神坌)에 복병을 설치했다. 그후 금병이 도착하자 복병이 야습하여 크게 패하게 했는데, 올출이 화살에 맞고 간신히 몸만 빠져나와 수염을 깎고 달아났다.《송사》

6. 예측이 승리를 결정한다

전쟁하지 않고도 조정에서 승리를 예측하는 것은 계책을 헤아림이 많기 때문이고,[68] 전쟁하지 않고도 조정에서 승리할 수 없다고 예측하는 것은 계책을 헤아림이 적기 때문이다. 헤아림이 많으면 승리하고 헤아림이 적으면 승리하지 못하는데, 하물며 헤아림이 없는 경우에 있어서랴. 내가 여기에서 실정을 살펴보면 적군과 아군의 승부가 절로 드러날 것이다.①

夫未戰而廟算勝者, 得算多也. 未戰而廟算不勝者, 得算少也. 多算勝, 少算不勝, 而況於無算乎? 吾於此觀之, 勝負見矣.

---

68 옛날에는 정벌할 때 반드시 조정에서 계획한 다음에 출전하기 때문에 처음의 계책을 묘산(廟算)이라고 하였다.(조본학) 산(算)은 본래 "수를 세는 산가지"로 "계산하다(예측)"는 뜻이다. 득산(得算)은 "계책을 헤아리다"로 풀었다.

【주해】

이는 오사칠계(五事七計)를 결론지어 말한 것이다. 장수를 선발하여 군대의 형세를 맡기는데 계책을 헤아림이 많으면 승리를 미리 알 수 있고, 계책을 헤아림이 적으면 승리할 수 없음을 미리 알 수 있다. 내가 시계(始計)로써 실정을 관찰하여 탐색하면 적군과 아군의 승부가 저절로 드러날 것이다.①

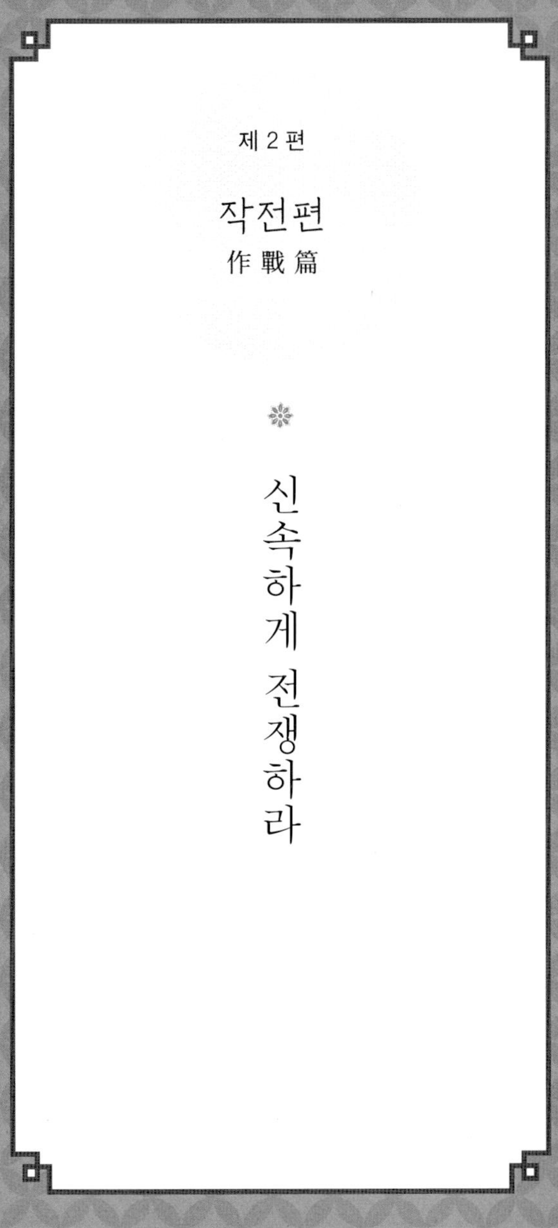

제 2 편

작전편
作戰篇

신속하게 전쟁하라

이 편은 용병하는 자가 승리를 귀하게 여기고 밖에서 오래 싸움을 귀하게 여기지 않음을 반복해서 말하였다.
此篇, 反覆言用兵者貴勝, 而不貴久戰於外也.

작전편에서는 전쟁을 오래하지 않고 신속하게 해야 승리할 수 있음을 강조했다. 천금을 소비하여 대군을 동원하고 전쟁을 오래하면 무기가 둔해지고 군사의 예기가 꺾이며 재정이 고갈된다. 이러한 상황에서 군웅들이 기회를 엿보고 일어나면 더욱 불리해지므로 지혜로운 자라도 대응이 어렵다. 전쟁하는 자는 반드시 용병의 장단점을 알아야 한다.

용병을 잘하는 자는 징병과 식량문제를 한 번에 해결하고 상황에 맞게 융통해야 한다. 전쟁할 때 먼 곳에 식량을 지원하면 백성의 생활이 피폐해지고 국력과 국가 재정이 크게 소모하게 된다. 때문에 현지 조달이 필요한 것이다. 이러한 문제를 해결하기 위해서 적국에서 식량을 조달하는 방법을 모색

해야 한다.

작전상 아군을 격노하게 하여 적을 물리치고, 적의 수레를 노획한 자를 반드시 포상해야 한다. 적의 깃발을 아군의 깃발로 바꾸어 혼란이 없도록 하고, 획득한 적의 수레를 아군의 수레와 함께 타게 하여 반란을 방지하며, 포로를 잘 어루만져 위무해야 한다. 이것이 적의 물자를 쟁취하여 아군을 강하게 하는 방법이다. 신속히 전쟁하여 승리로 이끄는 장수는 국가의 안위를 주재하는 사람이다.

1. 천금을 써서 대군을 동원하다

손자가 말하였다.

"용병의 방법은 치거(馳車)[1]가 천 사(駟)이고 혁거(革車)[2]가 천 승(乘)이며 갑옷 입은 군사가 10만 명이다."① 천리 길에 식량을 운송하면 국고와 군중의 비용, 사객(使客)과 유사(游士)[3]의 비용, 활과 화살을 만드는 아교와 옻의 재료,[4] 수레와 말, 갑옷과 투구의 보급으로 하루에 천금을 쓴 뒤에야 10만 명의 군사를 출

---

1 치거(馳車)는 전쟁할 때 신속히 나갈 수 있도록 만든 네 마리 말이 끄는 공격용 수레이다. 경거(輕車)라고도 한다.(매요신) 조본학은 "치거는 공격용 수레로, 전투병을 태웠다"고 하였다.

2 혁거(革車)는 옛날에 소가죽으로 감싸서 만든 방어용 수레이다. 조본학은 "혁거는 중거(重車)로, 공격용 수레에 딸린 수레(副車)인데, 식량과 의장을 실었기 때문에 멈추면 진영을 이룬다"고 하였다. 경거 1대에 갑사와 보병이 25명이고, 중거 1대에 갑사와 보병이 75명이다.

3 사객(使客)은 왕명을 받든 자이니, 왕명을 받들고 지방에 파견된 관리이다.《대명률집해》 유사(游士)는 각 나라나 각 지방을 순회하며 돌아다니는 사람이다. 장예와 조본학은 "빈객은 使命과 游士이다" 하였다.

4 아교와 옻의 재료는 활과 화살 등의 전쟁 무기를 만들거나 수리할 때 사용된다.(오구룡)

동시킬 수 있을 것이다.②[5]

孫子曰 凡用兵之法, 馳車千駟, 革車千乘, 帶甲十萬. 千里饋糧, 則內外之費, 賓客之用, 膠漆之材, 車甲之奉, 日費千金然後, 十萬之師擧矣.

【주해】

치거는 곧 공격하며 전투하는 가벼운 수레이다. 옛날에는 하나의 수레에 두 복마(服馬)와 두 참마(驂馬)[6]를 두어 모두 네 마리의 말을 사용하므로 사(駟)라고 하였다. 혁거라는 것은 포장하여 싣는 무거운 수레이다. 승(乘)은 역시 네 마리 말(駟)[7]이다. 대갑(帶甲)은 갑옷 입은 병사를 말하는 것과 같다.①

안은 국고(帑藏)이고, 밖은 군중(軍前)이다.[8] 비(費)는 소모와

---

5 조본학은 "이는 상금을 건 재화가 밖에 있으니 비용의 광대함을 말한 것이다"라고 하였다.

6 하나의 수레에 말 네 마리를 매어 끌게 할 때 가운데 두 마리를 복마(服馬)라고 하고 양쪽 가장자리의 두 말을 참마(驂馬)라고 한다.

7 승(乘)은 수레 량(輛)과 같고,(오구룡) "네 마리 말을 승(乘)이라 한다"고 하였다.《석명(釋名)》

8 밖을 군중(軍前)이라고 한 것은 조본학의 주석과 같다.(外謂軍前) 군전은 군중, 군대의 뜻이다.

분산이고, 빈(賓)은 사객(使客)과 유사(游士)의 무리이다. 아교와 옻을 취하여 활과 화살을 만든 자가 수레와 말, 갑옷과 투구를 각각 받들어 제공하는데 하루 사이에 천금을 소비하게 되니 오래가지 못함을 보게 될 것이다.②

2. 속전해야 승리한다

전쟁을 하는 데는 빠르게 승리해야 하니,[9] 오래하면 무기가 둔해지고 군사들의 예리한 기세가 꺾이며,① 성을 공격하면 병력이 다하고,② 오랫동안 군사들을 밖에서 작전하게 하면[10] 나라의 비용이 부족해진다.③ 무기를 둔하게 하고 예리한 기세를 꺾으며 병력이 다하고 재물이 소진되면, 제후들이 그 피폐한 기회를 이용하여[11] 일어날 것이니, 비록 지혜로운 자가 있을지라도 그 뒤를 잘 처리하지 못할 것이다.[12]④

---

9 조본학은 "속히 승리함(速勝)"으로, 유인은 "전쟁하는 것을 속히 한다" 하였고, 유월(兪樾)은 "승(勝)자를 속(速)자와 같이 읽는다"고 하였기에(고서의의(古書疑義)) "빠를 속(速)"의 의미를 더하여 해석하였다.

10 폭사(暴師)는 군사가 밖에서 바람과 비, 서리 이슬을 맞는 것으로, 밖에서 작전하는 것을 뜻한다. "폭(暴)"은 드러낸다(露)는 뜻이니 조본학은 이를 "노사(露師)"로 해석하였다.

11 승기폐(乘其弊)에 대해 조본학은 "제후의 군사들이 기회를 타는 것(乘機)"이라고 하였다.

12 뒤를 잘 처리하는 것(善其後)에 대해 하씨(何氏)는 "좋은 계책을 다해 보전하는 것"으로 보았고, 조본학은 "이미 그러한 날에 피폐함을 구원하는 것"이라고 해

그러므로 전쟁은 졸렬하면서 빠르게 이긴다는 말은 들었어도 공교롭게 하면서 오래한다는 것은 보지 못했다.[13] 대저 전쟁을 오래하고서 나라에 이로웠던 예는 있지 않았다.[14]⑤ 그러므로 용병함에 소비하는 해로움을 다 알지 못하는 자는 용병함에 속히 이기는 이로움도 다 알지 못한다.⑥

其用戰也勝, 久則鈍兵挫銳, 攻城則力屈, 久暴師則國用不足. 夫鈍兵挫銳, 屈力殫貨, 則諸侯乘其弊而起, 雖有智者, 不能善其後矣. 故兵聞拙速, 未睹巧之久也. 夫兵久而國利者, 未之有也. 故不盡知用兵之害者, 則不能盡知用兵之利也.

석했다.

13 이 글은《삼국지》〈왕기전(王基傳)〉에 나온다. 조조와 매요신은 속(速)을 "빠르게 이기다(速勝)"로 해석했다. 조본학은 "전쟁을 오래하면 군사가 늙고 재정을 소비하여 적군이 대비하니 유리할 리가 전혀 없다"고 하였다.

14 경산(瓊山) 구준(丘濬)은 "손무가 열국의 전쟁을 주도했기에 속전(速戰) 하고자 했는데, 이는 제후들이 피폐한 기회를 틈타서 일어날 것을 염려했기 때문이다"라고 하였다.(조본학)

【주해】

전쟁을 함에는 승리를 유지해야 하는데 갑옷과 무기가 무뎌지고 파손됨을 면하지 못하면 군사의 예리한 기세가 오래된 뒤에 꺾이게 된다.[15] 하물며 오래되어도 승리하지 못함에 있어서랴.①

예를 들면 광무군(廣武君)이 한원수(한신)에게 말하기를, "이제 장군께서 게으르고 피폐한 군사를 출동시켜 연(燕)나라의 견고한 성곽 아래에 주둔시키고자 하니, 전쟁하고자 하나 할 수 없고 공격하고자 하나 함락시키지 못할 것입니다. 이것이 장군의 단점입니다"라고 한 것이[16] 그것이다.②

예를 들면 한(漢)나라 무제(武帝)가 궁벽한 곳까지 정벌하여 오랫동안 포위를 풀지 못하니, 나라의 재용이 비게 된 날에 이르러 윤대(輪臺)의 조서(詔書)[17]를 내린 것이 이것이다.③

---

15 이 주해는 유인과 조본학의 주석을 근거한 것이다. 병(兵)은 무기, 예(銳)는 군사의 예기(銳氣)로 보았다.

16 한신이 조나라를 치자, 조나라 장수 이좌거(李左車, 광무군)가 조나라의 진여(陳餘)에게 후방에서 한군의 보급로를 차단하자고 청했으나 듣지 않아 패하였다. 그후 한신에게 귀순한 뒤에 연(燕)과 제(齊)를 공격할 방법을 건의하여 한신이 따랐다.《사기》〈회음후열전〉《통감절요》〈한기〉에도 나온다.

17 한무제(漢武帝)가 서역(西域)의 윤대(輪臺) 지역을 정벌하느라 국력을 많이 소모했는데, 만년에 이를 뉘우치고 자책의 내용을 적은 조서를 내렸다.《한서》〈서

예를 들면, 오(吳)나라가 초(楚)나라를 쳐서 수도(郢)에 들어가서 오래도록 귀국하지 못하자, 월나라가 그 피폐한 기회를 틈타 엄습하여 멸망시켰다. 당시의 손자(孫子)와 자서(子胥)가 모두 오나라의 뒤를 잘 처리할 수 있는 계책을 만들지 못한 것이[18] 이것이다.④

전쟁은 졸렬하면서 빠르게 이기는 것을 귀하게 여기고 공교롭게 하면서 오래하는 것을 귀하게 여기지 않으니, 오래 끌면 반드시 불리하게 됨을 말한 것이다.⑤

전쟁을 오래 끌어 재정을 소비하는 해로움을 알지 못하면 작전하는 데 빠르게 이기는 이로움을 알지 못할 것이다.⑥

역전〉 이것이 윤대의 조서(詔書)이다.

18 장예는 "오나라가 수도 영(郢)에 들어가자, 월나라가 드디어 오나라에 들어갔을 때 비록 오자서와 손무가 있을지라도 어찌 뒤에 좋은 계책을 만들 수 있겠는가."라고 하였다.

3. 군사 지원은 한 번에 한다

용병을 잘하는 자는 한 번에 이기므로 병역을 두 번 부과하지 않고[19] 한 번에 충분히 보내므로 식량을 재삼 실어 나르지 않는다.[20]① 군기 용품은 본국에서 취하고 식량은 적지에서 의존하기 때문에[21] 군량을 충족시킬 수 있다.②

善用兵者, 役不再籍, 糧不三載. 取用於國, 因糧於敵, 故軍食可足也.

---

19 적(籍)은 병역 대상자의 이름을 명부(名簿)에 적는 것인데 여기서는 병역을 부과는 것이다(賦也)(조조 주).

20 원문 "糧不三載"는 "국고에서 식량을 재삼 운송하지 않는다"는 뜻이다. "三"을 "재삼"으로 해석했다.(오구룡, 변우건) 조본학은 "이 글은 용병을 잘하는 자가 오래하지 않음을 말한 것이다."라고 하였다.

21 군량을 적지에 의존하는 것은 식량이 무거워 운반하기 어렵고 천리길을 운반하면 병사가 굶주리게 되기 때문이다.(장예) 인량(因糧)은 적에게 식량을 의존하는 것, 즉 식량을 약탈한다는 뜻이다.(조본학)

【주해】

이해를 잘 알고 용병하는 자가 백성에게 병역을 두 번 부과하지 않는 것은 한번 군사를 동원하여 승리를 쟁취하므로 두 번 징병하지 않음을 말한 것이다. 식량을 나라에서 재삼 실어 나르지 않는 것은 한번 식량을 보내면 충분히 사용하므로 재삼 보내지 않음을 말한 것이다.①

군기 용품은 본국에서 취하고 군량은 적경에서 취하니 비록 오래 머물러도 식량을 충족시킬 수 있다. 이는 위 글의 '식량을 재삼 실어 나르지 않는(糧不三載) 방법'을 설명한 것이다.②

4. 원행하면 크게 소모된다

나라가 용병 때문에[22] 가난해지는 것은 먼 곳까지 식량을 운송하기 때문이니, 먼 곳까지 식량을 운송하면 백성들이 가난해진다.① 군대와 가까운 곳은 물건이 비싸게 팔린다. 비싸게 팔리면 백성의 재물이 다하게 되고 재물이 다하게 되면 구전(丘甸)의 부역이[23] 급급해진다.② 백성의 힘이 지치고[24] 재정이 소진되면 본국의 들녘은 안으로 집집마다 텅 비게 되고 백성의 비용은 십분의 칠을 소모하게 된다.[25]③ 나라의 비용은 파손된

---

22 어사(於師)는 군사를 동원하는 것, 즉 용병으로 풀었다. 조본학은 "用師"로, 오구룡은 "用兵"으로 보았다.

23 구전(丘甸)은 정전법에서 토지와 행정 구역을 구분한 단위인데, 이를 계산하여 부역을 부과하는 것이다. 구(丘)는 16정(井)이고 전(甸)은 64정(井)이며, 4읍(邑)이 1구(丘)이고 4구가 1전(甸)이다.《주례》〈소사도〉

24 역굴(力屈)은 백성의 힘이 지친 것이다(困)(주해). 또는 소모하다로도 해석한다.(곽화약, 오구룡, 변우건)

25 거(去)는 소모하다(耗)의 뜻이다.(두목, 오구룡) 조조는 이를 "파격 소모(破費)"로 보았다. 장예는 "식량을 운송하면 힘이 지치고, 수송 공급하면 재정이 다하니 원야의 백성은 가산이 비게 된다."고 하였다.

수레와 지친 말, 갑옷과 투구, 화살과 활, 갈라진 창과 긴 방패, 갈고리 창과 큰 방패, 구우(丘牛)가 끄는 큰 수레[26]가 십분의 육을 소모하게 된다.④

國之貧於師者遠輸, 遠輸則百姓貧. 近師者貴賣, 貴賣則百姓財竭, 財竭則急於丘役. 力屈財殫, 中原內虛於家. 百姓之費, 十去其七, 公家之費, 破車罷馬, 甲冑矢弓, 戟楯矛櫓, 丘牛大車, 十去其六.

【주해】

관자(管子)가 말하기를, "식량을 가지고 3백리를 가면 나라에 1년의 저축이 없어지고 식량을 가지고 4백리를 가면 나라에 2년의 저축이 없게 되며, 식량을 가지고 5백리를 가면 백성들에게 굶주린 빛이 있게 된다."고 하였다.[27] 이제 십만의 무리로

---

26 구우(丘牛)는 정전에서 4고을인 구승(丘乘, 구전(丘甸)의 소이고, 대거(大車)는 수레바퀴통이 긴 장곡거(長轂車)이다.(조조) 장예는 이를 "큰 소"로 보았다.

27 이 구절은 《관자(管子)》권5, 〈팔관편(八關篇)〉에 나온다. 이는 먼 길을 운수하면 인력과 재물을 소모하여 농사철을 그릇치고, 국가와 백성들이 빈곤해짐을 말한 것이다.(오구룡)

멀리 천리 길을 가면 어찌 가난해지지 않겠는가. 이것이 적지에서 식량을 의존해야 하는 이유이다.①

군대와 가까운 땅은 사람이 많고 물건이 적어서 판매하는 것이 반드시 비싸기 때문에 백성의 재물이 고갈된다. 구역(丘役)은 농지에 부과하는 것이다. 16가(家)가 구(丘)가 되고 백성의 재물이 이미 고갈되면 구전(丘甸)의 부역이 급급해지지 않음이 없는 것이다.②

백성의 힘이 이미 지치고 나라의 재물이 이미 다하면 본국의 들녘이 공허하고 개인 가구의 비용이 태반을 소모하게 된다. 이것이 비록 한 나라를 가리키어 말한 것이지만, 천하의 경우에 한(漢)나라 무제가 이른 바 천하가 허비했다는 것이 바로 이것이다.[28]③

거마(車馬)는 군중에 있는 전투말이고 갑(甲)은 갑옷이고, 주(胄)는 투구이다. 극(戟)은 가지가 있는 무기이고 순(楯)은 긴 방패이다. 모(矛)는 갈고리 창이고 노(櫓)는 큰 방패로 수레를 가리는 것이다. 구우(丘牛)는 구전(丘乘)에서 나오는 소이고 대

---

28 사마광의《자치통감》권23에 "무제 말년에 천하가 허비하고 호구가 반이 줄었다(海内虛耗 户口減半)."고 하였다.

거(大車)는 옷·식량·기계를 싣는 수레이다. 밖에 군사를 오랫동안 주둔하면 어찌 다만 백성들만 가난하리요. 예를 들면 곽거병(霍去病)[29]이 14만 기병(騎兵)으로 변방에 나갔다가 돌아온 것이 불과 3만 필이었고, 당(唐)나라 태종이 고려(高麗)를 정벌할 때 전사(戰士)로서 죽은 자는 거의 3천 명이고 전마(戰馬)로서 죽은 것이 17, 8필이었던 것이 바로 그것이다.④

29 곽거병(霍去病)은 한무제 때의 장수로, 18세 때 시중(侍中)이 되어 흉노를 누차 토벌하고 20세에 표기(驃騎) 장군이 되어 정예부대로 적진을 깊숙이 공격하여 영토 확장에 큰 전공을 세우고 24세에 죽었다.

5. 적국에서 양식을 조달한다

그러므로 지혜로운 장수는 적국에서 양식을 구하는데 힘쓴다. 적의 식량 1종(鍾, 6곡 4두)을 먹는 것이 우리의 20종(鍾)에 해당하고, 말먹이용 콩깍지와 볏짚 1석은 우리의 20석(石)에 해당한다.[30]①

故智將, 務食於敵. 食敵一鍾, 當吾二十鍾, 萁稈一石, 當吾二十石.

---

30 종(鍾)은 6곡(斛) 4두(斗)이고, 석(石)은 120균(鈞)이다.(조본학) 곡은 10말이고, 균은 30근이다. 기간(萁稈)은 콩깍지(콩짚)와 볏집이다. 기(萁)는 콩깍지(豆萁(豆稭))의 뜻이고, 간(稈(秆))은 볏집이다.(禾藁)(조조, 두목) 조본학은 "이 구절은 적에게 식량을 의존하면 비용을 줄일 수 있음을 말한 것이다"라고 하였다.

【주해】

기(萁)는 콩깍지이고 간(秆)은 볏집이다. 손자(孫子)가 "지장(智將)이 적국에서 양식을 취하기에 힘쓴다"고 말한 것은 대개 물자를 수송하는 방법이 20종을 써서 1종을 이루는 것이다. 예를 들면 역생(酈生)과 진평(陳平)이 한(漢)나라 왕을 설득하여 오창(敖倉)의 곡식을 취하고,[31] 이적(李勣)이 이밀(李密)을 설득하여 여양창(黎陽倉)을 취하고,[32] 곽거병이 가벼운 짐을 줄여 사막을 횡단한 것이[33] 바로 그것이다.①

31 역생(酈生)은 역이기(酈食其)로 진평(陳平)과 함께 한(漢)나라를 창업했는데, 형양(滎陽)에 군대를 주둔하고 용도(甬道)를 쌓아 황하에 연결하여 오창(敖倉)의 곡식을 가져갔다.《자치통감》〈한기〉 오(敖)는 형양 서북쪽의 지명이고, 진(秦)이 이곳에 태군(太君)을 두었기에 오창(敖倉)이라 하였다.

32 당나라 장수 이적(李勣)은 본명이 서세적(徐世勣)이다. 처음에는 이밀(李密)을 섬기다가 당태종 이세민(李世民)의 휘하에서 공을 세워 이(李)씨 성을 하사받고, 태종의 이름 '세(世)'자를 피하여 이적(李勣)으로 개명했다. 이적이 이밀의 땅을 점거했을 때 위징(魏徵)이 이적에게 이밀을 설득시켜 항복하게 하고, 이밀이 여양창(黎陽倉)을 점거하였다.《당서》〈이밀전〉

33 표기장군 곽거병이 군사를 거느리고서 직접 흉노의 병사들을 포획하고 가벼운 짐을 줄이고서 사막을 횡단하고 장거(章渠)를 건너 비거기(比車耆)를 베고 기고(旗鼓)를 참획했다.《사기》51권〈위장군표기열전〉

6. 노획한 자를 먼저 포상한다

그러므로 적군을 죽이는 것은 군사들의 격노함에 달렸고,① 적군의 이익을 취하는 것은 상금에 달렸다.[34]② 전차전에서 적군의 수레 10승(乘) 이상을 노획하면 제일 먼저 노획한 자를 포상하고 적군의 깃발을 아군의 깃발로 바꾸어 달며,[35]③ 수레는 아군과 적군의 수레를 섞어서 타게 하고, 적군들을 잘 어루만져서 길러야 한다. 이를 두고 "적을 이기면 나의 형세가 더욱 강해진다"고 말하는 것이다.④

故殺敵者, 怒也, 取敵之利者, 貨也. 車戰, 得車十乘已上, 賞其先得者, 而更其旌旗, 車雜而乘之, 卒善而養之, 是謂勝敵而益强.

---

34 조본학은 "기운이 격노하고 마음이 탐욕하면 모두 죽음을 두려워하지 않는다"고 하였다.

35 깃발을 바꾼다는 것은 적군의 깃발을 가져다가 아군의 깃발로 바꾸는 것이다.(곽화약, 오구룡)

【주해】

이 이하가 모두 작전하는 방법이니, 우리의 군사를 격노하게 하여 적군을 죽이게 하는 것이다. 예를 들면 전단(田單)이 즉묵(卽墨)을 수비하는데 첩자를 보내어 연나라를 설득하여 제(齊)나라의 병사로서 항복한 자들을 모두 코를 베고, 즉묵 사람이 분노하여 울면서 싸우고자 하니, 전단이 마침내 화우(火牛)의 계책[36]을 사용하여 70여 성을 되찾은 것이 바로 그것이다.①

재화를 사람에게 주면 적군을 취할 수 있다. 예를 들면 조충국(趙充國)[37]이 금성(金城)을 지키는데 강호(羌豪, 호족)를 유인하여 자신이 참수하고 포획하였고, 매번 사람을 포획할 때마다 돈 40만 냥을 주자 강인(羌人)이 직접 데려 오고 선령(先零)은 생활이 곤궁해진 것이 바로 그것이다.②

수레를 사용하여 적군과 싸우는데 우리의 병사가 적군의 수

---

36 제(齊)나라의 장수 전단이 연소왕(燕昭王)의 공격을 받아 패하게 되자, 제나라의 즉묵(卽墨, 산동성 동남땅)에서 소꼬리에 갈대로 불을 붙여 소떼를 적진으로 들여보내는 화우(火牛)의 계책으로 연나라 군사를 물리치고 제나라 70여 성을 되찾았다.《사기》〈전단열전〉

37 한(漢)나라 선제 때 서역 오랑캐인 선령(先零)의 이민족 양옥(楊玉)이 침입하자, 70세가 넘은 한나라 장수 조국충이 자원하여 금성에 가서 둔전을 지켰는데, 오랑캐에게 돈을 주고 적을 잡아오게 하자 선령(先零) 등이 양옥의 머리를 베어 항복하였다.《한서》〈조국충전〉,《감숙통지(甘肅通志)》권30

레 10승(乘) 이상을 노획하면 반드시 먼저 수레를 노획한 자를 신속하게 포상해야 한다. 또한 적군의 깃발을 아군의 깃발로 바꾸는 것은 아군의 것과 다르지 않게 하는 것이니 사람의 이목을 바뀌게 하기 때문이다.③

획득한 적의 수레를 아군의 수레와 섞어서(합하여) 타게 하는 것은 반란을 방지하는 것이고, 획득한 병사를 잘 어루만져 기르는 것은 그 마음을 거두는 것이다.[38] 내가 본래 강한데 이제 또 적을 이겨서 수레와 병사를 얻으면 나의 형세가 더욱 진작될 것이니, 이 어찌 적의 물자를 쟁취하여 나의 강함을 더하는 것이라고 말하지 않으랴.④

38 조본학은 "섞어서 타게 하는 것은 적의 수레가 모이지 못하게 하여 변란을 방지하는 것이고, 군사를 잘 기르는 것은 귀향을 생각하고 배반하여 떠나는 것을 생각하지 못하게 하는 것이다."라고 하였다.

7. 장수는 국가의 안위를 주재한다

그러므로 전쟁은 신속히 이기는 것[39]을 귀하게 여기고 오래 하는 것을 귀하게 여기지 않는다. 그러므로 전쟁을 아는 장수는 백성의 운명을 맡은 사람이고[40] 국가의 안위를 주재하는 사람이다.[41]①

故兵貴勝, 不貴久. 故知兵之將, 民之司命, 國家安危之主也.

---

39 원문의 귀승(貴勝)이 주해에 "貴速"으로 되어 있어 "신속히 이기다"로 해석했다.(오구룡·변우건·고체) 매요신도 이와 같고, 맹씨(孟氏)는 "신속히 이기고 빨리 돌아가는 것을 귀하게 여긴다"고 주석하였다.

40 사명(司命)은 본래 문창성(文昌星)의 네 번째 별이름이다.《사기》〈천관서〉 사마정(司馬貞)의《색은(索隱)》에, "司命은 재앙을 주관한다"했으니, 이는 인간의 운명을 결정하는 의미로 사용된다(고체).

41 조본학은 "먼 거리 수송이 곤란하고, 군사들이 명령을 따르지 않아 임시 격려 권면하고, 거마가 피폐하여 남의 군사를 의존함은 모두 군사를 오래 동원해서 발생한 것이니 손자는 이를 단절했다. … 시종일관 전쟁을 오래하는 것을 불리하다고 말한 것은 전쟁에 대해 잘 알기 때문이다"라고 하였다.

【주해】

이는 위의 글에서 전쟁은 신속함을 귀하게 여기고 오래하는 것을 귀하게 여기지 않는다는 뜻을 거듭 결론지은 것이다. 밖에서 오랫동안 전쟁하는 경우 군사가 늙고 재정이 다하여 오직 안팎의 근심만을 끼칠 것이니 어찌 그것을 귀하게 여기겠는가. 이것으로 장수는 백성과 국가와 관계된 것이 중함을 알 수 있다.①

제 3 편

모공편
謀攻篇

❋

계략으로 승리를 쟁취하라

여기서는 공격하여 정벌하는 데는 계략으로 승리를 취함을 최상으로 여김을 말하였다.

此言攻伐, 以謀取勝爲上.

모공(謀攻)은 뛰어난 계략으로 적을 공격하는 것이다. 무력으로 적과 싸우지 않고 적을 복종시키는 것이 상책이고, 적국을 공격하는 것이 그 다음이다. 백전백승이 최선이 아니다. 최상의 작전은 적의 계략을 치는 것이고, 적의 외교를 치는 것이 그 다음이고, 적군을 치는 것이 그 다음이고, 적의 성을 치는 것이 최하이다. 성이 견고하여 함락되지 않는 것은 전쟁의 재앙이다.

용병술에 능한 장수는 적과 직접 싸우지 않고 성을 직접 공격하지 않고 적과 오래 싸우지 않는다. 오직 적의 계략을 파괴하고 외교를 무너뜨리고 식량보급로를 끊어 적을 굴복시킨다. 군대가 쇠퇴하지 않고 재정이 소모되지 않고 이익을 온전히 취하면, 이것이 완전한 승리이자 지장(智將)이 적의 계략을 치는 전법이다. 병력의 상황에 따라 정법과 기법으로 알맞게 대응한다.

국운이 한 장수에게 달렸으니 장수가 주도면밀해야 나라가 강성해진다. 군주가 군대의 상황을 모르고 장수에게 명령하는 것이 속박하는 것이다. 전군의 일과 변통하는 권도를 알고 의혹됨이 없어야 한다. 전군이 혼란하면 제후들이 틈을 타서 난리를 일으킬 것이다.

승리의 비결 다섯 가지가 있다. 교전의 가능 여부를 알고, 병력의 상황을 알고, 상하가 협심하고, 미리 준비하여 공격하고, 임금이 유능한 장수를 제어하지 않으면 승리한다. 때문에 만전을 기하는 장수는 항상 전일하게 힘쓰니 나와 적을 정확히 알면 백번 싸워도 위태롭지 않고, 모르면 패하게 되는 것이다.

1. 싸우지 않고 이김이 상책이다

손자가 말하였다. 대저 용병하는 방법은 싸우지 않고 적국을 보전하는 것이 상책이 되고,[1] 적국을 공격하여 파괴하는 것이 그 다음이 된다.① 적군을 보전하는 것이 상책이 되고, 적군을 파괴하는 것이 그 다음이 되며, 적의 여(旅)를 보전하는 것이 상책이 되고, 적의 여를 파괴하는 것이 그 다음이 되며, 적의 병졸을 보전하는 것이 상책이 되고, 적의 병졸을 파괴하는 것이 그 다음이 되며, 적의 오(伍)를 보전하는 것이 상책이 되고, 적의 오를 파괴하는 것이 그 다음이 된다.② 그러므로 백번 싸워서 백번 이기는 것은 잘한 것 중에 가장 잘한 것이 아니다.③ 싸우지 않고도 적의 군사를 굴복시키는 것이 잘한 것 중에 가장

---

1 조본학은 "전쟁은 만전을 귀히 여기니 화살 하나도 잃지 않고 병사 한명도 죽지 않는 것을 萬全이라 한다. 때문에 국가에서 대오에 이르기까지 싸우지 않고 이기는 것을 최상으로 여긴다"고 하였다.

잘한 것이다.[2]④

孫子曰 夫用兵之法, 全國爲上, 破國次之, 全軍爲上, 破軍次之, 全旅爲上, 破旅次之. 全卒爲上, 破卒次之, 全伍爲上, 破伍次之. 是故百戰百勝, 非善之善者也. 不戰而屈人之兵, 善之善者也.

【주해】

싸우지 않고 적군이 와서 복종하여 적국을 보전하는 것이 곧 상책이 된다. 만약 적국을 공격하여 파괴하면 그 다음이 된다. 예를 들면 조빈(曹彬)이 남당(南唐)을 빼앗고[3] 백안(伯顔)이 남송(南宋)을 빼앗은 것은[4] 이 역시 남의 나라를 보전한 것이

---

2 조본학은 "언변 있는 이로 항복시키고 기묘한 계책으로 미혹시켜 구원병을 끊고, 혹은 오랑캐로 오랑캐를 치고 도적으로 도적을 잡는 것이 싸우지 않고 굴복시키는 류이다"라고 하였다.

3 조빈(曹彬)은 송나라의 명장으로, 송 태조를 도와 천하를 평정하였다. 촉(蜀)과 남당(南唐)을 정벌했으나 백성을 한 명도 죽이지 않아 '조빈인애(仁愛)'라는 평이 있었다.《송사(宋史)》〈조빈열전〉

4 원(元)나라 세조가 장수 백안(伯顔)과 사천택(史天澤)에게 남송을 공격하라고 명하기를, "조빈(曹彬)은 살인을 좋아하지 않으니, 그대들도 본받으라."고 하였다.《치평요람》141권 그후 송나라를 정벌하였다.

고, 유유(劉裕)가 남연(南燕)을 빼앗고[5] 조한(曹翰)이 강주(江州)를 빼앗았으니[6], 이는 나라를 파괴한 것으로 그 다음이다. 반드시 철저히 논한다면 대순(大舜)이 묘민(苗民)을 이르게 하고[7] 문왕(文王)이 숭(崇)나라를 항복시킨 것이[8] 잘한 것 중에 가장 잘한 것이다.①

1만 2천 5백 명이 1군(軍)이 되고 5백 명이 1려(旅)가 되며, 백 명이 1졸(卒)이 되고 5명이 1오(伍)가 된다. 보전하는 것은 살상하지 않고 능히 스스로 와서 항복하게 하는 것이니, 이것은 반드시 승리를 도모하기 때문에 이를 상책이라고 말한다. 만약 적군의 여(旅)·졸(卒)·오(伍)를 파괴하면 힘으로써 이기기 때문에 그 다음이라고 말한다. 예를 들면, 광무제(光武帝)가 동

---

5 남조의 송(宋) 황제 유유(劉裕)가 남연의 광고(廣固, 서울)를 오랫동안 함락시키지 못하자, 병사들을 매장하고 왕공이하 3천명을 참수하고 성곽을 허물고 남연의 왕 모용초(慕容超)를 참수하였다.《통감절요》30〈진기(晉紀)〉

6 북송의 장수 조한(曹翰)이 강주가 오랫동안 항복하지 않음을 분하게 여겨 이를 함락시키고 모든 사람을 도륙하였다.《설부(說郛)》권71〈후덕록(厚德錄)〉

7 중국 남방의 묘민(苗民, 이종족)이 한 달 동안 명령을 거역하자, 순(舜) 임금이 크게 덕을 베풀고 방패와 깃으로 춤을 추니 70일 만에 묘민이 이르렀다고 하였다.《서경(書經)》〈대우모(大禹謨)〉

8 문왕은 숭(崇)나라가 혼란하다는 말을 듣고 정벌했는데, 30일이 지나도 항복하지 않자 물러가 교화를 닦고 다시 정벌하여 예전의 보루를 그대로 사용하여 항복시켰다.《춘추좌씨전》희공 19년

마(銅馬)와 적미(赤眉)를 수습한 것은[9] 모두 남의 군사를 보전한 것이고, 백기(白起)가 조(趙)나라의 군졸을 묻어죽이고[10] 항왕(項王)이 진(秦)나라의 군졸을 묻어 죽인 것은[11] 모두 군사를 파괴한 것이다.②

이것은 윗글의 '힘으로 이긴다'는 것에 대해 거듭 말한 것이다. 비록 선하지 못한 자를 이긴 자라도 천지의 화기(和氣)를 손상함을 면하지 못할 것이다. 예를 들면 항왕(項王)이 백번 싸워서 백번 이길 수 있는 능력이 어찌 없었으랴만 끝내 패망함에 이른 것이 바로 그것이다.③

이 글 이하는 바로 계략으로써 공격하는 것이다. 예를 들면 양저(穰苴)는 병법에 밝고 병사들을 따르게 하니 연(燕)나라와

---

9 후한의 광무제(유수(劉秀))가 반군 동마(銅馬) 무리들의 항복을 받고 열후(列侯)로 삼았다. 그러나 여러 장수와 반군들이 서로 의심하여 무제가 반군들을 모두 돌려보내자, 반군들은 진심으로 헤아려준다며 다시 복종하였다. 반군 적미(赤眉)도 나중에 평정되었다.《후한서》〈오한전(吳漢傳)〉

10 전국시대 진(秦)나라 장수 백기(白起)가 장평(長平)에서 조(趙)나라 군대를 공격하여 장수 조괄(趙括)을 죽이고, 항복한 병사 40만 명을 구덩이에 파묻어 죽였다.《사기(史記)》〈조세가(趙世家)〉

11 항우가 하북을 평정한 뒤 서쪽 관문에 진입하려고 하자, 진(秦)의 항복한 장수들이 원망하였다. 이에 항우가 밤에 습격하여 진의 병사 20여 만명을 신안성(新安城) 남쪽에 묻어 죽였다.《통감절요》

진(晉)나라가 이를 듣고 싸우지 않고 물러난 것이[12] 바로 이것이다. 반드시 잘한 것 중에 가장 잘한 것을 구한다면 또한 순임금과 문왕이 본보기가 된다.④

12 제(齊)나라 장수 사마양저(司馬穰苴)는 약속을 어긴 감군 장가(莊賈)를 참형하여 법령을 밝히고 군사들을 어루만지며 식량을 나누어주니 병에 걸린 병사들도 달려 나왔다. 그후 이를 들은 연나라와 진나라가 해산하였다.《사기》〈사마양저열전〉

2. 적의 계략을 공략하라

그러므로 최상의 작전은 적의 계략을 치는 것이고,[13]① 그 다음은 적의 외교를 치는 것이며,[14]② 그 다음은 적군을 치는 것이고,③ 최하의 작전은 적의 성을 공격하는 것이다.[15]④ 성을 공격하는 방법은 부득이하기 때문이다.⑤ 큰 방패(櫓)와 네 바퀴의 수레(轒轀)를 수리하고 전쟁 장비를 구비하는 데는 3개월 뒤에 이루어지며, 흙산(距闉)은 또 3개월 이후에 쌓는 것이 끝난다.⑥ 장수가 분노함을 참지 못하여 군사들에게 개미떼처럼 성에 붙

---

13 조조는 "적이 처음 계책을 세웠을 때 치기가 쉽다"고 하였고, 조본학은 "벌모(伐謀)란, 계략으로써 계략을 쳐서 두려워 복종하게 하고 감행하지 못하게 하는 것이다."라고 하였다.

14 조본학은 "적의 우익세력을 잘라서 적의 형세를 고립시키는 것이다"라고 하였다. 적국 간의 결맹을 와해시키고 자기쪽의 연맹 국가를 확대함으로써 적국을 고립시켜 굴복하게 하는 것이다.(오구룡)

15 조본학은 "적을 굴복시키지 못하고 전쟁하게 할 수도 없기 때문에 하책을 쓴다. 아래는 그 피해를 말한 것이다"하였다.

어 오르게 하면[16] 병사 3분의 1을 죽이게 된다. 그런데도 성을 점령하지 못하는 것은 공격이 가져온 재앙인 것이다.⑦

故上兵伐謀, 其次伐交, 其次伐兵, 其下攻城. 攻城之法, 爲不得已. 修櫓轒轀, 具器械, 三月而後成, 距闉, 又三月而後已. 將不勝其忿, 而蟻附之,[17] 殺士三分之一, 而城不拔者, 此攻之災也.

【주해】

적이 처음 계략을 세우면 미리 치는 것이 바로 심장을 공략하는 방법이다. 때문에 손자는 이를 최상이라고 말하였다. 예를 들면, 안영(晏嬰)이 범소(范昭)를 저지하여 술동이와 그릇(樽俎)의 사이(연회)를 벗어나지 않고도 천리의 밖에 있는 적을 방어함이[18] 바로 이것이다.①

---

16 의부(蟻附)는 개미가 담장을 오르는 것처럼 군사들에게 성에 기어오르게 하는 것이다.(조조) 장수가 분노를 참지 못하고 공성기구도 기다리지 못하여 군사들에게 성에 오르게 하는 것이다.(고체)

17 《통전》16권과 주해의 원문에는 '죽일 살(殺)'자 앞에 '곧 즉(則)'자가 있으므로, 이를 따라 해석했다.

18 제나라 재상 안영(安嬰)이 연회에서 왕이 따른 진(晉)의 대부 범소(范昭)의 술

예를 들면, 장의(張儀)가 진(秦)나라 땅 6백리를 초(楚)나라에 바치기를 원하여 제(齊)나라와 외교를 끊기를 청하고,[19] 수하(隨何)가 경포(黥布)와의 자리에서 초나라 사신을 죽여 항우와의 외교를 끊게 한 따위[20]가 바로 이것이다.②

적군이 이미 나타났으면 공격한다.[21]③

성을 공격하여 힘이 쇠진하고 재물을 소비하는 것은 병가의 최하의 계책이다.④

성을 공격하는 것은 어쩔 수 없는 상황에서 나온 것이므로, 이를 사용하는 것은 최하의 계책이 된다.⑤

닦을 수(修)는 다스릴 치(治)의 뜻이다. 노(櫓)는 큰 방패이고, 분온(轒轀)은 네 바퀴의 수레이고,[22] 기계(器械)는 충차(衝車, 공

잔을 바꿔 시험을 못하게 하자, 공자가 이를 듣고 "술동이와 그릇 사이에서 천리밖에 있는 적을 물리쳤다"고 하였다.《안자춘추》〈내편잡상〉

19 진(秦)나라가 제(齊)나라를 정벌할 때 초나라가 제나라와 합종할 것을 걱정하여 연횡을 주장한 장의(張儀)가 초나라 회왕(懷王)에게 가서 진나라 땅 6백리를 주겠다며 제와의 합종을 끊게 하였다.《통감절요》

20 한(漢)나라 유방(劉邦)이 초나라와 싸워 팽성에서 패하자, 휘하인 수하(隨何)가 항우의 휘하 경포(黥布)를 설득하여 초나라의 사자를 죽이고 초나라를 공격하게 하였다.《사기》〈경포열전〉

21 이 "敵兵已形而伐之" 구절은《무비지(武備志)》에서 인용한 것이다. 적군이 나타났다는 것은 출병하여 진영을 세운 단계이다.

22 분온(轒轀)은 네 바퀴가 달린 수레로 성을 공격할 때 사용된다. 수레 아래의 네 바퀴를 가운데 축에서 밀면 성밑에 이른다.(조조) 네 바퀴 위에 밧줄로 매어 등

격용 수레)·비루(飛樓, 높은 수레)·운제(雲梯, 높은 사다리) 같은 종류이다. 거인(距闉)은 흙산인데,[23] 성에 붙여서 쌓되 오를 수 있는 자에게 반드시 3개월 뒤에 그 공사가 완료됨을 말하게 해야 한다.⑥

장수된 자가 오래 버티지 못하여 성을 공격하는 기구가 완성되기를 기다리지 못하고 바로 분노하여 사졸들에게 기어 올라가서 개미가 담장에 달라붙은 것처럼 공격하게 하면 사졸들은 반드시 성위에서 부상을 입고 3분의 1을 잃게 된다. 그런데도 성이 견고하여 끝내 점령하지 못하는 것은 성을 공격함이 가져온 해로움이다.⑦

판을 삼고 무소가죽을 덮는다.(조본학)

23 거인(距闉)의 거(距)는 막을거(拒)와 같으니 적을 방어한다는 뜻이다.(《사기》 〈전단열전〉주) 인(闉)은 흙산이니(堙) 거인(距闉)은 흙을 높게 쌓고 앞을 향하여 적의 성에 붙여서 쌓는다고 하였다.(두우 주)

3. 계략으로 만전을 기하다

그러므로 용병을 잘하는 자는 적의 군사를 굴복시키되 직접 싸우지 않는다.① 적의 성을 점령하되 직접 공격하지 않는다.② 적의 나라를 훼손시키되 오래 전쟁하지 않는다.③ 반드시 병력과 재정을 완전하게 하여 천하에서 쟁취하므로,[24] 군사가 쇠퇴하지 않고[25] 이익을 온전히 얻을 수 있으니, 이것이 계략으로 공격하는 방법이다.[26]④

故善用兵者, 屈人之兵而非戰也, 拔人之城而非攻也, 毁人之國, 而非久也, 必以全爭於天下, 故兵不頓而利可全,

24 주해에 "반드시 완전하게 천하에서 승리한다(必以完全勝於天下)"로 되어 있으므로, 전쟁(全爭)을 "완전하게 쟁취하다"로 해석했다. 조본학은 "만전을 기함으로 전쟁하는 것이다.(以萬全爭)"하였다.

25 병부돈(兵不頓)의 돈(頓)은 쇠퇴(頓憊)의 의미이다.(주해). 조본학은 "무너짐(頓壞)"으로 풀었다.

26 조본학은 "이는 기교있는 계책이 있으면 형상이 없는 데서도 충분히 적을 복종시킬 수 있다"고 하였다.

此謀攻之法也.

【주해】

굴복시키는 방법으로 예를 들면, 적의 계략을 파괴하고, 외교를 무너뜨리고, 식량이 끊어지게 하고 길을 끊는 것을 말한다.①

혹은 반드시 구원할 곳을 공격하여 적으로 하여금 성을 버리고 지원하러 오게 하고서 복병을 두어 점령한다. 혹은 밖에서 강력한 지원을 끊고 오래 지속적으로 지치게 한다.[27] 혹은 집을 짓고 거기에 물러나서 농사를 짓게 하고 좌시하는 것을 말한다. ②

공격을 잘하는 자는 병력으로 공격하지 않고 계략으로 지치게 하며, 스스로 함락되고 스스로 훼손하게 하되 수고롭게 오래 지키지 않고서 점령한다.③

만전으로 다투는 것은 바로 전쟁하지 않고서 적의 군사를

27 이 내용은 장예(張預)가 주석한 내용을 인용한 것이다.《십일가주손자교리》

굴복시키고, 공격하지 않고서 적의 성을 함락시키는 것이다. 적국을 붕괴시키되 오래 전쟁하지 않으면 군사가 다치지 않고 힘이 쇠하지 않고 재정을 낭비하지 않아서 반드시 완전하게 하여 천하에서 승리할 것이다. 그러므로 군대가 쇠퇴함에 이르지 않고 이익을 온전하게 얻게 될 것이니 이것은 지장(智將)이 적의 계략을 공격하는 전법이다.④

4. 적의 형세에 따라 대응한다

그러므로 용병의 방법은 아군이 10배이면 적군을 포위하고, ① 5배이면 적군을 공격하고,② 두 배이면 병력을 둘로 나누고, ③ 아군과 적군이 서로 같으면[28] 잘 싸워야 하고,④ 병력이 적으면 잘 수비해야 하고,⑤ 아군이 적만 못하면 잘 피해야 한다.⑥ 그러므로 형세가 작은 병력이 견고하게 지키려 하면 큰 적에게 사로잡힐 것이다.[29]⑦

故用兵之法, 十則圍之, 五則攻之, 倍則分之, 敵則能戰之, 少則能守之, 不若則能避之. 故小敵之堅, 大敵之擒也.

---

28 '대적 적(敵)'자는 "같다", " 대등하다(等)"는 의미이다.(하씨, 진호) 조본학은 "균일하다(均)"로 보았다. 주영(周英)은 "병력이 서로 대등하면 교묘한 전법으로 싸워 필승을 취한다"고 하였다.

29 조본학은 "적군이 비록 많아도 정연하지 못하고 강해도 대비가 없으면 기병을 써서 승리할 수 있으니, 이것이 권변의 지략이다. 주장은 정법을 지키고 편장은 기법을 내어 권변을 사용한다"고 하였다.

【주해】

이 내용의 아래는 모두 계책을 사용하는 일에 관한 것이다. 아군의 무리가 많아서 적보다 10배가 된다면 마땅히 병사들을 풀어서 포위해야 한다.①

아군이 적군보다 5배이면 앞을 놀라게 하고 뒤를 엄습하고, 동쪽을 충돌하고 서쪽을 쳐서 공격하여 점령할 수 있다. 바로 3군으로 나눈 전술이 정군(正軍)이 되고 2군으로 나눈 전술이 기병(奇兵)이 된다.[30]②

아군이 적보다 두 배가 되면 군사를 나눠서 두 개의 부대로 만든다. 하나는 적의 전방에 배치하고 하나는 적의 후방을 충돌하며, 혹은 왼쪽에서 습격하고 혹은 오른쪽에서 엄습한다. 이른바 1군의 전술을 정병(正兵)으로 삼고, 1군의 전술을 기병(奇兵)으로 삼는 것이다.[31]③

아군과 적군의 무리가 상당하면 마땅히 기병(奇兵)과 복병

30 조조의 《조공신서(曹公新書)》에 "우리가 2군이고 적이 1군이면 아군은 1군으로 나눈 전술을 정병(正兵)으로 삼고, 1군으로 나눈 전술을 기병(奇兵)으로 삼는다. 우리가 5군이고 적이 1군이면 아군은 3군으로 나눈 전술을 정병으로 삼고, 2군으로 나눈 전술을 기병으로 삼는다."고 하였다. 정병은 진을 치고 정면작전을 하는 정규부대이고, 기병은 측면에서 불시에 돌격하는 유격부대이다.

31 이 구절은 장예의 주석내용을 근거한 것이고, 《손무자직해》에도 나온다.

(伏兵)을 배치하고서 싸운다.④

적군이 많고 아군이 적으면 청야(淸野)하고 성벽을 굳게 하며[32] 더불어 싸우지 말아야 한다.⑤

아군이 적만 못하면 병사의 용맹과 겁냄, 지형의 험함과 평탄함, 양식의 많고 적음에 상관없이 모두 피한다. 이는 적이 틈을 엿보고 다시 도모하기 때문이다.⑥

아군의 형세가 적고 약한데 후퇴하여 피하지 않고 굳게 지켜 전쟁하고자 한다면 반드시 큰 적에게 사로잡힐 것이다.⑦

32 청야견벽(淸野堅壁)은 방어전술의 하나이다. 청야는 들판의 곡식을 모두 없애 적이 취하지 못하게 하는 것이고, 견벽은 성벽을 굳게 지키는 것이다. 견벽청야라고도 한다.

5. 임금은 장수에게 위임해야 한다

장수란 나라의 보필자이니, 보필자가 주밀하면 나라가 반드시 강해지고, 보필자에게 빈틈이 생기면 나라가 반드시 약해질 것이다.[33]① 그러므로 군주가 군대에 위해(危害)를 끼치는 경우가[34] 세 가지이다.② 군대가 나아가서는 안 됨을 알지 못하고 나아가라고 명령하거나, 군대가 물러나서는 안 됨을 알지 못하고 물러나라고 명령한 경우, 이를 두고 "군대를 속박하는 것"[35]이라고 한다.(첫째 위해)③ 삼군(전군)의 일을 알지 못하고 삼군

---

33 조본학은 "나라의 강약이 장수에게 매이면 장군의 권한이 중해지고 임금이 위임한 뜻을 전일하게 된다"고 하였다.

34 환(患)은 위해(危害)를 뜻한다. 조본학은 "환(患)은 군사를 전복시키고 장수를 죽게 하는 것"이라고 하였다.

35 미군(縻軍)의 미(縻)는 말고삐(牛轡)로 얽어맨다는 뜻으로, 미군은 군대를 얽어매어 속박하는 것이다.(오구룡) 두목은 "수레를 몰 때 얽어매어 자유롭지 못하게 하는 것이다"라고 하였다. 조본학은 "임금이 군중의 가부를 모른 채 중앙에서 명령을 내리면 이것이 군대를 얽어내는 것"이라 하였다.(첫 번째 근심)

의 정사를 함께 하면 군사들이 당혹스러워 한다.(둘째 위해)[36]④ 삼군의 권도로 변통하는 것을 알지 못하고 삼군의 임무를 함께 하면 군사들이 의심한다.(셋째 위해)[37]⑤ 삼군이 이미 당혹스러워 하고 의심을 하면 제후들의 난리가 오게 되니, 이를 두고 "아군을 어지럽게 하여 적을 불러들여 승리하게 한다"[38]고 말한다.⑥

夫將者, 國之輔也. 輔周則國必强, 輔隙則國必弱. 故君之所以患於軍者三,[39] 不知軍之不可以進, 而謂之進. 不知軍之不可以退, 而謂之退, 是謂縻軍. 不知三軍之事, 而同三軍之政, 則軍士惑矣. 不知三軍之權, 而同三軍之任, 則軍士疑矣. 三軍既惑且疑, 則諸侯之難至矣, 是謂亂軍引勝.

---

36 조본학은 "삼군의 일이란, 군중에서 호령하고 상벌을 내리는 일을 말한다."고 하였다.(두 번째 근심)

37 조본학은 "임금이 완급을 모르고 요원하게 헤아려서 절제하게 하면 군사들이 믿지 않는다"고 하였다.(세 번째 근심)

38 인승(引勝)은 적을 불러들여 자기를 승리하게 하는 것이다.(시자미, 조본학) 인(引)은 부르다(招致)의 뜻(유인, 조본학, 두목)

39 《손무자직해》에는 "軍之所以患於君者三"으로 되어 있는데, 여기서는 "軍"과 "君"이 바뀌어 있다. 주영은 이것이 오류라고 지적했다. 여기서는 《십일가주손자교리》본과 무경본(武經本), 조주본을 따랐다.

【주해】

보(輔)는 수레에 덧방나무[40]가 있는 것을 말한다. 주장(主將)이 주도면밀하면 나라의 형세가 강성해지고 주장에게 적이 탈 수 있는 빈틈이 있다면 나라의 형세가 쇠약해질 것이다.①

장수된 자가 군사를 동원하되 군주의 전제에 의해 근심하는 것이 대략 3가지 등급이 있다.②

위지(謂之)는 명령한다고 말하는 것과 같다. 장수가 밖에서 군주의 명령을 받지 못하고 군주는 조정에서 군중의 이해(利害)를 알지 못하는데, 망령되이 견제한다면 이는 군대를 얽어매는 것으로 패망하는 길이라고 한다.③

옛날에는 군용(軍容)으로 국도에 들어갈 수 없고 국용(國容)으로 군대에 들어갈 수 없었다.[41] 때문에 삼군의 일을 알지 못하고도 군이 군대의 정사를 함께 하고자 한다면 호령이 한결같지 않을 것이니 전쟁하고 방비하는데 무엇을 의지하겠는가.

---

40 덧방나무는 수레를 운행할 때 바퀴살의 성능을 돕기 위해 바퀴의 양쪽에 덧대는 나무이다.

41 군용(軍容)은 군대의 의식이고 국용(國容)은 국가의 의식이다. 《사마법》〈천자지의〉에 "옛날에 국용으로 군대에 들어갈 수 없고, 군용으로 국도에 들어갈 수 없다(古者 國容不入軍 軍容不入國)"고 하였다.

필시 군사들은 종잡을 수 없게 되므로 당혹스러워 하는 것이다.④

삼군의 권도로 변통하는 일(權變)[42]을 인식하지 못하고 그 임무를 함께 주관하고자 한다면 사람의 마음이 의심하여 다른 마음을 갖게 된다.[43]⑤

제후들이 틈을 타서 난리를 일으키니, 이를 두고 "스스로 군대를 어지럽게 하여 적을 불러들여 승리하게 한다"고 말한다.⑥

42 주해에 권(權)은 "권변(權變)"이다(두우). 이는 권도로써 변통하여 상황에 대처하는 임기응변 전술이다. 조본학은 "權은 공격하여 전쟁하는 변화술이다"고 했다. 변우건은 "기회와 형편에 맞는 변화(機宜變化)"라고 하였다.

43 의(疑)를 "의심하여 다른 마음을 갖는다(疑貳)"로 본 것은 매요신의 해석을 따른 것이다. 이는 배신의 의미도 있다.

6. 완전한 승리의 비결

그러므로 승리를 알 수 있는 것 다섯 가지가 있다. 적과 함께 싸워도 되는지와 함께 싸워서는 안 되는지를 아는 자는 승리하고,① 많고 적은 병력의 쓰임을 아는 자는 승리하며,② 윗사람과 백성이 마음을 함께 하는 경우는 승리하고,[44]③ 미리 준비함으로 미리 준비하지 않은 적을 대하는 자는 승리하며,[45]④ 장수가 재능이 있고 임금이 제어하지 않는 경우는 승리한다.⑤ 이 다섯 가지가 승리를 아는 방법이다.

때문에 "적을 알고 나를 알면 백번 싸울지라도 위태롭지 않다.⑥ 적을 알지 못하고 나만 알면 한 번 이기고 한 번 질 것이

---

44 동욕(同欲)은 "마음을 함께 하다(同心)"로 해석했다. 왕석은 이를 "일심(一心)"으로 보았다. 조본학은 "군사가 승리하는 것은 화합에 있지 군사가 많음에 있지 않다"고 하였다.

45 근심할 우(虞)자는 "갖출 비(備)"의 의미이므로(《국어》 위소(韋昭) 주), "미리 준비하다"로 해석했다. 조본학은 "먼저 자기를 지킨 후 남을 치면 한 번도 실수가 없다"고 하였다.

다. 적을 모르고 나도 모르면 매번 싸울 때마다 반드시 패할 것이다."라고 말한다.[46]⑦

故知勝有五, (知)[47]可以與戰, 不可以與戰者勝, 識衆寡之用者勝, 上下同欲者勝, 以虞待不虞者勝, 將能而君不御者勝, 此五者知勝之道也. 故曰 知彼知己, 百戰不殆, 不知彼而知己, 一勝一負, 不知彼, 不知己, 每戰必敗.[48]

【주해】

피차간 허실의 정황을 알고 싸울만한 뒤에 싸워야지 이를 모방해서는 안 될 것이다.①

예를 들면 왕전(王翦)이 초나라의 형(荊)땅을 정벌할 때 "군사 60만 명이 아니면 안된다"[49]고 하였고, 이성(李晟)이 토번(吐蕃)

---

46 조본학은 "이 구절은 위의 글을 총결한 것이다. 이는 모험하여 만전을 도모하는 장수가 한결같이 전일함을 말한 것이고, 시종으로 신중함과 만전함으로 경계를 삼아 거짓된 술수를 말한 것이 조금도 없는 것이다"고 하였다.

47 지(知)자가 여기의 원문에는 없으나 기존의 모든 원전에 있으므로 지자를 넣어 해석했다.

48 무경본과 명대본에는 "敗"자로 되어 있고, 《십일가주본》에는 "태(殆)"자로 되어 있다.

49 진시황이 초(楚)나라를 칠 때 20만 명의 군대를 이끌고 간 장수 이신(李信)이

을 공격할 때[50] 겨우 군사 천명을 요청했는데, 이 모두 마땅히 써야할 바를 안 것이다.②

바로 백성들로 하여금 윗사람들과 뜻을 함께 하게 한다는 의미이다.③

예를 들면, 조사(趙奢)가 진영에 군사를 크게 모아 진(秦)나라 병사를 대했고,[51] 손빈(孫臏)은 복병을 세우고 방연(龐涓)을 대한 것이[52] 바로 그것이다.④

능(能)은 재능이다. 불어(不御)는 조정의 제어를 따르지 않고 전일하여 주관하게 하는 것이다.⑤

예를 들면 사마중달(司馬仲達)이 공명(孔明)과 함께 보루를 대

크게 패하자, 60만 명이 아니면 전쟁이 불가능하다고 말한 장수 왕전(王翦)을 보내어 초군을 크게 격파하였다.《사기》〈왕전열전〉

50 당(唐)나라 덕종(德宗) 때 티베트(吐蕃)족이 대군을 거느리고 검남(劍南)을 침범하자, 장수 이성(李晟)이 군사 천명으로 이들을 물리치고 숙령(肅寧) 세 성을 평정하였다.《구당서》

51 진(秦)나라가 한(韓)나라를 치려고 알여(閼與)에 진군하자, 조사(趙奢)는 백 리 지점에 보루를 쌓고 진군하지 않았다. 진나라가 방심할 때 조사는 북산을 선점하고 진나라 군사를 대파하였다.《사기》〈조사열전〉

52 제(齊)나라 장수 손빈(孫臏)이 위(魏)나라 장수 방연(龐涓)과 싸울 때 군사들이 도주하는 척하고, 마릉(馬陵)에서 큰 나무에 "방연이 이 나무 아래서 죽으리라."고 써놓고 복병을 두었다. 방연이 밤에 와서 불을 밝히고 그 글을 읽을 때 복병들이 쇠뇌를 발사하자, 방연이 궁지에 몰려 자결하였다.《사기》〈손자오기열전〉

하고 오래 버티다가 끝내 교전하지 않은 것은[53] 또한 적을 알고 나를 안 것이라고 말할 수 있는 것이다.⑥

능히 스스로를 헤아리면 혹 승리를 쟁취할 수 있으나 스스로 헤아리지 못하고 또한 적을 짧게 헤아린다면 전쟁에서 반드시 패할 것이다. 이것이 공격하는데 있어서 계략보다 반드시 먼저 해야 하는 까닭이다.⑦

53 제갈량이 위(魏)나라를 치려고 10만 대군으로 오장원(五丈原)에서 사마의(司馬懿, 중달) 군대와 대치했는데, 서로 침범하지 않았다. 제갈량은 백여 일 간 대치하다가 54세의 나이로 병사하였다.《삼국지》〈제갈량전〉

제 4 편

군형편
軍形篇

승리 가능한 형세를 이루어라

형(形)이란 곧 형세를 말하는 것이다.

形乃形勢之謂.

군형은 승패를 가늠할 수 있는 군대의 형세이다. 죽간본과 《십일가주손자교리》에는 "形篇"으로 되어 있으나 무경본과 조주본, 이 책의 원문에는 "軍形"으로 되어 있다. 전쟁을 잘 하는 자는 먼저 군사훈련에 힘써 적을 이길 수 있는 형세를 만들어 놓고 기회를 기다린다. 승리란 예측할 수 있으나 그렇다고 무리하게 할 수는 없는 것이다.

적의 상황에 따라 수비와 공격을 해야 한다. 적의 형세가 보이지 않고 군사력이 부족하면 수비하고, 적의 형세가 보이고 군사력이 여유가 있으면 기회를 이용하여 공격해야 한다. 잠복 수비하고 기습 공격하여 스스로 보존하고 완전한 승리를 거둔다.

탁월한 전략은 보통사람과 다르다. 지장(智將)의 승리는 형체가 없고 적이 나타나기 전에 예견하여 승리하기 때문에 명성과 공로가 없다. 항상 불패의 상황을 만드니 이미 패한 자를 이기는 것이다. 승리하는 군사는 먼저 이길 수 있는 형세를 만든 뒤에 싸움을 구하고, 패하는 군사는 먼저 싸운 뒤에 이기기를 구한다. 전쟁에 능한 자는 도의를 행하여 승패를 가늠할 수 있다.

병법에는 측량·병력·수효·저울·승산이 있는데, 이는 서로 오행의 상생 관계와 같은 것이다. 승리하는 군사는 강자가 약자를 대하는 것과 같고, 패하는 군사는 약자가 강자를 대하는 것과 같다. 승자의 전쟁은 승승장구하는 것이니 파죽지세의 형세와 같다.

1. 승세를 만들고 내실을 쌓아라

손자가 말하였다. 옛날에 전쟁을 잘 하는 자는 먼저 군사훈련을 잘하여 이길 수 없는 형세를 만들고[1] 형체를 감추고 내실을 쌓아 이길 수 있는 때를 기다린다.① 이길 수 없음은 나의 수양에 달렸고, 이길 수 있음은 적의 빈틈에 달렸다.② 그러므로 전쟁을 잘 하는 자는 능히 이길 수 없는 형세를 만들지만, 적이 보이지 않으면 적으로 하여금 반드시 우리가 이길 수 있게 하지는 못한다.③ 그러므로 "승리함은 알 수는 있으나 억지로 할 수는 없다."고 하였다.④

孫子曰 昔之善戰者, 先爲不可勝, 以待敵之可勝. 不可勝在己, 可勝在敵. 故善戰者, 能爲不可勝, 不能使敵之必可

1 조본학은 "이길 수 없는 형세를 만든 자는 반드시 먼저 형승의 땅을 점거하고 군량 수송로를 이롭게 하고 수비 물자를 준비하고 절제의 법을 밝히고 안으로 틈볼 혐의를 없애고 밖으로 틈을 없게 하면 적군이 온갖 계책으로도 우리를 제압하지 못한다"고 하였다. 주영은 이 말이 손무의 참뜻이라고 했다.

勝. 故曰 勝可知而不可爲.

【주해】

이길 수 없는 것이란, 즉 군사를 훈련하고 기르는 것을(練兵養士) 잘 갖춤을 말한다. 그러므로 "형체를 감추고 안으로 다스려서 적의 비고 나태함을 엿본다"[2]고 말하는 것이다. 자취와 형체를 감추는 이 일은 나에게 달렸다.①

이길 수 없음은 도를 닦고 병법을 지키는 것이고(아군), 이길 수 있음은 적군에게 틈이 있으면 타는 것이다.(적군)[3]②

능히 하는 것은 나에게 달려 있다. 이길 수 없는 형세는 적군의 지략과 용기가 (우리와) 서로 비슷한 것 같으니 적의 형적이 드러나지 않으면 반드시 승리를 취하기가 어려운 것이다.[4]③

---

2 이 내용은(藏形內治 伺其虛懈) 매요신의 주를 인용한 것이다.《십일가주손자교리》

3 이 내용은 왕석의 주를 인용한 것이다. 장예는 "먼저 적이 이길 수 없는 상황을 만드는 것은 나를 아는 것(知己)이고, 적을 이길 수 있는 기회를 기다리는 것은 적을 아는 것(知彼)이다"라고 하였다.

4 조본학은 "비록 전쟁을 잘하는 장수가 다방면으로 엄격하게 대비하여 아군과 적군이 형체가 없지만 볼 수 있는 것을 다하게 할지라도 진실로 그 사이에서는 힘을 쓸 수가 없는 것이다"라고 하였다.

승리를 만드는 방법은 형세가 있으면 미리 알 수 있으나 적군이 대비함이 있다면 억지로 할 수 없는 것이다.[5] ④

제4편
군형편
軍形篇

5 주해에는 "억지로 할 수 없다(不可强)"로 되어 있다. 조조는 "형세를 이룸을 볼 수 있고, 적이 대비하기 때문이다"라고 하였다. 조본학은 "나에게 달렸으니 알 수 있고, 적에게도 달렸으니 할 수 없다"고 하였다. 《국어》〈월어(越語)〉에, "범여가 '일을 깊이 궁구하지 않으면 억지로 이룰 수 없다(事不究 不可强成)'"고 한 말이 여기에 적절하다.

2. 부족하면 수비하고 여유로우면 공격하라

적을 이길 수 없는 것은 수비하고 적을 이길 수 있는 것은 공격한다.① 수비하는 것은 부족하기 때문이고 공격하는 것은 여유가 있기 때문이다.② 수비를 잘하는 자는 매우 깊은 땅속 아래에 숨은 듯하고, 공격을 잘하는 자는 매우 높은 하늘 위에서 움직이는 것과 같다.[6] 그러므로 능히 스스로 보전하고 완전한 승리를 거둘 수 있는 것이다.③

不可勝者, 守也, 可勝者, 攻也.① 守則不足, 攻則有餘. 善守者藏於九地之下, 善攻者動於九天之上, 故能自保而全勝也.

---

6 구지(九地)는 매우 깊은 땅속이고, 구천(九天)은 매우 높은 하늘이다. 구(九)는 숫자의 끝수로 절정의 상황을 나타낸다.(왕중(汪中)의 《술학(述學)》) 매요신은 "구지는 깊어서 적이 알 수 없고, 구천은 높아서 적이 헤아리지 못한다."라고 하였고, 조본학은 "수비를 잘 하는 자는 기만병을 보여서 호응함을 드러내지 않고 미끼병으로 도전하여 취함을 드러내지 않는다"고 하였다.

【주해】

적군의 형세의 허와 실이 아직 드러나지 않으면 이길 수 없으니, 마땅히 수비를 견고하게 하고,[7] 적군의 형세의 허와 실이 이미 드러났으면 이길 수 있으니, 마땅히 기회를 타야 한다.①

아군의 힘이 부족하면 수비를 하고, 아군의 힘이 남아 있으면 공격을 한다.[8]②

예를 들면, 주아부(周亞夫)가 오(吳)나라와 초(楚)나라와 항전하는데 군사를 끌고 서북쪽으로 갔을 때 성벽을 견고히 하고 수비한 것은[9] 아부(亞夫)가 매우 깊은 땅속의 아래에서 수비하고 숨은 것이다. 남전(藍田)으로 달려가서 무관(武關)을 나오자, 제후들이 하늘에서 내려온 것으로 생각한 것은[10] 아부가

---

7 송대 학자 하연석(何延錫)은 "승리할 리가 있는 적군의 형세의 허실이 보이지 않으면 마땅히 고수해야 한다"고 하였다.

8 이는 이전(李筌)의 "힘이 부족한 경우 수비할만하고, 힘이 여유가 있는 경우 공격할만하다"고 한 주석을 근거한 것이다.

9 전한(前漢)의 경제(景帝)가 장수 주아부에게 반란한 오(吳)와 초(楚) 등을 치게 했으나 주아부는 "초군이 날렵하여 교전이 어렵다"며 출동하지 않고 오초의 보급로를 차단했다. 오초가 궁해져 자주 도전했으나 주아부는 출동하지 않고 고수하다가 피폐한 오초군을 물리쳤다.《사기》〈강후주발세가〉

10 주아부가 오(吳)와 초(楚)를 칠 때 조섭(趙涉)이 "오왕이 효산(崤山)과 민지(澠池) 사이에 복병을 두었을 것이니 장군이 남전에 가서 무관으로 나와 낙양에

매우 높은 하늘 위에서 공격하여 움직인 것이다.③

들어가면 제후들은 장군이 하늘에서 내려온 것으로 알 것입니다."라고 하자, 주아부는 그 말대로 낙양에 가고, 효산과 민지의 복병을 잡았다.《한서》〈주발전〉

3. 승리의 도를 닦아 승패를 가늠한다

승리를 예견함이 많은 사람들이 아는 것에 지나지 않는다면 잘한 것 중에 가장 잘 한 것이 아니다.① 전쟁에 승리하여 천하 사람들이 잘했다고 말하는 것은 잘한 것 중에 가장 잘한 것이 아니다.② 그러므로 가을의 터럭을 든다고 힘을 세게 할 수 없고, 해와 달을 본다고 눈을 밝게 할 수 없으며, 우레와 천둥소리를 듣는다고 귀를 밝게 할 수 없다.[11]③ 옛날에 이른바 전쟁을 잘 하는 자는 이기기 쉬운 데서 이기는 자이다. 때문에 전쟁을 잘하는 자의 승리는 지혜롭다는 명성이 없고 용감하다는 공로도 없다.[12] 그러므로 전쟁에서 이기는 것이 어긋나지 않으니,

---

11 이는 누구나 할 수 있는 쉬운 일로는 지장이 될 수 없음을 비유한 것이다. 조본학은 "이 세 가지는 사람들이 모두 능히 할 수 있는 것으로 쉬운 일이니, 반드시 홀로 지극히 미묘한 경지에서 실정을 얻어야 한다"고 하였다.

12 두목은 "싹트기 전에 전쟁하여 천하가 모르기 때문에 지혜롭다는 명성이 없고, 칼에 피를 묻히지 않고 적이 굴복하기 때문에 용감하다는 공로가 없다."고 말하였다. 조본학은 "잠깐 사이에 핵심을 분석하여 지극히 용이하게 함이 지혜와

어긋나지 않는 것은 이기도록 조치하여 이미 패한 자를 이기는 것이다. 그러므로 전쟁을 잘하는 자는 패하지 않는 곳에 서서 적을 패배시킬 때를 놓치지 않는다.[13]④ 이런 까닭에 승리하는 군사는 먼저 이길 수 있는 형세를 만든 뒤에 싸움을 구하고, 패하는 군사는 먼저 싸운 뒤에 이기기를 구한다.[14]⑤ 용병을 잘하는 자는 도의를 닦고 법령을 보전하기 때문에 능히 승패를 가늠하는 정치를 할 수 있는 것이다.[15]⑥

見勝, 不過衆人之所知, 非善之善者也, 戰勝, 而天下曰善, 非善之善者也. 故擧秋毫不爲多力, 見日月不爲明目, 聞雷霆不爲聰耳. 古之所謂善戰者, 勝於易勝者也. 故善戰者之勝也, 無智名, 無勇功, 故其戰勝不忒. 不忒者, 其所措勝, 勝已敗者也. 故善戰者, 立于不敗之地, 而不失敵之

용기가 보이지 않는 듯하니, 이것이 지혜와 용기의 위대함이다."라고 하였다.

13 두목은 "적군을 패배시킬 수 있는 형세를 엿보고서 터럭만큼도 놓치지 않는다"고 하였다. 조본학은 "패하지 않는 곳에 서는 것은 먼저 적이 이길 수 없는 상황을 만드는 계책이다"라고 하였다.

14 조본학은 "先勝이란, 먼저 남을 이길 수 있는 바탕이 있는 것이다. 우리가 남을 이길 수 있는 바탕이 있고 적 또한 패할만한 형세가 있은 뒤에 싸우기를 구하면 반드시 이긴다. 자기에게 믿을 것이 없고 남을 계산함도 없이 군사를 거느려 경솔히 교전하고 요행을 구하면 반드시 패한다"고 하였다.

15 가림(賈林)은 "항상 용병의 승리 방법을 닦고 상벌의 법도를 보전하면 항상 이기고 능히 하지 못하면 패하기에 '승패를 가늠하는 정치'라 하였다"고 하였다. 조본학은 "이하는 이치와 법도를 다루었다"고 하였다.

敗也. 是故, 勝兵, 先勝而後求戰, 敗兵, 先戰而後求勝. 善用兵者, 修道而保法, 故能爲勝敗之政.

【주해】

곧 지혜가 많은 사람들과 같다면 나라의 스승이 아니라고 함[16]을 이른 것이다.①

지혜로운 자는 승리를 만드는데 형체가 없기 때문에 지혜로운 명성이 없고 용맹스런 공로도 없다. 만약 잘한 것임을 안다면 역시 지극히 잘한 것이 아니다.②

이 세 글귀는 지장(智將)이 승리를 예견함이 보통 사람과 같으면 지장이 될 수 없음을 비유한 것이다.[17]③

대개 적이 나타나지 않았을 때는 이기기 쉽고 이미 나타났을 때는 이기기가 어렵다. 전쟁을 잘하는 자는 적이 나타나기

---

16 이 내용은 조조의 주석 내용을 인용한 것이다(智與衆同 非國師之謂).

17 조본학은 "이 세 가지는 사람들이 모두 능히 할 수 있는 것으로 쉬운 일이다. 그러나 반드시 홀로 지극히 미묘한 곳에서 실정을 얻어야 하는 것이다"라고 하였다.

전에 예견하고서 승리하기 때문에 지혜롭다는 명성과 용감하다는 공로가 없을지라도 전쟁에서 승리하는 것이 어긋나지 않는다. 적을 미리 헤아리는 계략과 승리를 만드는 방법이 있기에 적이 이미 패한 것도 먼저 알 수 있기 때문에 능히 절제로 조절하여 스스로 패하지 않을 곳에 서서 적에게 패배를 당하지 않는 것이다. 이것이 바로 먼저 이길 수 없는 형세를 만들고 적을 이길 수 있는 때를 기다린다는 뜻이다.④

승리하는 군사가 먼저 반드시 이길 수 있는 형세가 있은 연후에 적과 더불어 싸우기를 구하는 것은 미리 정해지기를 도모하는 것이다. 패하는 군사가 먼저 적과 싸운 연후에 우연한 승리를 구하는 것은[18] 무모하게 요행을 도모하는 것이다.⑤

전쟁을 잘하는 자는 도의를 닦아서 군사들과 화합하고, 법령을 보전하여 아랫사람들을 거두기 때문에 능히 스스로 이기고 적을 패하게 할 수 있는 것이다.[19]⑥

---

18 이 주해의 글귀가 《무경휘해(武經彙解)》와 《손오병법직해(孫吳兵法直解)》, 《손무자직해》에 나온다.(勝兵 先有必勝之形 然後求與人戰 敗兵 先與人戰然後 求偶爾之勝)

19 이 내용은 장예의 주석 내용을 인용한 것이다.

4. 막강한 군사력은 파죽지세이다

병법에는 다섯 가지가 있으니, 첫째 측량이고, 둘째는 병력이고, 셋째는 수효이고, 넷째는 저울이고, 다섯째는 승산이다.① 땅은 측량을 낳고 측량은 병력을 낳고 병력은 수효를 낳고 수효는 저울을 낳고 저울은 승산을 낳는다.② 그러므로 승리하는 군사는 일(鎰, 20냥)로 수(銖, 12분)를 저울질 하는 것 같고, 패하는 군사는 수(銖)로 일(鎰)을 저울질 하는 것과 같다.[20]③ 승자의 전쟁은 천 길의 계곡에 가둔 물을 터놓는 것과 같으니,[21] 이것이 형세이다.④

---

20 조본학은 "일(鎰)로 수(銖)를 다는 것은 쉽게 드는 것이고, 수(銖)로 일(鎰)을 다는 것은 들기 어려운 것이니, 통제가 잘 되는 군사가 통제가 안 되는 군사를 대하면 그 승부가 상대되지 않음이 이와 같다"고 하였다.

21 장예는 "물의 성질은 높은 곳을 피하고 아래로 달린다. 군대의 형세는 물과 같으니 실(實)을 피하고 허(虛)를 공격하면 제어할 수 없다"고 하였다. 조본학은 "먼저 적이 이길 수 없는 상황을 만들면 그 실(實)을 축적한 형상이 이와 같으니 실을 쌓은 군사를 놓으면 나아가는 군사가 반드시 이긴다"라고 하였다.

兵法 一曰度, 二曰量, 三曰數, 四曰稱, 五曰勝. 地生度, 度生量, 量生數, 數生稱, 稱生勝. 故勝兵, 若以鎰稱銖, 敗兵若以銖稱鎰. 勝者之戰, 若決積水於千仞之谿者, 形也.

【주해】

용병에는 마땅히 이 다섯 가지를 전쟁 수비, 진영 안정, 진영 설치의 법으로 삼아야 함을 말한 것이다. 측량은 멀고 가까움, 험하고 평탄함, 넓고 좁은 지형을 헤아리는 것이니, 따라서 많고 적고 강하고 약한 병력을 헤아리고, 따라서 다양하게 만든 무기의 수효를 사용하게 된다. 오직 수가 있으면 적을 저울질할 수 있어 약하지 않을 것이고, 오직 서로 저울질을 하면 승산을 구할 수 있어 지지 않을 것이다.①

이것이 바로 상생(相生)의 법이다. 어떤 이는 "동서를 가로로 하고 남북을 세로로 하니 이것이 측량(度)이고, 좌우로 나누고 앞뒤로 나열하니 이것이 병력(量)이며, 세로로 4보(步)에 1명이 서고 가로로 5보(步)에 1명이 서니 이것이 수효(數)이다. 첫 번째의 측량(度)에서부터 다섯 번째의 승산(勝)에 이르기까지 이것이 차례이고, 땅이 측량(度)을 낳는 것에서부터 저울(稱)이 승산(勝)을 낳기에 이르기까지 이것이 효험이다."라고 하였다.②

일(鎰)은 20냥이고 수(銖)는 12분이다. 일(鎰)로 수(銖)를 저울질 하는 것은 강자가 약자를 대하는 것이고, 수(銖)로 일(鎰)을 저울질 하는 것은 약자가 강자를 대하는 것이다.③

이것이 바로 승승장구(乘勝長驅)하는 것이니 바로 칼을 대는 대로 대나무가 쪼개지는 것을 이른다.[22] ④

22 쉽게 승리할 수 있음을 비유한 말이다. 대나무를 자를 때 몇 개의 마디만 지나가면 모두 칼을 대는 대로 잘려 나간다(破竹 數節之後 皆迎刃而解)는 고사에서 유래한다.《진서》〈두예전〉

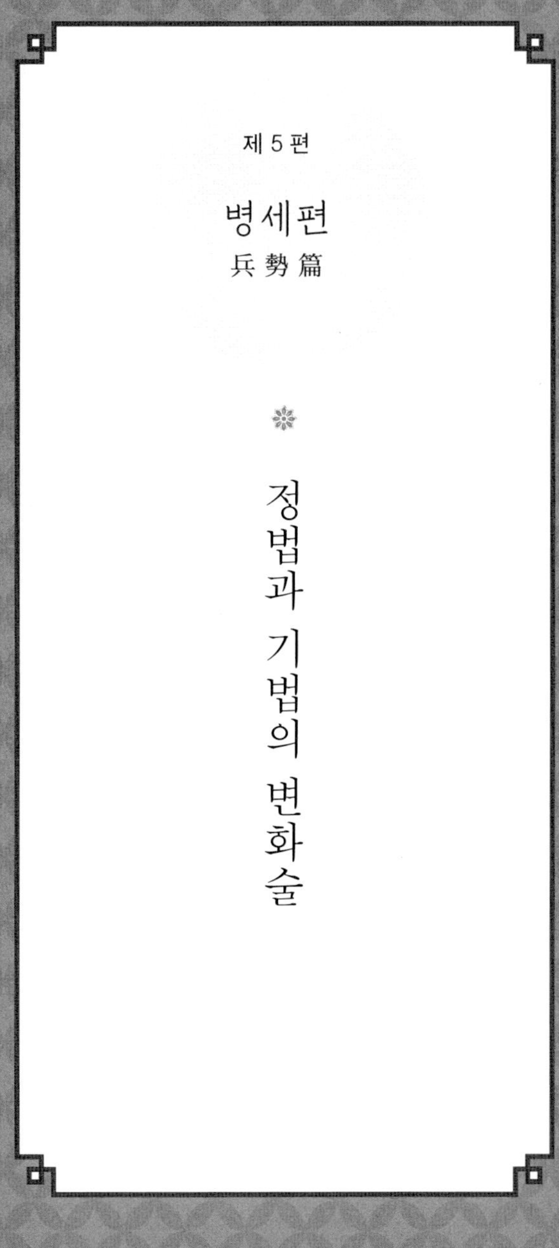

제 5 편

병세편

兵勢篇

정법과 기법의 변화술

형세란, 기(奇)와 정(正)[1]이 그것이다. 기(奇)가 변하여 정(正)이 되고 정(正)이 변하여 기(奇)가 되니 그 형세가 무궁한 것이다.

勢者, 奇正是也. 奇變爲正, 正變爲奇. 其勢無窮也.

병세편은 유격전과 정면전의 변화하는 형세가 무궁함을 말하였다. 많은 군사를 지휘하는데 네 가지 방법이 있다. 첫째, 군대 편제에 준하면 혼란스럽지 않게 부릴 수 있다. 둘째, 신호 기구를 따르면 각자 조절하여 적을 두려워하지 않는다. 셋째, 정면전의 정병과 기습전의 기병을 번갈아 부리면 패하지 않는다. 넷째, 아군의 실세로 적군의 허세를 공격하면 쉽게 전멸시킬 수 있다.

---

1 기(奇)는 매복 또는 측면에서 기습하는 유격작전이고, 정(正)은 진영을 설치하고 정면에서 맞서 싸우는 작전이다.

모든 전쟁은 정병으로 정면 교전하고 기병으로 엄습하여 승리한다. 장수가 기병을 부리는 묘법은 천지와 산하의 변화와 같고, 군사의 생사가 달려있어 중요하다. 기(奇)와 정(正)의 변화는 무궁무진하고 상생하는 원리는 끝없이 순환하는 것이다.

군대의 형세는 세차게 흐르는 물과 같고, 사나운 새의 억센 마디와 같다. 전쟁을 잘하는 자의 형세는 쇠뇌를 맹렬하게 쏘는 것 같고, 절도는 고동을 빠르게 쏘는 것과 같아서 적이 함부로 대항하지 못한다. 전쟁에는 군사 조직의 정연함과 동작의 법도가 있으면 결코 패하지 않는다. 적을 잘 움직이는 자는 강하고 약한 형세를 드러내어 적을 따르게 하고, 이익으로 유인하여 오게 하고, 기병과 정병으로 적군을 대응한다.

1. 허를 치는 작전 방법

손자가 말하였다.

많은 무리를 다스리기를 적은 무리를 다스리는 것처럼 하는 것은 바로 분수(分數, 군대 편제)[1]에 있고,① 많은 무리를 싸우게 하기를 적은 무리를 싸우게 하는 것처럼 하는 것은 바로 형명(形名, 신호 기구)[2]에 있으며,② 삼군의 무리가 반드시 적을 대항하여 패함이 없게 할 수 있는 것은 바로 기정(奇正, 정병·기병)[3]에 있고,③ 군사가 적을 공격하는데 숫돌로 새알을 치는 것처럼 하

---

1 분수(分數)는 군대 조직의 편제. 분(分)은 군대의 등급을 나눈 것이고, 수(數)는 군대의 수효이다. 부장들을 나누어 5명, 또는 10명의 대오를 담당하게 한다. 십오(什伍)는 5명, 또는 10명으로 편성한 대오이다.

2 형명(形名)은 작전시 군사들에게 신호를 전하는 기구를 말한다. 형은 눈에 보이는 사물의 형상으로 깃발을 뜻하고, 명은 소리를 전하는 기구의 명칭으로 징과 북을 뜻한다.

3 기정(奇正)은 정면 공격하는 정병과 기습하는 기병이다. 조본학은 "정병이 있고 기병이 없으면 비록 정연해도 공이 없고, 기병이 있고 정병이 없으면 비록 정예해도 신뢰가 없게 된다."고 하였다.

는 것은 바로 허실(虛實)에 있다.[4]④

孫子曰 凡治衆如治寡, 分數是也. 鬪衆如鬪寡, 形名是也. 三軍之衆, 可使必受敵而無敗者, 奇正是也. 兵之所加, 如以碫投卵者, 虛實是也.

【주해】

통솔하는 무리가 이미 많아지면 반드시 부장(偏裨)을 나누어 십오(什伍)를 관장하고,[5] 훈련시켜서 서로 혼란하지 않게 하면 비록 백만 명이라도 좋은 것이다. 그러므로 옛날에 이르기를, "많으면 많을수록 더욱 잘 할 수 있다"[6]고 한 것이다.①

깃발을 형(形)이라고 하고, 징과 북을 명(名)이라고 한다. 저

---

4 조본학은 "군사의 實은 分數·形名·奇正을 익숙히 아는 것인데, 이에 반한 것이 虛다. 虛實이 서로 맞지 않는 것은 돌과 알이 서로 대할 수 없는 것과 같다."라고 하였다.

5 이 구절은 장예의 주석 내용을 인용한 것이다(統衆既多 必先分偏裨之任 定行伍之數 使不使亂).

6 한나라 고조 유방(劉邦)이 한신(韓信)에게 군사를 거느릴 능력에 대해 묻자, 한신이 "많으면 많을수록 더욱 잘 할 수 있다(多多益辦)고 대답한 고사에서 유래한다.《한서》〈한신전〉《통감절요》에는 다다익선(多多益善)으로 되어 있다.

마다 조절하고 제한함이 있으니 적군을 두려워하지 않는다.[7]②

필수적(必受敵)은 군사들이 목숨을 바치기를 마음먹고 적을 대항함을 말한 것이다.[8] 교전하는 것이 정병(正兵)이고, 뒤에서 출격하는 것이 기병(奇兵)이니[9] 기병과 정병을 번갈아 부리면 군대가 어찌 패하겠는가.③

아군의 실(實)함으로 적의 허(虛)함을 공격하면 숫돌을 새알에 던지는 것처럼 쉬울 것이다.[10]④

---

7 이 내용은 명나라의 모원의(茅元儀)가 간행한 《무비지(武備志)》〈병결평(兵訣評)〉에 나온다(旌旗曰形 金鼓曰名 各有節制 則不畏敵矣).

8 수적(受敵)은 "적을 대항한다(當敵)"는 뜻이다(주해). 주영은 《여씨춘추》의 고유(高誘)의 주석에 따라 이를 "대응하다(應)"로 해석했다.

9 교전하는 것이 … 기(奇)이니 구절은 조조의 주석을 인용한 것이다.

10 조본학은 "돌을 알에 던지는 것은 깨 부시고 전멸시키는 것이 쉬움을 비유한 것이다"하였다.

2. 기(奇)와 정(正)의 변화가 무궁하다

모든 전쟁은 정병으로 정면 교전하고 기병으로 엄습하여 승리한다.[11]① 그러므로 기병을 잘 내는 장수는 무궁함이 장구한 하늘과 땅과 같고, 다함이 없음은 길게 흐르는 강과 바다와 같다. 끝났다가 다시 시작하는 것은 갈마드는 해와 달이 이것이고, 죽었다가 다시 소생하는 것은 순환하는 사계절이[12] 이것이다.②

소리는 다섯 가지(궁·상·각·치·우)에 지나지 않지만 오성의 변화는 다 들을 수가 없다. 색깔은 다섯 가지(청·황·적·백·흑)에 지

---

11 정합(正合)은 정병으로 정면에서 적과 교전하는 것이다. 합(合)은 "양군이 교전하다(相合)"의 뜻이다.《은주문자석총(殷周文字釋叢)》 기승(奇勝)은 기병이 앞뒤로 엄습하여 승리하는 것이다. 조본학은 "정병은 수비 위주이고, 기병은 진영설치, 무기와 이동, 보병과 기병을 편리하게 한다"고 하였다.

12 조본학은 "기병 내기를 잘 하는 자는 쉬지 않는 천지와 같고 길게 흐르는 강과 바다와 같고 갈마드는 일월과 같고 번갈아 운행하는 사계절과 같이 조금도 끊어짐이 없다"고 하였다. 양병안은 "무궁함이 천지와 같다는 것은 우주만물의 변화가 무궁함과 같은 것이다"라고 하였다.

나지 않지만, 오색의 변화는 다 볼 수가 없다. 맛은 다섯 가지(산·함·신·고·감)에 지나지 않지만, 오미의 변화는 다 맛볼 수가 없다.③

전쟁의 형세는 기(奇)와 정(正)[13]에 지나지 않지만, 기와 정의 변화는 다 궁구할 수 없다. 기와 정이 상생함은 마치 끝없이 순환하는 것과 같은데 누가 능히 이를 궁구할 수 있겠는가.[14]④

凡戰者, 以正合, 以奇勝. 故善出奇者, 無窮如天地, 不竭如江海. 終而復始, 日月是也. 死而更生, 四時是也. 聲不過五, 五聲之變, 不可勝聽也. 色不過五, 五色之變, 不可勝觀也. 味不過五, 五味之變, 不可勝嘗也. 戰勢不過奇正, 奇正之變, 不可勝窮也. 奇正相生, 如循環之無端, 孰能窮之哉.

---

13 여기서 기(奇)와 정(正)은 기병과 정병으로 풀지 않고 전술의 개념어로 풀이한 것이다.(변우건, 오구룡)

14 이정(李靖)은 "적이 奇를 생각하면 우리는 正으로 공격하고, 적이 正을 생각하면 우리는 奇로 공격한다. 奇와 正이 서로 변화 적용되는 것을 바로 상생이라 한다"고 하였다.

【주해】

정병(正兵)으로 교전하고, 기병(奇兵)으로 혹은 옆에서 출동하고 혹은 뒤에서 공격하여 적이 뜻하지 않고 대비하지 못한 것을 엄습하기 때문에 반드시 이긴다.①

이것은 기병을 사용하는 묘법을 총괄하여 비유한 것이다. 죽고 사는 것은 동정(動靜)을 말하는 것과 같다. 기병(奇兵)을 사용하면 살고, 사용하지 않으면 죽으니 또한 그렇다고 말한 것이다.②

이상이 모두 기정(奇正)의 무궁한 묘법을 비유한 것이다.[15]③

예를 들면 한신(韓信)이 조(趙)나라의 깃발을 뽑아 승리하고,[16] 마원(馬援)이 후방 공격을 늦췄으니 이는 군대로 기(奇)를 삼은 것이다. 예를 들면, 등애(鄧艾)가 야곡(斜谷)을 경유하고[17]

---

15 조본학은 "이는 기병을 내는 많은 요인이 기(奇)와 정(正)에 연유하여 서로 변화하는 것에 지나지 않음을 비유한 것이다"라고 하였다.

16 한신(韓信)이 조(趙)를 공격할 때 정형(井陘)에서 조왕(趙王)과 장수 진여(陳餘)는 이좌거(李左車)가 권한 기습전을 펴지 않고 정면으로 싸우다가 결국 한신에게 패하고 진여는 참형을 당하였다.《사기》〈회음후열전〉

17 위(魏)나라 장수 등애(鄧艾)가 촉을 칠 때 진왕(晉王) 사마소(司馬昭)가 종회(鍾會)에게 등애를 굴복시키고 가충(賈充)을 보내 야곡(斜谷)을 거쳐 촉에 들어오게 했다. 그 후 종회가 모함하여 감군 위관(衛瓘)에게 죽음을 당하였다.《삼국지》〈위서〉

조사(趙奢)가 북산(北山)을 점거하니[18] 이는 땅으로 기(奇)를 삼은 것이다. 이소(李愬)가 눈을 무릅쓰고 채(蔡)나라에 들어가고[19] 이존욱(李存勗)이 안개를 이용하여 양(梁)나라를 해산시켰으니[20] 이는 때로 기(奇)를 삼은 것이다.④

18 조(趙)나라의 조사(趙奢)가 진(秦)과 싸울 때 조나라 군사 허력(許歷)이 "먼저 북산(北山)을 점거하는 자가 승리한다"고 하자, 조사가 만 명을 보내어 진군이 산에 오르지 못하고 패했다.《자치통감강목》권1, 신묘년)

19 당(唐)나라 재상 배도(裴度)가 장수 이소(李愬)가 사로잡은 적장을 이용하여 눈 속을 헤치고 채주(蔡州)에 가서 괴수 오원제(吳元濟)와 그 부하들을 사로잡았다.《고문진보후집》〈평회서비(平淮西碑)〉

20 후당(後唐)의 왕 이존욱(李存勗)이 지략이 뛰어나 연(燕)나라 유수광(劉守光)을 멸하고, 후량을 멸망시킨 다음 국호를 당(唐)이라 칭하고 낙양에 도읍하여 오대(五代) 중 최강국이 되었다.《자치통감강목》

3. 군사의 신속한 기동성

세찬 물이 빠르게 흘러서 돌을 떠내려가게 하는 것은[21] 형세이고, 사나운 새가 빠르게 날아서 다른 새의 날개를 훼손하고 꺾는 것은 억센 마디(節)이다.[22]① 그러므로 전쟁을 잘하는 자는 그 형세가 험준하고 그 절도가 짧다.[23]② 형세는 쇠뇌를 잔뜩 당긴 것과 같고, 절도는 화살을 건 고동(弩牙)[24]을 신속히 발사하는 것과 같다.③

激水之疾, 至於漂石者, 勢也. 鷙鳥之疾, 至於毁折者,

---

21 표석(漂石)의 표(漂)는 《시경》〈치효〉에 나오는 "표요(漂搖)"의 뜻과 같으니, 즉 떠내려간다(冲走)는 의미이다.(주영(周英))

22 기존에는 절(節)자를 "절도"로 해석했으나 여기서는 "억센 마디(勁節)"의 의미로 해석했다. 이 구절은 기병을 내는 묘법을 설명한 것이다.(조본학)

23 단(短)은 가깝다(近)는 뜻이니, 근접전을 뜻한다. 조본학은 "용병을 잘하는 자는 사물을 통해 이치를 관찰하고 묘법을 얻는다. 험하면 기가 성하여 드러나는 것이 사납고 짧으면 힘이 온전하여 반응이 신속하다."고 하였다.

24 기(機)는 노아(弩牙)이니 쇠뇌의 시위를 거는 고동으로 화살의 발사 장치이다. 심도(沈濤)의 《설문고본고(說文古本考)》에 "機는 발사를 주관하는 장치"라고 하였다. 기아(機牙)라고도 한다.

節也. 是故善戰者, 其勢險, 其節短. 勢如彍弩, 節如發機.

【주해】

격동하는 물이 돌을 떠내려가게 하는 것은 소용돌이치기 때문이다. 사나운 새가 물건을 낚아 챌 때 비록 큰새가 맞닥뜨릴지라도 그 날개를 훼손하고 꺾는 것은 날개에 억센 마디가 있기 때문이다.①

이를 본받아서 진을 치면 대오의 형세가 험준하여 적이 침범하기 어렵고, 가까운 거리를 이용하여 신속하게 하면 그 칼날을 대항하지 못할 것이다. 예를 들면, 국의(麴義)가 공손찬(公孫瓚)을 쳐부술 때 수십 보(步) 안에 복병을 보내고, 주방(周訪)이 두증(杜曾)을 패퇴시킬 때 30보 밖에서 달려간 것은 형세가 험준하고 거리가 가까운 뜻을 얻은 것이다.[25]②

확(彍)의 음은 곽(霍)이고 가득히 당기는 것이고, 기(機)는 쇠

25 후한의 원소(袁紹)의 부하인 국의(麴義) 부대가 수십 보 거리에서 극악무도한 공손찬(公孫瓚)을 섬멸하고, 진(晉)나라 장수인 주방(周訪)이 30보 거리에서 두증(杜曾)을 멸망시켰다. 이 내용이 유인의 《손무자직해》와 정우현(鄭友賢)의 《손자유설(孫子遺說)》에도 나온다.

뇌의 시위를 거는 고동(弩牙)이다. 가득히 당기는 것은 전쟁의 사납고 날카로움을 비유한 것이고, 발기(發機)는 전쟁의 신속(神速)함을 비유한 것이다.③

4. 이익으로 적을 움직인다

군사들이 어지럽게 뒤섞여서 어지럽게 싸워도 조직이 가지런하면 어지럽힐 수 없고, 수레와 말이 뒤섞여서 형태가 둥글어도[26] 동작에 법이 있으면 패할 수 없다.① 어지러움은 다스림에서 나오고 겁냄은 용감함에서 나오고 약함은 강함에서 나온다.② 다스림과 어지러움은 분수(分數)이고, 용기와 겁냄은 형세이고, 강하고 약함은 형상이다.[27]③

그러므로 적을 잘 움직이는 자는 형세를 드러내어 적이 반드시 따르게 하고, 이익을 주어서 적이 반드시 취하게 한다. 이익

26 형원(形圓)에 대해 이전은 "향배(向背)가 없는 모양"이라 하였고, 하씨는 "항오의 대열이 없는 것"이라고 하였다. 오구룡은 "이는 둥근 진영을 만들어 형태를 이룬 것이다"라고 하였다.

27 조본학은 "치란·용겁·강약의 나뉨이 사람으로 하여금 적에게 보이는 방법을 알게 해준다"고 하였다.

으로 적을 움직이고 군사[28]로써 적을 대하는 것이다.[29]④

紛紛紜紜, 鬪亂而不可亂. 渾渾沌沌, 形圓而不可敗. 亂生於治, 怯生於勇, 弱生於强. 治亂, 數也, 勇怯, 勢也, 强弱, 形也. 故善動敵者, 形之, 敵必從之. 予之, 敵必取之. 以利動之, 以卒待之.

【주해】

이것은 진을 치는 법이다. 사졸들이 어지럽게 뒤섞여서 그 전투하는 것이 어지러운 것 같으나 군대 조직(分數)이 가지런하고 한결같으니, 이는 어지럽게 할 수 없다. 이는 밖에 보임으로써 적에게 드러내는 것이다. 수레와 말이 뒤섞여서 그 형태가 둥근 것 같으나 움직이고 멈춤에 법이 있으니 이는 패할

---

28 《무경칠서》와 《손무자직해》, 조주본에는 "本"자로 되어 있으나 《십일가주손자교리》와 한간(漢簡)본에는 "卒"자로 되어 있다. 여기의 원문은 후자를 따른 것이다.

29 조본학은 "드러내는 것은 속임수로 거짓 겁내고 약한 척하는 형상을 어지럽히고, 주는 것은 속임수로 거짓 겁내고 약한 척하는 이익을 어지럽히고, 대하는 것은 진실로 진짜 용기 있고 강한 바탕을 다스리는 것이다. 바탕이 있으면 적을 움직일 수 있다"고 하였다.

수가 없다.[30] 이는 안에서 다스리어 본체를 세우는 것이다.①

다스려져도 어지러운 것처럼 보여주고 용감해도 겁내는 것처럼 보여주며, 강해도 약한 것처럼 보여주는 것은 모두 본래의 형체를 훼손하고 실정을 숨기는 것임을[31] 말한 것이다.②

군대가 실제 잘 다스려지는데도 어지러운 것처럼 위장하여 보이는 것은 부곡(部曲)과 항오(行伍)의 분수(分數)를 분명히 하기 때문이다. 예를 들면, 한신(韓信)이 깃발과 북을 거짓으로 버리고 물위의 군영으로 달아나서 진여(陳餘)를 참수한 것이[32] 바로 이것이다. 군대가 실제 용감하면서도 겁내는 것처럼 위장하여 보이는 것은 공격할 형세를 자세히 살폈기 때문이다. 예를 들면, 손빈(孫臏)이 아궁이를 줄여서 방연(龐涓)을 죽인 것

제5편
병세편
兵勢篇

30 조본학은 "전쟁할 때 혼란스러우나 대오와 호령에 정제함이 있으면 어지럽힐 수 없고, 뒤섞인 형태가 둥그나 奇正과 分合에 법도가 있어 막힘이 없으면 패하게 할 수 없다"고 하였다.

31 이 구절은 조조의 주석 내용을 근거하여 서술한 것이다(皆毁形匿情也). 조본학은 "군사는 정제와 용기, 강함으로 근본을 삼고, 정제되지 못하고 겁약한 것을 속여야 적을 오게 할 수 있다. 병법에 이르기를, '반드시 승리하는 병사는 반드시 은밀히 한다.'"고 하였다.

32 한신(韓信)과 장이(張耳)가 조(趙)를 칠 때 거짓으로 깃발과 북을 버리고 물위의 군영으로 달아나자, 조군이 성으로 돌아가서 꽂힌 깃발을 보고 달아났다. 한신이 조군을 대파하고 진여를 참수했다.《자치통감》〈한기〉

이[33] 바로 이것이다. 군대가 실제 강하면서도 약한 것처럼 위장하여 보이는 것은 서로 모의한 형상이 긴밀했기 때문이다. 예를 들면, 흉노가 한(漢)나라 사자에게 연약한 군사를 보이고 고조(高祖)를 백등산(白登山)에서 포위한 것이[34] 바로 이것이다.③

적을 잘 움직이는 자는 적에게 강하고 약한 형세를 보이고서 반드시 따르게 하고, 적에게 이익을 주고서 반드시 취하게 한다. 이미 이익으로 유인했으면 오게 하고, 또한 아군의 보병과 기병으로, 혹은 기병으로, 혹은 정병으로 적군을 대한다.④

---

33 위나라가 한(韓)을 칠 때 한을 도운 제(齊)의 장수 손빈이 위나라에 약함을 보이려고 아궁이수를 줄였다. 위나라 장수 방연은 제군이 도주한 것으로 알고 공격했으나 손빈에게 역공을 받아 패했다.《사기》〈손자오기열전〉

34 한고조가 흉노에게 사자를 보내자, 흉노는 건장한 군사를 숨기고 연약한 군사만 보여주었다. 그후 고조가 흉노를 공격했는데, 평성(平城)의 백등산(白登山)에서 7일 동안 포위되었다가 풀려났다.《한서》〈흉노전〉

5. 맹렬한 형세는 막을 수 없다

그러므로 전쟁을 잘 하는 자는 자기에게서 승리의 형세를 구하고 남에게 완전한 책임을 구하지 않는다. 때문에 사람을 잘 선택하고 형세를 이용한다.[35]① 형세를 이용하는 자는 적과 싸울 때 나무와 돌을 굴리는 것과 같다.[36] 나무와 돌의 성질은 땅이 안정되면 고요하고 기울어지면[37] 움직이며, 몸에 모가 나면 그치고, 둥글면 구른다.② 때문에 전쟁을 잘하는 이의 세(勢)가 천 길 높은 산에서 둥근 돌을 굴리는 것처럼 막을 수 없는 것은 바로 형세이다.[38]③

35 임세(任勢)는 유리한 형세를 이용한다는 뜻이다.(오구룡) 임(任)은 용(用)의 뜻이다(《주례》〈지관〉의 "任器"정현 주). 주영은 "적을 패하게 하는 형세를 이용하는 것이다"라고 하였다.

36 매요신은 "목석(木石)은 무거운 물건인데, 쉽게 형세로써 움직인다"고 하였다.

37 위(危)는 반듯하지 않다(不正)는 뜻이니, "기울어짐(偏斜)"으로 해석하였다.(유월(兪樾),《고서의의거례(古書疑義擧例)》)

38 조본학은 "전쟁을 잘하는 자(善戰者)의 형세는 빠르고 맹렬함이 높은 산에서 돌이 구르는 것과 같다. 구르는 것이 돌이고, 구르게 하는 것은 산이다. 싸우는

故善戰者, 求之於勢, 不責之於人, 故能擇人而任勢. 任勢者, 其戰人也, 如轉木石. 木石之性, 安則靜, 危則動, 方則止, 圓則行. 故善戰人之勢, 如轉圓石於千仞之山者, 勢也.

【주해】

전쟁을 잘 하는 자는 오직 필승의 형세를 자기에게서 구하고 완전한 책임을 갖추기를 남에게 구하지 않기 때문에 능히 자질과 품성을 헤아려서 재능에 따라서 쓴다.[39]①

형세를 이용하는 자가 적과 싸울 때는 나무와 돌을 굴리는 것과 같다. 나무와 돌의 성질은 땅이 안정되면 고요하고 기울어지면 움직이며, 몸에 모가 나면 그치고 둥글면 구른다. 이것이 자연의 형세이다.[40]②

것이 군사이고 싸우게 하는 것은 형세다. 전쟁은 군사에게 달린 것이 아니고 형세에 달린 것이다"라고 하였다.

39 장예는 "각자 자연의 형세에 맡기어 남의 불능함을 책하지 않기에 재능에 따라 임용한다"고 하였다. 조본학은 "형세가 저절로 사람을 부리고 사람이 형세의 부림을 받기에 형세가 있는 곳에는 겁내는 자도 반드시 용감해진다"고 하였다.

40 조본학은 "이는 사람을 선택하고 형세를 이용하는(擇人而任勢) 이치를 밝힌

군대에 세 가지 형세가 있다. 장수가 적을 가볍게 여기고 병사가 싸우기를 즐겨하여 앞을 다투어 결사적으로 싸우는 것을 기세(氣勢)라고 하고, 들판에 진을 치고 구불구불한 산길(羊腸)[41]에 복병을 설치하는 것을 지세(地勢)라고 하며, 적이 노곤할 때를 틈타서 습격하여 건너가고 요해처를 막고 적진의 빈 곳을 공격하는 것을[42] 인세(因勢)라고 한다. 그러므로 용병에 형세를 이용하면 험한 비탈에서 공을 굴리듯이 하여[43] 힘을 쓰는 것이 지극히 적어도 공을 이룸이 매우 클 것이다.[44]③

것이다. 자연의 형세를 행하기 때문에 목석은 달리 비유를 들지 않고 오직 속성에 따라 형세로 부린 것을 말하였다."라고 하였다.

41 양장(羊腸)은 중국 산서성의 태항산길을 말하는데, 양의 창자처럼 구불구불하여 매우 험하다. 조조(曹操)가 "양장 길이 구불구불하여 수레바퀴 망가지네"라고 하였다.《문선》〈고한행(苦寒行)〉

42 원문의 "비항도허(批亢擣虛)"는 요해지를 막고 후방에 있는 적진의 빈 곳을 공격하는 전법이다. 손빈(孫臏)이 전기(田忌)에게 전수했다.《사기》〈손자오기열전〉

43 원문의 "준판주환(峻坂走丸)"은 험한 비탈에서 공을 굴리듯이 적을 쉽게 섬멸함을 뜻한다. 《한서(漢書)》〈괴통전(蒯通傳)〉에 "반드시 서로 이끌고 항복하기를 비탈 위에서 공을 굴리듯 할 것이다.(坂上走丸)"라고 하였다.

44 이 내용은 당(唐)나라의 이정(李靖)의 주석 내용을 인용한 것이다.《십일가주손자교리》

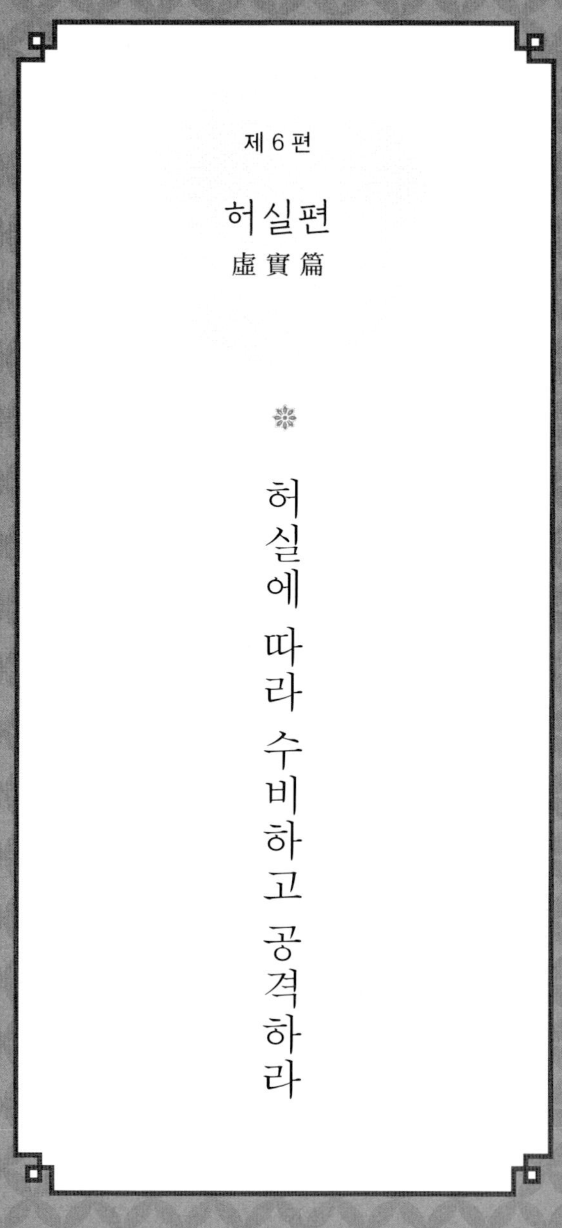

제 6 편

허실편
虛實篇

허실에 따라 수비하고 공격하라

허실은 적군과 아군에게 모두 있다. 아군이 공허하면 수비하고 충실하면 공격하며, 적군이 공허하면 공격하고 충실하면 수비해야 한다. 이는 용병을 잘하는 자가 마땅히 알아야 하는 것이다.

虛實彼己皆有, 我虛則守. 實則攻, 敵虛則攻, 實則備, 此善兵者所當知也.

허실편은 아군이 공허하면 수비하고 충실하면 공격하며, 적군이 공허하면 공격하고 충실하면 수비해야 함을 다루었다. 전쟁은 먼저 주도해야 하니, 전쟁할 곳을 먼저 점거하여 적을 기다려야 한다. 전쟁을 잘하는 자는 적을 유인하되 적에게 유인을 당하지 않고, 적의 상황을 반대로 만들어 공격한다. 적이 예상하지 못한 곳을 공격하고 변화무쌍한 작전으로 판단을 흐리게 해야 한다.

적의 허점을 공략하여 수비가 어렵게 만들고, 적의 상황에 따라 공격과 수비를 선택하여 적의 요새를 치거나 적의 진로를 교란시킨다. 적에게 위장과 은익으로 보이고 우리가 집중하고 적이 분산하게 하여 항상 우세한 상황을 만들어 적을 공격한다. 적의 형세를 헤아려서 이해·동정·생사·강약을 판단한다. 허실을 나타내는 극치는 무형(無形)의 위장전술이다.

적의 변화에 따라 기병과 정병을 적절하게 배치해야 한다. 전쟁에는 승리할 수 있는 원리를 두 번 사용하지 않고 적의 형상에 따라 대응하는 변화 전술이 무궁하다. 병가(兵家)의 허실(虛實)과 기정(奇正)은 일정한 형세가 없다. 능히 적의 허실에 따라 우리의 기정을 변화하여 승리하는 것이 바로 용병의 신묘함이다.

1. 적을 궁지로 몰아라

손자가 말하였다.

먼저 전쟁할 곳을 점거하여[1] 적을 기다리는 자는 안일하고, 뒤늦게 전쟁할 곳을 점거하여 전쟁에 급히 달려가는 자는 고달프다.[2]① 그러므로 전쟁을 잘하는 자는 적을 유인하되 적에게 유인을 당하지 않는다.[3]② 능히 적군을 스스로 오게 하는 것은 패한척하여 그들을 이익으로 유인하기 때문이다.[4]③ 능히 적군

---

1 처(處)자가 《태평어람》에는 "據"자로 되어 있고,(조본학) 오구룡은 "점거하다"로 해석했다.

2 장예는 "유리한 곳을 적이 이미 점거하여 아군이 적군에게 달려가서 싸우면 병사와 말이 노곤하고 힘이 부족하다"고 하였다. 노(勞)는 "피로(疲勞)"의 뜻인데, 필자는 "고달프다(勞頓)"로 풀었다.

3 "치인(致人)"은 사람을 끌어들이는 것이고, 치어인(致於人)은 사람에게 이끌림을 당하는 것이다. 치(致)가 "끌어들이다(引來)"의 뜻이니(안사고 주《한서》〈조충국전〉), 여기서는 "적을 유인하다"로 해석했다. 조본학은 "한번 먼저하고 한번 뒤에 하여 주와 객의 형세가 크게 다르니 반드시 남을 불러 나에게 나오게 한다"고 하였다.

4 이 글에 대해 장예는 "적을 오게 할 수 있는 것은 이익으로 유인했기 때문이다"라고 주석하였다.

을 올 수 없게 하는 것은 그들이 원하는 것을 해롭게 하기 때문이다.④ 그러므로 적이 안일하면 그들을 다방면으로 피로하게 하고,⑤ 배가 부르면 능히 계략을 써서 굶주리게 하고,⑥ 안정되면 능히 적의 길을 막아 이동하게 해야 한다.[5]⑦

孫子曰 凡先處戰地而待敵者佚, 後處戰地而趨戰者勞. 故善戰者, 致人, 而不致於人. 能使敵人自至者, 利之也. 能使敵人不得至者, 害之也. 故敵佚能勞之. 飽能饑之, 安能動之.

【주해】

먼저 전쟁할 만한 형세가 있는 곳에 점거하여 적군이 오는 것을 기다리면 병력에 여유가 있어 안일할 것이다. 전쟁할 곳이 먼저 적에게 점거되고 아군이 뒤늦게 급히 달려간다면 적군이 주인이 되고 아군이 객이 되기 때문에 고달프다고 이른 것이다.①

5 조본학은 "안일·포만·안정은 實함이고, 피로하게 하고, 굶게 하고, 이동시킴은 적을 부르는 虛實이다"라고 하였다.

적이 오게 만들되 적에게 유인을 당하지 않는다.②

예를 들면, 군수품(輜重)을 버리고 거짓으로 패한 척하고 물러나 달아나는 부류이다. 옛날 이목(李牧)이 성벽을 견고하게 하고 흉노를 유인하였고,[6] 양소(楊素)가 수레를 훼손하여 돌궐(突厥)을 유인한 것이[7] 모두 그것이다.③

적들이 반드시 돌아보는 것을 해롭게 하면 적들이 오지 못한다. 예를 들면, 손빈(孫臏)이 곧장 대량(大梁)에 달려가서 한단(邯鄲)의 포위를 푼 것이[8] 바로 이것이다.④

혹은 전방으로 나가고 혹은 후방을 포위하고 혹은 왼쪽을 공격하고 혹은 오른쪽을 엄습하여 여러 방면으로 잘못되게 만드는 것이다.⑤

적군이 본래 스스로 먹을 것이 족하면 아군은 계략을 써서

---

6 조(趙)나라 장수 이목(李牧)이 북쪽의 흉노를 피하기만 한 채 유인 작전을 사용했다. 그후 흉노의 선우(單于)가 쳐들어오자, 전쟁 욕구가 팽배해진 군사들이 일거에 물리쳤다.《사기》〈이목열전〉

7 수(隋)나라의 여러 장수들이 돌궐의 기마병을 대비하여 수레로 방형의 진지를 만들었다. 양소(楊素)가 이는 승리 방법이 아니라며 모두 없애자 기병을 끌고 침입한 돌궐을 양소가 물리쳤다.《수서》〈양소열전〉

8 위(魏)나라가 조(趙)나라 서울 한단(邯鄲)을 칠 때 조가 제(齊)에 지원을 청하였다. 제나라 장수 손빈(孫臏)이, "지금 위나라 수도인 대량(大梁)을 치면 위가 반드시 조를 놔두고 자국을 구할 것이다."하자, 제나라 장수 전기(田忌)가 따르니 과연 위나라가 한단을 떠났다.《십일가주손자교리》〈쾌검여화〉

식량 보급로를 끊어야 한다. 혹 쌓아둔 것을 불사르면 적군은 반드시 굶주릴 것이다.[9]⑥

이동하게 하는 것은 적이 나아가는 곳을 공격하고 적이 왕래하는 길을 막는 것이다. 예를 들면, 공손연(公孫淵)이 요수(遼水)를 막고 사마중달(司馬仲達, 사마의)에게 항거하자 사마(司馬)가 곧장 달아났다.[10]⑦

---

9 조본학은 "쌓아둔 것을 불사르고 논의 벼를 베고 식량보급로를 끊고 농사철을 혼란하게 하는 것이 적을 굶게 하는 것이다"라고 하였다.

10 위나라 장수 사마의가 반란한 공손연을 평정할 때 공손연이 군사를 보내어 요수(遼水)를 막고 항거하자, 사마의가 후퇴하였다. 그후 요격하는 공손연을 역공하고 요동을 평정하였다.(두목 주)

2. 변화무쌍한 작전

적이 나가지 않는 곳으로 출격하고, 적이 뜻하지 않은 곳으로 나가야 한다.① 천리를 가고도 피로하지 않은 것은 적이 없는 곳으로 갔기 때문이고,② 공격하여 반드시 승리를 쟁취하는 것은 적이 수비하지 않은 빈 곳을[11] 공격하기 때문이며,③ 수비하여 반드시 견고해지는 것은 적이 공격하지 않는 곳을 수비하기 때문이다.④ 그러므로 공격을 잘하는 자에게는 적이 어디를 수비해야 하는지를 모르고, 수비를 잘하는 자에게는 적이 어디를 공격해야 하는지를 모른다.[12]⑤ 미묘하고 미묘하여 형체가 없는 경지에 이르고, 신기하고 신기하여 소리가 없는 경지에

---

11 지키지 않은 곳은 적이 수비를 소홀히 하여 공허한 곳이다.(오구룡) 왕석은 이를 "빈 곳(虛)"이라고 했다.

12 왕석은 "공격을 잘하는 자는 신속히 공격하여 적이 수비하지 못하고, 수비를 잘하는 자는 항상 적이 이길 수 없게 하여 적이 공격하지 못한다"고 하였다. 조본학은 "형세를 만드는 것을 잘하면 적의 공격과 수비를 모두 나에게서 듣는다"고 하였다.

이른다. 그러므로 변화무쌍한 공력으로 적의 생명을 관장하게 되는 것이다.[13]⑥

出其所不趨, 趨其所不意. 行千里而不勞者, 行於無人之地也. 攻而必取者, 攻其所不守也. 守而必固者, 守其所不攻也. 故善攻者, 敵不知其所守, 善守者, 敵不知其所攻. 微乎微乎, 至於無形. 神乎神乎, 至於無聲, 故能爲敵之司命.

【주해】

적진의 공허한 곳을 엄습하고 수비가 없는 곳을 공격함을 말한 것이다.[14]①

예를 들면, 등애(鄧艾)가 촉(蜀)나라를 정벌하는데 음평(陰平)

---

13 장예는 "공격과 수비의 방법은 미묘 신밀(神密)하여 볼 수 있는 무형(無形)과 들을 수 있는 무성(無聲)에 이르기에 적의 생명이 모두 나를 위주로 한다."고 하였다. 조본학은 "지극히 幽微하여 자취가 없으나 볼 수 있고, 지극히 신묘하여 소리가 없으나 들을 수 있다면 적군의 죽고 사는 생명이 나에게 매인다"고 하였다.

14 이 글은 유인의 주해를 인용한 것이다.(②도 같음) 조본학은 "적이 뜻하지 않은 곳으로 출동하고 허한 곳을 도모하면 승리할 수 있다"고 하였다.

에서 사람이 없는 곳 7백리를 가고도 옮겨가며 전쟁하는 수고로움이 없는 것이 바로 이것이다.②

적군의 빈 곳을 틈타면 반드시 승리를 쟁취할 수 있다. 예를 들면, 경엄(耿弇)이 서안(西安)을 공격한다고 소문을 내고 임치(臨淄)를 엄습하여 빼앗고,[15] 주준(朱儁)은 황건(黃巾)을 공격하되 서남쪽을 공격하고 동북쪽을 엄습한 것이[16] 바로 이것이다.③

적군이 빈 틈 탈 것을 항상 대비하면 수비가 견고하지 않음이 없는 것이다.[17] 예를 들면, 오(吳)나라 군사가 동남쪽으로 달려오자 아부(亞夫)가 서북쪽을 대비하게 한 것이 바로 이것이다.[18]④

---

15 후한의 광무제가 경엄(耿弇)에게 장보(張步)를 치게 하자, 경엄은 장남(張藍)이 지키는 서안을 공격한다고 포고했다. 이에 장남이 철저히 수비하자, 경엄은 텅 빈 임치로 달려가 성을 함락시켰다.《손무자직해》

16 후한의 주준(朱儁)이 황건적 장수 한충(韓忠)을 칠 때 서남쪽을 치자 적들이 모두 여기로 몰려왔다. 이에 주준이 정예병으로 동북쪽을 엄습하니, 한충이 항복하였다.《십일가주손자교리》

17 조본학은 "적이 동쪽을 치면 아군은 서쪽을 대비하고 적이 먼 곳을 치면 아군은 가까운 곳을 대비한다"고 하였다.

18 이전(李筌)은 "한(漢)나라 태위 주아부(周亞夫)가 7국을 공격했을 때 오나라 적이 성벽의 동남쪽으로 달아나자, 아부가 서북쪽을 대비시켜 후에 적이 침입하지 못했다"고 하였다.《십일가주손자교리》

아군은 적이 지키지 않는 곳을 공격하고 적이 공격하지 않는 곳을 지키기 때문에 적이 나를 예측하지 못하는 것이다.⑤

공격과 수비의 방법은 허허실실(虛虛實實)[19]하니 미묘하여 형체가 없고 신기하여 소리가 없다. 변화가 끝이 없으니 비로소 적의 생명을 관장할 수 있는 것이다.⑥

---

19 허허실실은 허와 실의 변화가 일정치 않다는 뜻으로 작전에 술법과 정법을 병용함을 말한다.

3. 적의 허점을 공략하라

진군해도 적이 막을 수 없는 것은 적의 허점을 공격하기 때문이고,[20] 철수해도 적이 추격할 수 없는 것은 빨라서 따라갈 수가 없기 때문이다.① 그러므로 우리가 전쟁을 원하면, 적이 비록 높은 보루와 깊은 해자가 있을지라도 우리와 교전하지 않으면 안 되는 것은 적이 반드시 구원해야 하는 요새를 치기 때문이다.② 우리가 전쟁을 원하지 않으면, 비록 땅에 경계를 그어 쉽게 수비할지라도 적이 우리와 교전할 수 없는 것은 적이 가는 곳을 다방면으로 미혹시키기 때문이다.[21]③

제6편 허실편 虛實篇

---

20 조조는 "병사가 나아가서 비고 나태한 곳을 공격한다"고 하였다. 허동(許洞)의 《호령경(虎鈐經)》〈허(虛)를 습격하는 법〉을 보면, 적이 향하는 곳을 함께 향하는 척하다가 허(虛)를 치는 인법(因法)과 적의 요지를 치지 않고 인근으로 유인한 뒤 적의 출병한 곳을 습격하는 유법(誘法)이 있다. 이것이 허를 엄습하는 방법이다.(조본학)

21 괴(乖)는 어긋나다, 방향을 바꾸다의 뜻이니, "乖其所之"는 적이 가는 곳을 미혹시킨다는 뜻이다. 우창(于鬯)의 《향초속교서(香草續校書)》에는 "아군의 요새를 친 것을 알고서 적군을 딴 데로 이끌다"로 되어 있고, 정예는 "의심스런

進而不可禦者, 衝其虛也. 退而不可追者, 速而不可及也. 故我欲戰, 敵雖高壘深溝, 不得不與我戰者, 攻其所必救也. 我不欲戰, 雖畫地而守之. 敵不得與我戰者, 乖其所之也.

【주해】

아군이 적의 빈 틈을 타고서 치기 때문에 아군이 진군하는 것을 적이 막을 수 없고, 아군이 이득을 얻고서 철수하기를 마땅히 신속히 하기 때문에 적이 아군을 쫓을 수 없는 것이다.①

적이 반드시 구원해야할 곳[22]을 아군이 공격하는 것은 마치 군량 보급로를 끊고 소굴을 타격하고 임금을 공격하는 것과 같으니, 이는 바로 편안하면 동요하게 하는 것(安而能動)을 이른 것이다.②

형상을 보인다"로, 조본학은 "군사를 보내어 갈 곳을 의심하게 한다"고 하였다.

22 "반드시 구원해야 할 곳은 적의 요새이고"(매요신), 조본학은 "임금이 있는 심복(心腹)이고 처자가 사는 둥지와 같은 곳이다"라고 하였다. 장예는 "적이 견고한 성곽을 나와 교전해야 하는 이유는 적이 아끼는 곳을 아군이 공격하여 구원하게 만들기 때문이다."라고 하였다.

적이 가는 것을 어긋나게 하는 것은 여러 방법으로 미혹시켜 어지럽게 하는 것이다. 예를 들면, 깃발을 눕히고 북을 쉬게 하여 거짓으로 미끼 질 하는 군대의 형상을 만들고,[23] 적으로 하여금 의구심이 들어 우리가 매복한 가운데에 빠질까 두렵게 하니 자연히 퇴각하여 감히 함께 교전하지 못하는 것이 바로 이것이다.③

제6편
허실편
虛實篇

23 이 글은 조본학이 "깃발을 눕히고 북을 쉬게 함은 복병이 있는 것 같고 갑옷을 풀고 말안장을 푼 것은 미끼를 둔 것 같다"고 한 주해를 근거한 것이다.(偃旗息鼓 如有所伏 解甲卸鞍 如有所餌)

4. 위장과 은닉으로 우세를 만들라

그러므로 적에게 허실의 형상을 보이되(위장) 우리가 형상이 없음을 보이면(은닉)[24] 우리는 오로지 집중하고 적은 분산될 것이고,[25]① 우리가 집중하여 하나를 만들고 적이 분산하여 열을 만들면 이는 아군이 열배되는 병력으로 적의 하나를 공격하는 격이니,[26] 우리의 병력이 많고 적의 병력이 적게 된다. 능히 많은 무리로 적은 무리를 공격하면 우리와 함께 싸울 자는 줄 것

---

24 형인(形人)은 엄습과 매복의 형세를 위장하여 적이 많이 방비하게 하는 것이고, 무형(無形)은 스스로 형상을 숨기고 드러내지 않아 아군의 엄습을 의심하게 하여 예측하지 못하게 하는 것이다.(조본학) 무형(無形)은 실제 형상이 없는 것이 아니고 숨기는 것이다(진계천(陳啓天)).

25 매요신은 "적군에게 형상이 있고 우리의 형상이 보이지 않으므로, 적이 군사를 분산하여 우리를 대비한다"고 하였다. 전(專)은 병력을 집중하고 분(分)은 병력을 분산하는 것이다.(오구룡)

26 매요신은 "하나를 분리하여 10을 만드니 아군은 항상 10분으로 1분을 친다"고 하였다. 이는 아군이 10으로 1을 치는 절대 우세를 만든 것이다.(오구룡) 아군이 하나로 집중하면 10의 강한 힘을 발휘하고, 적이 분산하면 1의 약한 힘으로 응하게 된다.

이다.② 우리가 함께 전쟁하는 곳을 적이 알게 해서는 안 되니 알지 못하면 적이 방비하는 곳이 많아질 것이다. 방비하는 곳이 많으면 우리와 함께 전쟁하는 곳이 적어질 것이다.[27]③

그러므로 전방을 방비하면 후방이 적어지고 후방을 방비하면 전방이 적어진다. 좌방을 방비하면 우방이 적어지고 우방을 방비하면 좌방이 적어진다. 어느 곳이든 모두(전후좌우) 방비하면 어느 곳이든 모두 적어진다. 군사가 적은 것은 적을 방비하기 때문이고, 군사가 많은 것은 적으로 하여금 아군을 방비하게 하기 때문이다.[28]④

故形人而我無形, 則我專而敵分. 我專爲一, 敵分爲十, 是以十攻其一也, 則我衆敵寡. 能以衆擊寡, 則吾之所與戰者, 約矣. 吾所與戰之地不可知, 不可知則敵所備者多. 所備者多, 則吾所與戰者, 寡矣. 故備前則後寡, 備後則前寡,

---

27 조조는 "적이 의심하면 군사를 분리하여 아군을 대비하니 군사가 적어 공격하기 쉽다"고 하였다. 조본학은 "소리를 내고 형상을 보여서 적이 예측이 어려워지면, 적은 반드시 분산 수비하여 곳곳이 허하게 된다. 이때 아군이 치려는 곳을 치면 반드시 적을 격파하게 된다"고 하였다.

28 군사가 적은 것은 분산하여 적을 대비하기 때문이고, 많은 것은 집중하여 적으로 하여금 아군을 대비하기 때문이다.(장예) 조본학은 "적을 잘 공격하는 군사는 전후좌후에 모두 형상을 두니 아군이 허실을 모르면 전후좌우가 모두 대비를 둔다. … 마음이 의심하여 계책으로 응하고 눈이 의심하여 고요함으로 응하면 적이 우리로 하여금 보지 못하게 할 것이다."라고 하였다.

備左則右寡, 備右則左寡, 無所不備, 則無所不寡. 寡者, 備人者也. 衆者, 使人備己者也.

【주해】

적에게 허와 실의 형상을 보이되 또다시 형상이 없음을 보이면, 적은 장차 형세를 분산하여 우리를 대비하고 우리는 형세를 모아서 적에게 임할 것이다.①

우리가 적의 허실의 형상을 보게 되면 많은 대비가 필요하지 않기 때문에 집중하여 향하게 된다. 적이 우리의 허실의 형상을 모르면 반드시 여러 방법으로 대비해야 하기 때문에 분산하여 10을 만든다. 우리가 집중한 것에 사람이 많고 적이 분산한 것에 사람이 적다. 군사가 많으면 힘이 강하고 군사가 분산하면 힘이 약하다. 그러므로 능히 많은 무리로 적은 무리를 공격하면 우리와 함께 싸우는 적이 줄고 쉬워진다.[29]②

군사가 형상이 없으면 전쟁하는 땅을 알지 못한다. 적이 이

---

29 약(約)은 군사의 명수가 줄고 공격이 용이하다는 뜻이다(省而易). 두우는 "인원이 줄어서 적고 이기기 쉽다"고 하였다.

미 우리가 전쟁하는 곳을 모르면 반드시 곳곳에 방비하는 곳을 설치하게 되니, 적군의 방비하는 곳이 많아지면 우리가 교전하는 곳이 적을 것이다.③

과(寡)는 적을소(少)이다. 오직 적이 아군을 대비함이 많으면 허점이 적에게 있어서 적이 절로 적어지고, 아군이 적을 대비함이 적으면 실함이 아군에게 있어서 절로 많아진다.④

5. 유리한 장소와 시간이 관건이다

그러므로 전쟁할 곳을 알고 전쟁할 날을 안다면 천리 길을 가서라도 교전할 수 있을 것이다.① 전쟁할 곳을 모르고 전쟁할 날을 모르면 왼편이 오른편을 구하지 못하고, 오른편이 왼편을 구하지 못하며, 앞 편이 뒤편을 구하지 못하고, 뒤편이 앞편을 구하지 못할 것이다. 그런데 하물며 멀리는 수천 리에서, 가까이는 몇 리 되는 곳에서 구할 수 있겠는가.[30]②

오(吳)나라로[31] 헤아려보건대, 월나라의 군사가 비록 많으나[32]

---

30 조본학은 "적군이 와서 싸우는 곳과 시기를 알 수 있으면 우리의 여러 장수들이 비록 천리 먼 곳에 있어도 서로 호응하여 실수함이 없다. … 이는 당연히 적군의 형세를 살펴야 함을 밝힌 것이다."라고 하였다.

31 오(吾)자는 오(吳)의 오자(誤字)이다.(장예 주) 무경본과 조주본에는 "吳"로 되어 있고, 십가주본에는 "吾"로 되어 있다. 조본학은 "《사기》에 의하면, 월(越)이 오(吳)왕 합려를 죽이자 아들 부차가 월에 보복을 꾀했는데, 월왕은 그것을 모르고 정벌하다가 부초(夫椒)에서 패했다. 이것이 오의 지혜이다"라고 하였다.

32 월나라 군사가 많았다는 내용은 사실과 다르다고 한다. 《오월춘추》와 《사기》 〈월세가(越世家)〉를 보면, 오(吳)가 초(楚)를 공격할 때 오자서가 오왕 합려에게 손무를 추천했는데, 이때 월(越)은 실제 강대하지 않았고, 원문의 "월(越)"은

승리하는데 무슨 도움이 되었겠는가.③ 그러므로 승리란 해낼 수 있다고 말한다.[33]④ 적이 비록 많다고 해도 전투하지 못하도록 만들 수 있는 것이다.[34]⑤

故知戰之地, 知戰之日, 則可千里而會戰. 不知戰地, 不知戰日, 則左不能救右, 右不能救左, 前不能救後, 後不能救前, 而況遠者數千[35]里, 近者數里乎? 以吾度之, 越人之兵雖多, 亦奚益於勝哉. 故曰 勝可爲也. 敵雖衆, 可使無鬪.

【주해】

능히 교전할 곳과 날짜를 헤아린다면 비록 천리의 먼 길이라도 교전하기를 기약할 수 있을 것이다. 예를 들면, 손빈(孫

본래 "초(楚)"이었다고 한다.(주영)

33 두목은 "승리를 만드는 것이 나에게 달렸기 때문에 해낼 수 있다고 말한 것"이라고 하였다.

34 조본학은 "오(吳)의 일로 살펴보면 제승(制勝)의 방법을 알 수 있고 스스로 할 수 있으니 적이 비록 많아도 걱정할 것이 없다. … 실로써 허를 치는데 무슨 어려움이 있겠는가"라고 하였다.

35 원문의 천(千)자가 죽간본에는 "십(十)"자로 되어 있고, 조윤유(曹允儒)의 《손자》〈악기위〉에는 "千"으로 되어 있다.

臏)은 방연(龐涓)이 저녁에 마땅히 마릉(馬陵)에 도착할 것을 헤아린 것이 바로 이것이다.①

교전할 곳과 날을 모르면 비록 좌우 전후의 가까운 곳에서도 합병하여 구원하지 못할 것인데, 하물며 백리와 십리의 먼 거리에 있어서랴.②

손자가 오(吳)와 월(越)의 형세를 비교하여 말한 것이다. 오나라가 승산을 얻은 것을 헤아렸는데, 월나라 사람은 전쟁할 곳을 모르고 전쟁할 날도 모르니 군사가 비록 많으나 승리하는데 무슨 보탬이 되었겠는가.③

군형편에 '승리는 만들 수 없다'고 한 것은 적의 수비가 있기 때문에 말한 것이다. 여기서 승리를 해낼 수 있다고 말한 것은 전쟁할 곳과 날짜를 알지 못하고 승리를 쟁취하는 것이 나에게 있기 때문이다.④

적이 비록 많아도 계책으로 도모하면 우리와 전투하지 못하도록 만들 수 있는 것이다.⑤

6. 무형(無形)은 예측이 불가하다

그러므로 적의 형세를 헤아려서 득실(이해)의 계책을 알고,① 적의 형세를 탐지하여 동정의 이치[36]를 알며,② 형세를 드러내어 사생의 땅[37]을 알며,③ 적과 겨루어[38] 남고 부족한 곳을 아는 것이다.[39]④ 때문에 군대의 허실을 나타내는 극치는 형상을 드러내지 않음(無形)에[40] 이르는 것이다. 형상이 없으면 깊이 잠입

---

36 동정의 이치는 적군의 행동 규정이다. 조본학은 "적에게 도전하여 응하면 동(動)이 되고. 응하지 않으면 정(靜)이 된다"고 하였다.

37 죽고 살 땅은 적의 우세하고 취약한 환경을 뜻한다.(오구룡) 이에 대해 조본학은 "유비(有備)와 무비(無備)의 상태로서 유비함이 사는 곳(生處)이고, 무비함이 죽는 곳(死處)"이라고 하였다.

38 각(角)은 짐승의 뿔이 저촉(抵觸)한다는 뜻으로《광아소증(廣雅疏證)》, 양면 충돌, 겨루다의 의미가 있다.

39 이것은 적을 정탐하는 방법이다. 이러한 계책이 있는 자는 사리와 세력에 근거하여 작전을 계획할 수 있다.(조본학)

40 형상을 드러내지 않는 것(無形)은 군사의 위장 전술이다. 허실로 드러내면 적은 참모습을 알 수 없고 형적이 모두 없게 된다.(오구룡). 장예는 "허실로 드러내면 적이 예측할 수 없기에 마침내 무형(無形)으로 돌아간다"고 하였다. 조본학은 "형상을 적에게 보이되 한 가지가 아님을 보이면 적이 혼란하고 의심이 심해져서 예측할 수 없는 것, 이를 '나타나되 無形에 이른다'"고 하는 것이다.

한 간첩도 엿볼 수 없고 지혜로운 자도 계산할 수 없다.⑤

故策之而知得失之計, 作之而知動靜之理, 形之而知死生之地, 角之而知有餘不足之處. 故形兵之極, 至於無形. 無形, 則深間不能窺, 智者不能謀.

【주해】

책(策)은 헤아리는 것이고(度), 계(計)는 꾀하는 것이다. 즉 계책으로 비교하고 실정을 찾는 것이다. 예를 들면, 설공(薛公)은 경포(黥布)가 반드시 하책(下策)을 낼 것으로 헤아리고, 위(魏)나라 우근(于謹)은 소역(蕭繹)이 반드시 하책을 쓸 것으로 헤아린 것이[41] 바로 이것이다.①

싸우기 전에 탐지하는 것을 "작(作)"이라고 한다.[42] 바로 오기

---

41 서한(西漢) 때 고조가 경포(黥布)의 계책을 묻자, 설공(薛公)은 "경포는 자신만을 위하고 후손을 보살피지 않으니 하계를 낼 것이다" 하였다. 서위(西魏)가 소역(蕭繹)을 칠 때 장손검(長孫儉)이 소역의 계책을 묻자, 우근(于謹)은 "소역은 약하고 무모하며 의심이 많으니 하책을 쓸 것이다"하였다.《손무자직해》

42 《통전》, 《태평어람》, 《장단경》, 《호령경》 등에는 "작(作)"자가 "살필후(候)"자로 되어 있는데, 이의 의미를 취한 것이다.(이전·가림) 조본학은 "미세하게 마음으로 부추겨 단서를 일으키는 것"이라 했다.

(吳起)가 천하고 용감한 자에게 날래고 예리한 군사를 거느리고 시험하게 한 것이 이것이다. 진문공(晉文公)이 완춘(宛春)을 감금하여 초(楚)나라 장수 자옥(子玉)을 노하게 하여 자옥이 진(晉)나라 군사를 추격하니,[43] 이것이 동(動)이다. 공명(孔明, 제갈량)이 건괵(巾幗, 부인의 장식)을 보내어 중달(仲達, 사마의)을 노하게 하여 중달이 나오지 않으니[44] 이것이 정(靜)이다. 한신(韓信)은 성안군(成安君, 진여)이 이좌거(李左車)의 말을 쓰지 않은 것을 탐지한 후에 과감하게 정형(井陘)을 나왔으니,[45] 역시 이러한 부류이다.②

예를 들면, 한신(韓信)이 거짓으로 깃발과 북을 버리자 조(趙)나라 군사가 그 유인에 빠져 마침내 혼란스러웠다. 손빈(孫臏)이 부엌의 수를 줄이고 나무를 쪼개어 여기에 글씨를 새기고

43 진(晉)나라 문공이 조(曹)와 위(衛)와의 관계 회복을 위해 완춘(宛春)을 위에 감금하자, 조와 위는 초(楚)에 단절을 알렸다. 이에 자옥(子玉)이 노하여 진군(晉軍)을 공격하자 진군이 후퇴했다.《춘추좌씨전》〈노희공〉

44 위수(渭水)남쪽에서 제갈량이 사마의와 대치했을 때 사마의가 출전하지 않자, 제갈량이 부인의 장식을 보내어 조롱했으나 사마의는 신비(辛毗)의 만류를 받고 끝내 나오지 않았다.《진서》〈선제기〉

45 한신(韓信)이 조(趙)나라를 공격하려고 정형(井陘)으로 갈 때 조왕(趙王)과 장수 진여(陳餘)는 이좌거(李左車)가 권한 기습전을 펴지 않고 정면전으로 싸우다가 결국 한신에게 패하였다.《사기》〈회음후열전〉

방연(龐涓)을 패망시키니, 이 모두가 형세를 드러내어 적군이 죽을 곳에 처한 것을 안 것이다.③

장차 전쟁하려 할 때 정예한 병사를 옆에서 충돌시키면 적군의 강약을 모두 알 수 있다. 예를 들면, 광무제(光武帝)가 병사 3천으로 친히 왕심(王尋)과 왕읍(王邑)의 중군을 침범한 것은[46] 적의 여유가 있음을 안 것이고, 사현(謝玄)이 유뢰지(劉牢之)에게 병사 5천명으로 낙간(洛澗)에 가서 양성(梁成)을 참수하게 한 것은[47] 적의 부족함을 안 것이다.④

그러므로 군대의 허실을 적에게 나타냄이 지극한 곳에 이르게 되면 예측할만한 형상이 없게 된다. 이미 예측할 수 없게 되면 비록 깊이 잠입한 간첩이라도 그 틈을 엿볼 수 없고 지혜가 있는 자도 우리를 계산할 수 없다.⑤

---

46 신(新)나라의 사도 왕심(王尋)과 사공 왕읍(王邑)이 백만 대군으로 곤양(昆陽)을 주둔할 때, 광무제가 공격하여 왕심은 죽고 왕읍은 장안으로 돌아가서 전사하였다.《태평어람》

47 동진(東晉)의 사현(謝玄)이 장수 유뢰지(劉牢之)에게 정병 5천명으로 낙간(洛澗)에 있는 전진(前秦)의 2만 명 양성(梁成) 부대를 치게 하니, 유뢰지가 전진군을 물리치고 양성을 참수하였다.(비수(淝水) 전투)

7. 변화 전술이 무궁하다

적의 변화하는 형상에 따라 배치하고[48] 군사들에 의해 승리를 해도 군사들은 그 운영기법을 알지 못한다.① 사람들은 모두 우리가 이미 승리한 형상을 알지만, 우리가 적에 따라 승리를 만드는 형상은 알지 못한다.[49]② 그러므로 전쟁에서 승리한 이치는 반복하여 사용하지 않고 적의 형상에 따라 기법(奇法)을 내어 호응하니 다함이 없는 것이다.[50]③

因形而措, 勝於衆, 衆不能知, 人皆知我所以勝之形, 而

48 조(措)는 기병과 정병을 적절하게 안배(배치) 한다(布置)는 뜻이다(주해). 조본학은 "드러내고 겨루는(形角) 전술을 적에게 시행하면 적군의 형상이 드러난다. 이에 아군은 그 형상에 따라 방략을 드러낸다"고 하였다.

49 이는 승리하게 만든 제승(制勝)의 요인을 사람들이 알지 못한다는 뜻이다. 장예는 "승리의 자취는 모두 알지만, 적의 형상에 따라 승리를 만드는 것은 헤아리지 못한다"고 하였다. 조본학은 "관찰함이 눈에 있고, 운영이 마음에 있고, 다스림이 상대에게 있지만, 어찌 뭇사람들이 함께 할 수 있겠냐"고 하였다.

50 이전은 "앞의 계책을 반복하지 않고 승리를 취하니 마땅함에 따라 변화를 만든다"고 하였다. 조본학은 "제승(制勝)의 전술은 적의 형상에 따라 만드니, 형상과 전술이 각기 다르다. 어찌 일정함에 구속되는 것인가"하였다.

莫知吾所以制勝之形. 故其戰勝不復, 而應形於無窮.

【주해】

적의 변화하는 형상에 따라 기병(奇兵)과 정병(正兵)을 알맞게 배치하여 많은 사졸들에게서 승리를 취하고 나면 사졸들은 운영기법을 들어도 역시 알지 못할 것이다.①

이미 승리한 형상은 사람들이 모두 알 수 있지만, 적에 따라 승리를 만드는 형상을 먼저 전할 수 없는 것은 사람들이 잘 모르기 때문이다.②

승리를 만드는 이치는 오직 하나이고 만드는 형상은 무궁한 것이다. 때문에 이미 이긴 뒤에는 앞의 계책을 다시 사용하지 않고 다만 적군의 형상에 따라 기법(奇法)을 내어 호응하니 다함이 없는 것이다.③

8. 적의 허실에 따라 승리를 취한다

군대의 형상은 물을 상징하니 물의 형상은 땅의 높은 곳을 피하여 낮은 곳으로 내닫고, 군대의 형상은 적의 실한 곳을 피하여 허한 곳을 공격하는 것이다. 물은 지형의 높고 낮음에 따라서 흐름을 만들고[51] 군대는 적의 형세의 허실에 따라서 승리를 만든다.[52] 그러므로 군대에는 일정한 형세가 없고 물은 일정한 형상이 없다.[53] 능히 적의 허실에 따라 기정(奇正)을 변화하여 승리를 취하는 것을 "신묘하다"고 말한다.[54]① 그러므로 오행

51 제형(制流)은 물의 흐름을 만든다는 뜻이다. '제어할 제(制)'는 만들다(作)의 뜻인데(조기(趙岐) 주), 장예는 "형상을 이루다(成形)", 조본학은 "형상을 만들다(爲形)"로 해석하였다.

52 두우는 "물은 땅이 기운 것에 따라 흐름을 형성하고, 군대는 적의 결손에 따라 승리를 취한다"고 하였다.

53 장예는 "적이 변동하기 때문에 일정한 형세가 없고, 땅에 높고 낮음이 있기 때문에 일정한 형상이 없다"고 하였다.

54 하연석(何延錫)은 "변통 응변하는 지략은 헤아릴 수 없으니 신묘한 것이다"라고 하였다. 조본학은 "이상은 물로써 형상으로 승리를 만드는 요점을 밝힌 것이니, 장수가 적의 허실에 따라 전술을 변화하여 승리를 취하면 신명(神明)한

에는 항상 승리함이 없고[55] 사계절에는 일정한 위치가 없으며,[56] 해에는 짧고 긴 것이 있고 달에는 죽고 사는 것(차고 기욺)이 있다.[57]②

夫兵形象水. 水之形, 避高而趨下, 兵之形, 避實而擊虛. 水因地而制流, 兵因敵而制勝. 故兵無常勢, 水無常形, 能因敵變化而取勝者, 謂之神. 故五行無常勝, 四時無常位, 日有短長, 月有死生.

【주해】

높고 낮음은 땅의 형상으로 말한 것이고, 허와 실은 적의 형

장수라고 할 수 있다"고 하였다.

55 오행은 목·화·토·금·수로서 우주만물을 운용하는 기본 원소이다. 이것이 상황에 따라 상생하고 상극하면서 만물을 변화하기 때문에 항상 이기는 것, 즉 상극하는 경우가 없는 것이다.

56 사계절이 번갈아 작용하니(두우), 사계절은 고정불변하지 않아서 끝나면 다시 시작하여 변화가 그치지 않는다.(주영)

57 해는 춘분과 추분에 고르게 뜨고 하지에 가장 긴데 이후 점점 짧아지고, 동지에 가장 짧은데 이후 점점 길어진다. 달은 초하루 이후 커지는데 이것이 생(生)이고, 보름 이후 작아지는데 이것이 사(死)이다.(주영) 왕국유(王國維)의 《생패사패고(生覇死覇考)》에, "해는 계절 변화에 의해 짧고 긴 것이 있고, 달은 순환 반복에 의해 그믐과 보름이 있다"고 하였다. 조본학은 "이는 조화가 무상하니 군대에 일정한 형세가 없는 묘리를 재차 밝힌 것이다"고 하였다.

상으로 말한 것이다. 물은 땅의 형상의 높고 낮음에 따라 흐름을 형성하고 군대는 적의 형상의 허실에 따라 승리를 만든다. 병가(兵家)의 허실(虛實)과 기정(奇正)은 일정한 형세가 없어 물의 흐름에 일정한 형상이 없는 것과 같다. 능히 적의 허실에 따라 우리의 기정을 변화하여 승리를 취하는 것이 바로 용병의 신묘함이 되는 것이다.①

오행(五行)이 상생(相生)하고 상극(相剋)한다. 이 네 가지는 병세의 허(虛)와 실(實)이 일정하지 않음을 비유한 것이다.[58]②

제6편
허실편
虛實篇

58 손자는 오행과 사계절, 해와 달이 충만하고 위축되는 것이 무상한 것으로 보았는데, 이 모두 군대의 변화가 일정하지 않음을 비유한 것이다.(왕석, 장예) 조본학은 "반복하는 이치는 곧 조화의 무상함이니, 군대에도 일정한 형세가 없는 묘함을 재삼 밝힌 것이다"라고 하였다.

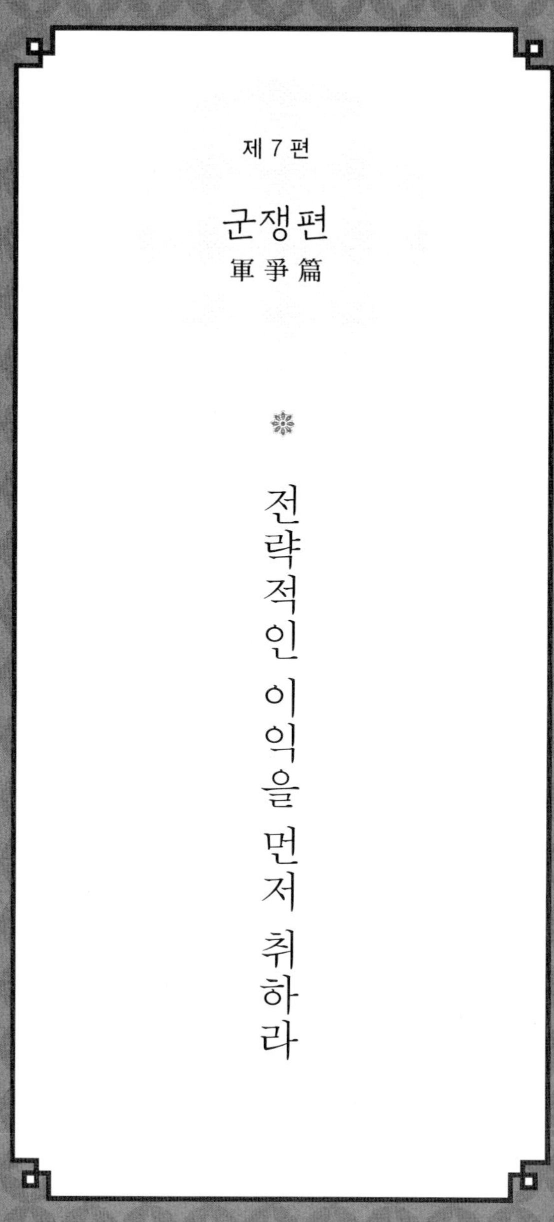

제 7 편

군쟁편
軍爭篇

전략적인 이익을 먼저 취하라

적과 아군의 양측 군대가 전쟁하는데 지형의 이점을 얻어야 한다. 먼저 이를 얻은 자는 안일한 군사로 피로한 군사를 상대하여 승리한다.

言兩軍爭, 得地利, 先得者, 以佚待勞勝.

군쟁편은 적과 아군이 전쟁하는데 지형의 이점을 얻은 자는 안일한 군사로 피로한 군사를 상대하여 승리함을 설명하였다. 용병의 방법은 군중을 규합하고 적과 마주하여 이익을 다투는 것이다. 이익으로 유인하면 적보다 길을 늦게 떠나도 적보다 먼저 도착하니 이는 굽은 것을 곧은 체하는 계책이다.

전군을 출동시키면 더뎌서 일이 잘못되고, 이익을 다투면 보전하기 어려워 군수품을 버리게 된다. 무장을 해제한 상태에서 백리 길을 급히 달려가면 삼군의 장수가 붙잡힐 위험이 있다. 군대에는 군수품과, 양식, 저축이 없으면 망한다. 제후의 계책을 알아야 외교할 수 있고, 산림과 습지의 지형을 알아야 군사를 동원하고, 길잡이를 써야 지형의 이점을 얻는다.

전쟁에는 기만을 위주하고 이익으로 행동하여 분산과 집중으로 변화하는 것이다. 군대의 동작은 신속·정제·맹렬·진중·은폐·분격·출동·수비·변화이니, 굽은 것을 곧은 체하는 계책을 먼저 아는 자가 승리한다. 징과 북과 깃발이란, 사람의 귀와 눈을 집중하게 하니, 이것이 많은 군사를 부리는 방법이다. 용병을 잘하는 자는 기운·마음·힘·변화를 잘 다스려야 하고, 여덟 가지의 경계할 방법을 알아야 한다.

1. 굽은 길을 곧은 체하고 어려움은 이로운 체하라

손자가 말하였다.

모든 용병의 방법은 장수가 임금에게 명령을 받아 군중을 규합하고 적과 아군이 대치하여 주둔하는 것인데[1] 군대의 전쟁보다 더 어려운 것이 없다.[2]① 군대의 전쟁이 어렵다는 것은 굽은 길을 곧은 체하고, 환난을 이로운 체하는 것이다.[3]② 그러므로 길을 멀리 돌아가서 이익으로 유인하면 적보다 늦게 떠나도 적보다 먼저 도착한다. 이는 굽은 것을 곧은 체하는 계책을 아는

---

1 교화(交和)는 군영의 문(和門)을 마주하는 것이다. 군영의 문이 화합의 문이고 적과 아군의 양군이 서로 대치한 것이 交和이다.(조조) 조본학은 "交和는 보루를 마주하여 매우 가까이 있는 것이고, 사(舍)는 머문다(止)는 뜻이다."라고 하였다.

2 조본학은 "장군이 왕명을 받고 장수를 거느리고 적과 대치하여 먼저 다투어 이익에 나가는 것이 어려운 일이다"라고 하였다.

3 두목은 "쟁탈하고자 하면 먼저 먼 곳을 가까운 척하고 환난을 이로운 척하여 소홀하게 한 뒤에 급히 출동해야 한다"고 하였다. 조본학은 "곧은길에 대비가 있으면 바로 취하지 못하니 굽고 먼 길을 거쳐야 한다. 여기에 어렵고 험한 환난이 있으나 적이 의심하지 않아 도리어 이롭다고 믿으니, 이것이 굽은 길을 곧은체 하고 환난을 이로운 체하는 것이다."라고 하였다.

것이다.[4]③

孫子曰 凡用兵之法, 將受命於君, 合軍聚衆, 交和而舍, 莫難於軍爭. 軍爭之難者, 以迂爲直, 以患爲利. 故迂其途, 而誘之以利, 後人發, 先人至, 此知迂直之計者也.

【주해】

군영의 문(軍門)을 화합의 문(和門)이라고 칭한다. 장수가 임금에게 명령을 받고 군사를 규합하고 대중을 모아 보루를 마주대하고 진을 치고, 처음 명령을 받을 때부터 적과 아군의 문이 마주하기까지 오직 군대 전쟁(軍爭)의 한 절목이 가장 어려운 일이다.①

굽은 길을 거짓으로 곧은 체하고, 환난의 해로운 일을 거짓으로 이로운 체하는 것이다. 또 예를 들면, 정벌하는 나라와 경유하는 길이 평탄한 곳은 헤매는 듯하고 곧은 곳은 험한 듯

4 조본학은 "직선 길에 작은 이익을 거짓으로 두고 적군을 유인하여 적이 생각하지 못한 곳으로 급히 나가면 적보다 늦게 출발해도 도리어 먼저 도착한다. 이는 굽은 것을 곧은 체하는 계책을 아는 것이다"라고 하였다.

이 한다. 장차 이득을 다투려고 한다면 반드시 기병(奇兵)을 나누어 험한 길을 통과하게 해야 한다. 처음에는 비록 환난이 있을지라도 마지막에는 이득을 얻을 것이다.②

그 길을 멀리 돌아가서 적으로 하여금 어두워 전쟁할 줄 모르게 하고, 작은 이익으로 유인하여 적으로 하여금 탐하되 다투지 못하게 한 뒤에 두 배의 길을 걸어서 몰래 출발하면 다투는 요해(要害)를 얻을 것이다. 예를 들면, 조사(趙奢)가 알여(閼與)를 구하는데 도성에서 30리 떨어진 곳에 군사를 배치하여 28일 간 주둔하여 출발하지 않고 작은 성을 더 만드니, 이는 길을 멀리 돌아가서 이익으로 유인한 것이다. 갑옷을 벗어 두고서 달려가게 되자 하루 사이에 알려에 가서 북산(北山)을 차지하니 이는 늦게 떠났으나 먼저 도착한 것이다.[5]③

5 이 구절은 두목의 주석내용을 근거한 것이다. 두목은 "적이 이미 나태해졌을 때 다시 이익으로 유인하여 집중하지 않은 뒤에 출동하여 적보다 먼저 도착하면 다투려는 요해를 얻을 것이다"라고 하였다.

2. 근거리에서 군수품을 확보하라

그러므로 군사가 전쟁하는 것은 이로운 일이 되고, 대중이 전쟁하는 것은 위험한 일이 된다.[6]① 전군을 출동시켜서 이익을 다투면 일을 그르치게 되고, 대군을 버리고 이익을 다투면 군수품을 버리게 될 것이다.②

때문에 갑옷을 벗어 두고서 전진하여[7] 밤낮으로 쉬지 않고,[8] 이틀 길을 하루에 가서 백리의 먼 길에서 이익을 다투면 삼군의 장수가 사로잡힐 것이다.[9] 강건한 자는 먼저 오고 지친 자

---

6 중쟁(衆爭)은 무경본과 조주본을 따른 것이고, 한간본과 십일가주본에는 "軍爭"으로 되어 있다. 조본학은 "대오를 편성한 군대가 전쟁하면 패하지 않기 때문에 이롭고, 대오를 편성하지 않은 대중이 전쟁하면 패하기 때문에 위태로운 것이다"라고 하였다.

7 권갑(卷甲)은 군사가 급히 진군하기 위해 갑옷을 벗어 둔다는 뜻이다. 권(卷)은 거둘 수(收)와 감출 장(藏)의 의미임.

8 처(處)는 지(止)의 뜻이니,(《한서》 안사고 주) "日夜不處"는 "밤낮으로 쉬지 않는다"는 뜻이다.(오구룡) 여기의 주해에는 "日夜不息"으로 되어 있다.

9 무장을 해제한 상태에서 백리길을 급히 달려가면 삼군의 장수가 붙잡힐 위험이 있다. "三將軍"은 상군·중군·하군 삼군의 장수인데(주해), 관붕의 해석과 같다.

는 뒤에 오니 그 병법은 10분의 1만 도착한 것이다.[10]③ 50리에서 이익을 다투면 상장군(선봉장)을 꺾을 수 있으니,[11] 그 병법은 군사의 반이 도착한 것이다.[12]④ 30리에서 이익을 다투면 군사의 3분의 2가 도착한다.[13]⑤ 이런 까닭에 군대에 군수품이 없으면 망하고, 양식이 없으면 망하고, 미리 대비하는 저축이[14] 없으면 망한다.⑥

故軍爭爲利, 衆爭爲危. 擧軍而爭利, 則不及, 委軍而爭利, 則輜重捐. 是故卷甲而趨, 日夜不處, 倍道兼行, 百里而爭利, 則擒三將軍. 勁者先, 疲者後, 其法十一而至.

《청화록(菁華錄)》에는 "三軍將"으로 되어 있으니 삼군의 장수, 즉 전군의 의미이다.(두우, 매요신, 조본학, 관붕)

10 조본학은 "길이 멀고 갈 길이 급하기 때문에 강경한 병사는 반드시 앞에 있고 지친 병사는 반드시 뒤에 있게 된다. 도착한 자는 십분지일이므로, 군사를 모두 잃은 것이다."라고 하였다.

11 넘어질 궐(蹶)은 주해에 "꺾일 좌(挫)"로 되어 있다.(조조, 두우) 앞에 나아간 장수가 적에게 패배를 당한 것이니, 결국 죽음을 뜻한다. "궐(蹶)"은 '넘어져 죽을 폐(斃)'자와 같다.(사마정, 《사기색은》)

12 조본학은 "선봉장이 먼저 도착하고 대군이 단행하지 못한 상황에서 갑자기 적과 교전하면 권태함이 심하여 패하게 된다"고 하였다.

13 조조는 "길이 가까우면 도착한 병사가 많기에 죽거나 패한 자가 없다"고 하였다. 조본학은 "여기서 이해(利害)를 말하지 않은 것은 승부를 알 수 없기 때문이다"라고 하였다.

14 위적(委積)은 본래 꼴풀(芻草)과 장작으로 군비 물자이다.(관붕). 여기의 주해에는 "미리 대비하는 저축"으로 되어 있다.

五十里而爭利, 則蹶上將軍, 其法半至. 三十里而爭利, 則三分之二至. 是故軍無輜重則亡, 無糧食則亡, 無委積則亡.

【주해】

군대가 전쟁하는 것은 오직 이익 때문이니 만약 대중을 동원하여 전쟁하면 도리어 이익을 잃고 위험한 일이 됨을 말한 것이다. 아래는 모두 대중이 전쟁하는 것이 위태로운 일임을 말한 것이다.①

전군(全軍)을 출동시켜 적과 이익을 다투면 더디게 되어 일을 그르치게 되고, 대군(大軍)을 버리고 적과 이익을 다투면 날랜 병사(輕兵)가 홀로 진격하고 군수품을 보전하기 어려워서 반드시 버리게 될 것이다.[15]②

전쟁을 이롭게 여기기 때문에 자리를 거두고서 앞으로 나아

15 조본학은 "전군(全軍)을 동원하면 형세가 더디니 미치지 못하고, 대군(大軍)을 버리고 오직 날랜 병사(輕兵)만을 쓰면 식량과 무기는 형세상 뒤에 쳐져서 장수를 따르지 못하여 버리게 된다"고 하였다.

가 밤낮으로 쉬지 않고 이틀 길을 하루에 달려 백리의 먼 길을 가서 적과 이익을 다투면 날랜 병사가 앞에 있고 군수품이 뒤에 있어 머리와 끝이 제때 미치지 못한다. 비록 상·중·하 삼군의 장수라도 모두 사로잡히게 되고 강건한 병사가 앞에 있고 지친 병사가 뒤에 있게 된다. 병법으로 논하면 10명 중에서 마땅히 1명이 도착한 것이다.③

상장군은 전봉(前鋒)의 장군(將軍)이다.[16] 10명으로 조직을 삼으면 5명이 도착한다. 도로가 가깝고 지극히 피곤함에 이르지 않기 때문에 오직 먼저 도착한 장수를 꺾을 수 있는 것이다.④

길이 가깝기 때문에 도착하는 자가 많고 또한 꺾여서 다치는 이도 없을 것이다. 여기서 법을 말하지 않은 것은 아마 위의 글에 따른 것이다.⑤

치중(輜重)은 수행하는 옷과 갑옷, 기계이고, 양식은 수행하는 양식이며, 위적(자)(委積)은 미리 대비하는 저축이다. 이 세 가지가 없으면 모두 망하는 것이다.⑥

---

16 전봉(前鋒)의 장군은 선봉장이다. 조본학은 "상장(上將)의 장수는 전방에 있는 선봉(先鋒)이다"라고 하였다.

3. 정보 수집이 작전의 열쇠이다

그러므로 제후의 계책을 모르는 자는 이웃 나라들과 미리 사귀지 못하고,[17]① 산림과 험한 지대, 습지의 지형을 모르는 자는 군사를 동원하지 못하며,② 길잡이[18]를 쓰지 않는 자는 지형의 이점을 얻지 못할 것이다.③

故不知諸侯之謀者， 不能豫交. 不知山林 險阻 沮澤之形者， 不能行軍. 不用鄕導者， 不能得地利.

---

17 조본학은 "양국이 군사를 동원하면 이웃의 제후에게 반드시 계책이 있을 것인데, 그것을 알면 누가 미리 사귈 것인지를 알 수 있다"고 하였다.

18 향도(鄕道)는 향도(向導)와 같다. 앞 길을 인도해주는 길잡이다. 조본학은 "鄕導란 이끌어 지도하여 향하여 나아가는 사람이다."라고 하였고, 진계천(陳啓天)은 "적경에 행군하면 지도가 있어도 토착민을 인도자로 삼지 않으면 길을 잃게 되어 위험에 빠진다"고 하였다.

【주해】

이웃 나라들과 미리 약속하여 호응하고 지원하는 것을 대비하는 것이다.①

높은 것이 산이 되고 나무떨기가 숲이 되고, 깊은 구덩이가 험한 것(險)이 되고, 한번 높고 한번 낮은 것이 험한 것(阻)이 되고, 질편한 진흙땅이 막는 것(沮)이 되고, 여러 물이 고여 흐르지 않는 것이 연못(澤)이 된다. 장수가 이를 헤아리지 못하면 군사를 동원하여 이득을 다투지 못할 것이다.②

자기 고장의 인도하는 사람을 쓰지 않으면 지형의 이점을 익숙하게 알 수 없다.[19]③

19 조본학은 "혹자는 '고을 사람을 사용한다.'하니, 길의 험함과 굽고 곧음, 원근은 鄕導가 아니면 알 수가 없다"고 하였다.

4. 분산과 집중으로 다양한 변화에 적응한다

그러므로 전쟁[20]에는 기만으로 위주하고 이익으로 행동하여 분산과 집중으로 변화하는 것이다.[21]① 때문에 군대의 동작은 그 신속함이 바람과 같고(신속), 그 느긋함이 숲과 같고(정제),[22] 그 침략함이 불과 같고(맹렬), 동요하지 않음이 산과 같고(진중), 예측하기 어려움이 그늘과 같고(은폐), 움직임은 천둥과 우레가 치는 것과 같다(분격). 고을을 약탈하는데 군사들을 분산하고(각자 출동), 땅을 개척하여 유리한 곳을 나누고(각자 수비), 저울

---

20 여기의 병(兵)은 전쟁의 뜻이다. 조본학은 "전쟁으로 兵을 말했다"고 하였다. 즉, "전쟁이란 속임수다(兵者 詭道)"라는 내용의 병(兵)과 같은 것이다.(관붕)

21 분합위변(分合爲變)은 작전할 때 군대가 집중하고 분산하는 변화이다.(변우건, 오구룡) 조본학은 "병가에서 세운 계책과 언사는 기만을 주로 하고, 모든 거동에는 편리함을 주로 한다. 변화는 분산과 집중에서 생기니, 분산과 집중이 어지럽지 않으면 기병과 정병이 구비된다"고 하였다.

22 조본학은 "숲과 같다는 것은 항오의 대열이 죽 늘어서 있어도 혼란스럽지 않은 것이다"라고 하였다.

에 추를 달듯이 출동한다(변화).[23] 굽은 것을 곧은 체하는 계책을 먼저 아는 자가 승리하니, 이것이 군사가 전쟁하는 방법이다.②

故兵以詐立, 以利動, 以分合爲變者也. 故其疾如風[迅速], 其徐如林[舒整], 侵掠如火[猛烈], 不動如山[持重], 難知如陰[潛藏], 動如雷震[奮擊]. 掠鄕分衆[各往], 廓地分利[各守], 懸權而動[變化]. 先知迂直之計者勝, 此軍爭之法也.

【주해】

전쟁은 기만술이니, 속임수로 근본을 세우고 이익으로 작용을 행하여서 분산과 집중으로 변화하는 것이다. 그 전술은 마땅히 나눠야 할 것을 나누지 않으면 군대를 옭아매는 것이 되고, 모을 수 있는 것을 모으지 않으면 외로운 나그네가 된다.[24]

---

23 조조는 "적을 헤아린 뒤에 움직인다"고 하였다. 이해와 득실을 저울질 한 뒤에 행동할 것을 결정하는 것이다.(오구룡)

24 "나눠야 함과 …… 나그네가 되는 것이다"의 구절은 태공의 글에서 인용한 것이다.

예를 들면, 부견(符堅)이 백만 군사로 비수(淝水)에서 패한 것은 [25] 변화를 모르는 것이다.①

반드시 이 굽은 것을 곧은 체하고 해로운 것을 이로운 체하는 계책을 먼저 알아야 능히 때에 따라 알맞게 제어하여 승리를 취할 수 있다. 이것이 모두 양측 군사가 서로 싸우는 술법이다.②

---

25 전진(前秦)의 임금 부견(符堅)이 진(晉)나라 양주(梁州) 자사 주서(朱序)가 수비하는 양양(襄陽)의 성(城)을 공격하여 주서를 체포하였다. 그 후 비수(淝水) 전투에서 주서가 진영 뒤에서 "부견이 패했다."고 소리치자 전진의 군사들이 동요되어 무너졌다.《진서》〈주서열전(朱序列傳)〉

5. 통일된 신호체계로 병력을 집중한다

군정[26]에 이르기를, "말을 해도 서로 듣지 못하기 때문에 징과 북의 소리를 내고, 보아도 서로 보지 못하기 때문에 깃발을 세운다."고 하였다. 대체로 징과 북과 깃발이란, 사람의 귀와 눈을 하나로 가지런하게 한다. 사람들이 이미 일치하게 되면[27] 용감한 자라도 혼자 나아가지 못하고 겁이 많은 자라도 홀로 물러가지 못하니, 이것이 많은 군사를 부리는 방법이다.[28]①

그러므로 밤에 전쟁할 때는 불과 북을 많이 쓰고, 낮에 전쟁할 때는 깃발을 많이 쓰니, 이는 사람의 귀와 눈을 어지럽히기

---

26 군정은 옛 병서를 말한다. 매요신은 "군사에 관한 옛 책", 왕석은 "옛 병서"라고 하였다.

27 인기전일(人旣專一)은 사람들의 이목이 일치한다는 뜻이다. 주해에 따라 "人"을 "사람들의 이목"으로 보았고, "專一"은 "一致"의 의미로 해석했다.(오구룡)

28 용중지법(用衆之法)은 많은 군사를 지휘하여 작전하는 방법이다.(오구룡, 관붕) 용(用)은 부릴 사(使)의 뜻이다. 조본학은 "절제된 군사가 중앙을 공격하면 병사가 백만이라도 한 사람을 부리는 것과 같다"고 하였다.

때문이다.[29]②

軍政曰 言不相聞, 故爲之金鼓, 視不相見, 故爲之旌旗. 夫金鼓旌旗者, 所以一人之耳目也. 人旣專一, 則勇者不得獨進, 怯者不得獨退, 此用衆之法也. 故夜戰多火鼓, 晝戰多旌旗, 所以變人之耳目也.

【주해】

군사들이 많고 땅이 넓으면 말을 해도 서로 듣지 못하기 때문에 징과 북의 소리를 내어 삼군으로 하여금 이를 듣고 나아가고 그치게 한다. 보아도 서로 볼 수 없기 때문에 깃발의 형상을 만들어 삼군(三軍)으로 하여금 이를 보고서 열거나 집중하게 한다. 이 네 가지는 여러 사람의 귀와 눈을 하나로 가지런하게 한다. 귀와 눈이 일치하면 날랜 병사가 혼자서 전진하지 못하고 나약한 병사가 혼자서 뒤처지지 않으니, 바로 많은

29 주해에 "변(變)은 변란(變亂)으로 되어 있다(장예). 조본학은 "變은 어지럽힌다는 말이다. 의혹스런 곳을 많이 설치하여 적의 이목을 어지럽히면 적이 복병이 있는 곳을 헤아리지 못하고 우리를 대비할 수 없다"고 하였다.

군사를 부려서 전쟁하는 방법이 이와 같은 것이다.①

적군과 더불어 밤에 전쟁할 때는 반드시 불과 연기와 북을[30] 많이 사용하고, 대낮에 전쟁할 때는 깃발을 많이 펼친다. 이는 바로 적군의 귀와 눈을 변란시켜서 아군의 허실을 예측하지 못하게 하는 것이다.②

30 비고(鼙鼓)는 전쟁 중에 기마병이 말 위에서 치는 작은 북을 말한다.

6. 적의 변화에 따른 네 가지 대응방법

그러므로 삼군은 기운을 뺏길 수 있고, 장군은 마음을 뺏길 수 있다.[31] ① 때문에 아침의 기운은 예리하고 낮의 기운은 게을러지고 저녁의 기운은 쇠하는 것이다.[32] 용병을 잘하는 자는 적의 예리한 기운을 피하고 적이 게을러져서 쇠할 때 공격한다. 이는 기운을 다스리는 것이다.[33] ② 아군의 다스림으로 적군의 혼란을 기다리고 아군의 조용함으로 적군의 시끄러움을 기다

---

31 여기의 기운은 "날랜 용기", "군대의 용기" 등이다. 조본학은 "삼군은 氣를 주로 하기에 銳氣와 怒氣를 지녀도 이를 뺏기면 성을 고수하고 싸우지 않게 된다. 주장은 心을 주로 하기에 마음이 안정되면 사려가 집중되어 이해에 밝지만, 간혹 발노, 교만, 조급, 의혹이 생기고 신명이 허하지 않으나 기략이 얕게 된다"고 하였다.

32 아침은 처음을, 낮은 중간을, 저녁은 끝을 비유한 것이다(장예). 새벽 기운이 처음 동하여 피로함이 없기 때문에 예리한 것이고, 한낮에 번민이 심하고 경계하는 마음이 이미 지났기 때문에 나태한 것이다.(조본학) 귀(歸)는 그치다(息)의 뜻이니《광아》, 정우현(鄭友賢)은 "멸식"으로, 조본학은 "쇠하다"로 보았다.

33 조본학은 "용병을 잘하는 자는 적군의 기운이 예리하면 움직이지 않고 유인하여 피로하게 만든다. 적이 쇠하고 아군이 분발하는 초기에 교전하면 우리의 기운은 항상 예리하여 다하지 않으니 이를 선치(善治)라 한다."고 하였다.

린다. 이는 마음을 다스리는 것이다.[34]③ 근교에 머문 아군으로 멀리서 온 적군을 기다리고, 편안히 쉬는 아군으로 피로한 적군을 기다리고, 배부른 아군으로 굶주린 적군을 기다린다. 이는 힘을 다스리는 것이다.[35]④ 적의 가지런한 깃발을 맞아 치지 말고,[36] 적의 정대한 진영을[37] 치지 말아야 한다. 이는 변화를 다스리는 것이다.[38]⑤

故三軍可奪氣, 將軍可奪心. 是故, 朝氣銳, 晝氣惰, 暮氣歸. 善用兵者, 避其銳氣, 擊其惰歸, 此治氣者也. 以治待亂, 以靜待譁, 此治心者也. 以近待遠, 以佚待勞, 以飽待饑, 此治力者也. 無邀正正之旗, 勿擊堂堂之陣, 此治變

34 조본학은 "행렬을 정제하고 호령을 엄숙히 함이 조용히 다스리는 것이다. 그러면 마음이 청한하여 기미를 볼 수 있고 변란에 대응할 수 있다. 항오를 다스리고 호령을 엄하게 하여 적의 소요를 기다려 치는 것이 治心이다"하였다.

35 이는 군사들의 체력과 전투력의 관계를 잘 이용하여 전쟁하는 방법이다. 장예는 "자기를 다스리는 힘으로 적의 힘을 지치게 한 것이다" 하였다. 조본학은 "이와 같이 하면 우리의 병력은 항상 강하여 무너지지 않는다"고 하였다.

36 정정(正正)은 깃발이 가지런한 모양(齊也, 조조, 두목, 조본학), 군대의 신호체계가 가지런한 모양이다.(장예) 여기서는 대열이 잘 정제된 적의 부대를 공격하지 말라는 뜻이다.

37 당당(堂堂)은 정대(正大)한 모양이다.(주해) 두우는 "성대함", 조본학은 "광대함"으로 보았다. 이는 절제된 군사가 강하면서 실(實)한 모양이다.(조본학)

38 치변(治變)은 허(虛)를 살펴 변화하여 대응하는 것이다. 조본학은 "적을 피하고서 교전하지 않는 것이 권변의 도이기 때문에 변화를 다스린다고 한 것이다"라고 하였다. 오구룡은 "기동 응변"으로 보았다.

者也.

【주해】

삼군이 전투를 주관하고 장수가 모의를 주관하여도 기운이 빼기면 전투에 겁을 먹고 마음이 빼기면 계책이 혼란해진다. 예를 들면, 구순(寇恂)이 병사들에게 크게 소리쳐서 유공(劉公, 광무제)의 군사가 왔다고 거짓말을 하게 하여 소무(蘇茂)의 군사가 이를 듣고 진영이 동요하니[39] 이것이 기운을 빼앗긴 것이다. 설인귀(薛仁貴)가 투구를 벗고 돌궐(突厥)에게 얼굴을 드러내자, 돌궐이 서로 마주보며 낯빛을 잃고 말에서 내려 늘어서서 절을 하니[40] 이것이 마음을 빼긴 것이다.①

아침에 예리하고 낮에 나태하고 저녁에 돌아가기를 생각하는 것은 일상적인 적의 기운이다. 전쟁을 잘하는 자는 마땅히

---

39 후한의 장수 주유(朱鮪)가 소무(蘇茂)를 시켜 북방 온읍(溫邑)을 칠 때 온읍의 구순(寇恂)이 부하들에게 성에 올라가 거짓으로 "광무제의 군사가 왔다"고 하자, 소무가 동요하여 구순이 승리했다.《후한서》〈구순열전〉

40 돌궐이 병주(幷州)를 칠 때 장수가 누구냐고 묻자, 당나라 장수 설인귀(薛仁貴)가 투구를 벗고 얼굴을 보이니, 돌궐이 돌아보며 낯빛을 잃고 말에서 내려 둘러서서 절을 하고는 떠나갔다.《통감절요》〈당기〉

견고하게 수비하여 적의 예리한 것을 피하고 쇠하여 게을러지는 것을 기다렸다가 공격하니, 이를 일러 자신을 다스리는 기운으로 남의 기운을 빼앗는다고 한다. 우리 군사의 조직 편제(分數)를 분명하고 정연하게 다스리어 적이 산란할 때를 기다렸다가 공격하고, 우리 군사의 귀와 눈을 일제히 고요히 하여 적이 소란할 때를 기다렸다가 공격하니, 이는 자신을 다스리는 마음으로 남의 마음을 빼앗는 것이다. 예를 들면, 당(唐)나라 태종이 두건덕(竇建德)을 사수(氾水)에서 공격할 때 건덕이 진영을 늘어세워 묘시(卯時)부터 오시(午時)까지 있으니 병사들이 모두 굶주리고 지쳐서 줄지어 앉아 물을 다투어 마셨다. 태종이 "좋은 때다"라고 말하고 마침내 건덕을 사로잡았다. 이것이 기를 다스리는 전술이다.②

또 예를 들면, 사현(謝玄)은 부견(苻堅)이 철수하기를 기다렸다가 혼란한 틈을 타서 공격하니 이는 잘 다스림으로 혼란함을 기다린 것이다. 장요(張遼)가 조용히 중군에 앉아서 반란한 자를 주벌하니[41] 이는 조용함으로 시끄럽기를 기다린 것이

41 조조(曹操)의 부하 장료(張遼)가 장사(長社)에 머물 때 밤중에 군사들이 소란하자, 장료는 모든 군사의 반란이 아님을 들어 자중하라고 명하고는 친위병 수십

다.③

예를 들면, 진(晉)나라의 주방(周訪)이 두증(杜曾)을 토벌할 때 꿩을 쏘아서 잡고 술잔을 돌리고 북소리를 듣고서 달려가니 증이 크게 무너졌다. 이는 편안한 군사로 피로한 적을 기다리는 것이다. 주아부(周亞夫)는 7개국을 평정할 때 식량 보급로를 끊고 적이 굶주리고 피로하기를 기다린 뒤 군사를 보내어 공격하였다. 이는 배부른 군사로 굶주린 적을 기다린 것이다.④

적군의 군용이 정숙하고 행진이 정대한 것은 바로 통제가 잘 되어 있는 군사이니 침범하지 말아야 한다. 변화를 다스린다는 것은 반드시 빈틈을 엿보고 허(虛)를 살펴서 변화함으로써 대응하는 것이다.⑤

명으로 진정한 뒤 주동자를 처형했다.《삼국지》〈장요전〉

7. 용병의 여덟 가지 금지법

그러므로 용병의 방법은 높은 언덕을 향하여 공격하지 말고, 언덕을 등지고 적을 맞아 공격하지 말고, 거짓으로 달아나는 적을 쫓지 말고, 정예한 적군을 공격하지 말고, 적의 미끼를 먹지 말고, 귀환하는 군사는 막아서지 말고, 포위된 적군은 반드시 한 면을 터주고,[42] 궁지에 몰린 적은 다그치지 말아야 한다.[43] 이것이 용병의 방법이다.①

故用兵之法, 高陵勿向, 背丘勿逆, 佯北勿從, 銳卒勿攻, 餌兵勿食, 歸師勿遏, 圍師必闕, 窮寇勿迫, 此用兵之法也.

---

42 《사마법》에 "삼면을 포위하면 한 면을 터서 살 길을 보여준다."고 하였다. 궐(闕)은 "한 면을 열어준다(開其一面)"는 뜻이다.(조본학)

43 조본학은 "궁한 적은 식량과 재화가 다하였으니 완만하게 하면 떠나가고 핍박하면 되돌아와서 죽인다"고 하였다.

【주해】

태원유씨(太原劉氏)(유인)가 말하였다. 이는 본래 구변편(九變篇)의 글인데 빠진 죽간이 여기에 있어서 아래 글에서 자세히 밝힌다.[44]①

44 조본학은 "이것은 죽간의 착오이다. 하래의 편에서 자세히 설명한다"고 하였다.

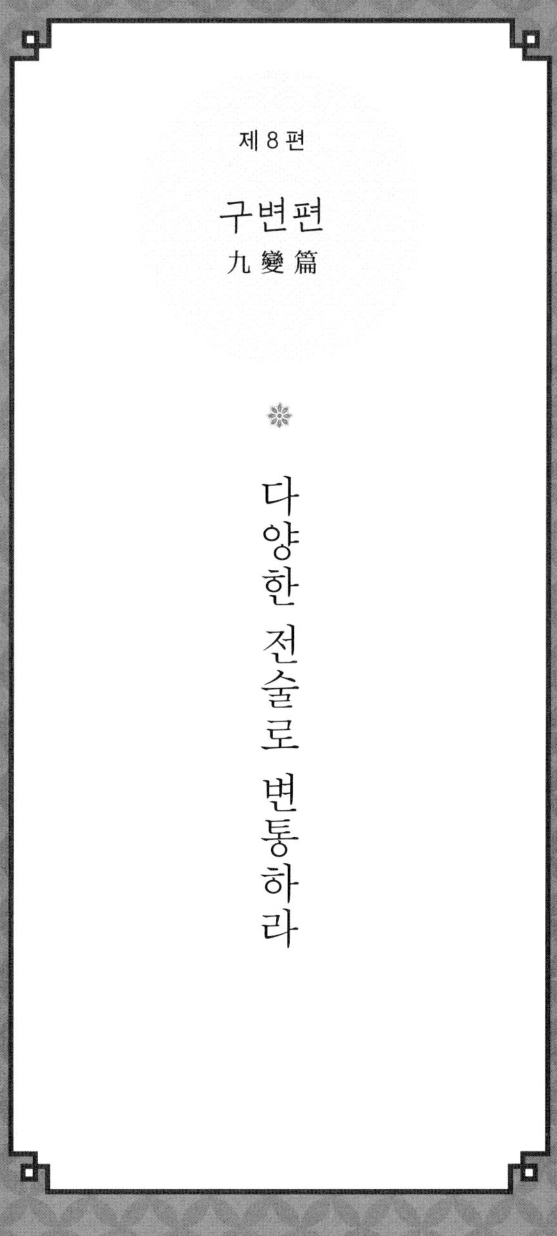

제 8 편

구변편
九變篇

다양한 전술로 변통하라

이는 군사를 동원함에 아홉 가지의 변화가 있는데 한 가지만을 고집할 수 없음을 말한 것이다.

此言行師有九者之變, 不可執一.

구변편은 군사를 동원하는 데 아홉 가지로 변화된 다양한 전술로 적군의 상황에 맞게 변통해야 함을 말하였다. 용병에는 위험 지형에 관한 다섯 가지의 변통술이 있다. 즉, 수해로 파괴된 곳(圮地)·사방으로 통하는 곳(衢地)·절명의 위험이 있는 곳(絶地)·포위되는 곳(圍地)·죽을 곳(死地)에 관한 것이다.

패전의 원인과 관련하여 변통해야 하는 아홉 가지 금지법이 있다. 즉 높은 언덕·언덕을 등진 적·거짓 달아나는 적·정예한 적·적의 미끼·귀환하는 적·포위한 적·궁지에 빠진 적·죽을 곳을 경계해야 하는 것이다. 한편 이와 관련하여 다섯 가지 이로운 일이 있으니, 즉, 길·적군·성·땅·임금의 명령에 관한 것이다. 장수는 구변의 이점에 대해 통달해야 용병을 잘하고 지형의 이점도 얻을 수 있다.

지혜로운 자는 항상 이익과 손해를 함께 생각해야 한다. 이로운 상황에 손해를 참작하면 환난을 면할 수 있고, 해로운 상황에 이익을 참작하면 의도한 일을 할 수 있다. 편안한 곳에서 위태함을 생각하고, 다스려지는 곳에서 혼란을 생각하여 미연에 방지하는 것이 최고의 전법이다. 또한 이익와 손해를 섞어서 생각하지 못하여 생기는 다섯 가지 패전의 원인도 잘 살펴야 한다.

1. 용병의 다섯 가지 변통술

손자가 말하였다.[1]

용병의 방법은 장수가 임금에게 명령을 받아 군대의 무리를 규합하고, 수해로 파괴된 곳[2]에는 주둔하지 말고, 사방으로 통하는 곳에서는 이웃 나라와 외교를 맺고,[3] 절명의 위험이 있는 곳에는 머무르지 말고,[4] 적에게 쉽게 포위되는 곳에서는 계책을 세우고, 죽을 곳에서는 결사의 전투를 해야 한다.[5]①

孫子曰 用兵之法, 將受命於君, 合軍聚衆, 圮地無舍, 衢

---

1 유인(劉寅)은 "구변(九變) 중에서 다섯 가지의 일을 설명한 것은 그 대략을 열거한 것이다"라고 하였다.《손무자직해》

2 비지(圮地)의 주해에 "수해로 파괴된 곳(水毁)"으로 되어 있는데, 이는 조조의 주를 따른 것이다.

3 구지(衢地)는 사방으로 통하는 곳으로, 여기서 제후들과 외교를 맺어야 한다고 하였다.(이전) 주해와 같음.

4 절지(絶地)는 우물과 가축, 채벌이 어려운 곳인데(이전), 사절(死絶)하여 살 가망이 없는 곳이다.(조본학)

5 주해의 "결사 전투(殊戰)"는 장예가 "달려가도 갈 곳이 없으면 마땅히 결사적인 싸움을 해야 한다"고 한 내용에서 나온다.

地合交, 絶地無留, 圍地則謀, 死地則戰.

【주해】

수해로 파괴된 비지(圮地)에 머물러서는 안되고, 사방으로 통하는 구지(衢地)에서는 마땅히 제후들과 맹약의 모임을 갖고, 절지(絶地)에서는 오래 머물지 말 것이고, 위지(圍地)에서는 마땅히 계책을 세우고, 사지(死地)에서는 결사적인 전투가 이롭다. 장분(張賁)의 주석에, "위의 '높은 언덕(高陵)' 등의 8구절은 이 책의 '절지무류(絶地無留)' 한 구절과 공통으로 모두 구변(九變)이다"라고 하였는데, 매우 일리가 있으니 읽는 자는 자세히 살펴야 한다.[6] 이제 장분본(張賁本)의 교정한 서문(序文) 뒤의 글을 따랐다.①

---

6 조본학도 이와 같은 견해이니, "고등(高登) 이하 8글귀와 절지무류(絶地無留) 1글귀를 합하여 구변을 삼아 비로소 전문이 되었다"라고 하였다.

2. 용병의 아홉 가지 금지법

모든 용병의 방법은 장수가 임금에게 명령을 받아 군사의 무리를 규합하는데 높은 언덕을 향하여 공격하지 말고, 언덕을 등진 적을 맞아 공격하지 말며,① 거짓으로 달아나는 적을 쫓지 말고,② 정예한 적군을 공격하지 말며,③ 적의 미끼를 먹지 말고,[7]④ 귀환하는 군사를 막아서지 말며,[8]⑤ 포위된 적군은 반드시 한 면을 터주고,[9]⑥ 궁지에 빠진 적은 다그치지 말며,⑦ 절명의 위험이 있는 곳에는 머무르지 말아야 한다. 이것이 용병의 방법이다.⑧

---

7 조본학은 "까닭 없이 평탄한 곳에서 도전하는 자가 혹은 노약자로 맞고 혹은 약한 활과 쇠뇌로 소홀하게 하는 행위 등 모두 미끼질을 하는 군사가 우리를 낚는 것이다."라고 하였다.

8 조본학은 "귀환하는 군사는 전투 의지가 없으니 마땅히 그 뒤를 협공하고 험한 곳을 제압해야 한다. 만약 이를 막아 못가게 하면 반드시 결사 전투를 할 것이다."라고 하였다.

9 조본학은 "한 면을 터주면 적의 마음을 동요시켜 물을 터준 듯이 스스로 무너지게 하여 격파할 수 있다."고 하였다.

凡用兵之法，將受命於君，合軍聚衆，高陵勿向，背丘勿逆，佯北勿從，銳卒勿攻，餌兵勿食，歸師勿遏，圍師必闕，窮寇勿迫，絶地無留，此用兵之法也

【주해】

합(合)과 취(聚)의 해석은 앞과 같다. 적군이 높은 언덕을 방어하여 진을 쳤으면 아군은 절대 올려다보며 공격하지 말아야 한다. 화살과 돌에 달려 다니기가 모두 불편하기 때문이다. 적군이 높은 언덕을 등지고 진을 쳤으면 아군은 절대 맞이하여 공격하지 말아야 한다. 대개 형세가 순하지 않기 때문이다. 그러므로 평지로 이끌고 간 뒤에 교전하라고 말하는 것이다.[10]①

거짓으로 패한 군사를 쫓아 추격하면 복병이 있을까 염려된다.[11]②

10 조본학은 "차츰 멀리서 진을 치고 적을 유인하여 평지로 내려오게 한 뒤에 비로소 접전할 수 있다"고 하였다.

11 조본학은 "큰 진영 뒤에는 따로 기병으로 도전하기 때문에 전쟁이 심히 힘들지 않고 군사가 심히 다치지 않는데도 갑자기 후퇴하여 달아나는 것은 좌우에 반드시 복병이 있는 것이다."라고 하였다.

예를 들면, 당(唐)나라 태종이 설인고(薛仁杲)를 칠 때 인고는 병력이 매우 정예하여 싸움을 걸려고 자주 왔다. 그러나 태종은 보루를 닫게 하고 적군의 기세가 쇠퇴하기를 기다린 후에 적과 한 번 싸워 쳐부수었다.[12]③

예를 들면, 후위(後魏)의 문제(文帝)가 아우 제음왕(濟陰王)에게 조칙하여 고막해(庫莫奚)를 칠 때 제음왕이 독주(毒酒)를 많이 빚어 두고서 진영을 버리고 갔다. 적군이 와서 마시기를 다투더니 군사들이 중독되어 싸울 수 없었다. 이에 제음왕이 마구 공격하여 포로로 잡은 군사가 만 명이었다. 또 예를 들면, 조공(曹公, 조조)이 축산물로 마초(馬超)에게 미끼를 주고, 군수품으로 원소(袁紹)에게 미끼로 준 부류가[13] 모두 이것이다.④

예를 들면, 조공(曹公)이 장수(張繡)를 정벌할 때 유표(劉表)가 군사를 보내어 장수를 구원하니, 조조가 군사를 이끌고 돌아

---

12 당나라 태종이 설인고(薛仁杲)와 정벌할 때 인고가 자주 도전했으나 태종은 군대를 안정시키고 출동하지 않았다. 얼마 뒤 인고의 부대가 식량이 끊기고 반군이 나오자, 태종이 출전을 명하고 교전하여 불리해질 때 적의 후방을 쳐서 패하게 하니 설인고가 항복하였다.《신당서》〈태종본기〉

13 조조가 동관(潼關)에서 마초(馬超)와 싸울 때 정배(丁裴)가 푼 소와 말을 마초군이 취하자 조조는 황하를 건넜고, 원소와 싸울 때 조조가 미끼로 보낸 군수품을 원소와 유비가 취하자 조조가 원소군을 무찔렀다.《삼국지》〈무제기〉

가는데 유표와 장수가 병력을 합하여 험한 곳을 방패로 삼고 돌아가는 길을 막았다. 이에 조공이 밤에 요새에 땅을 파서 땅 속의 통로를 만들고 기병(奇兵)을 두어 협공하여 크게 무찔렀다.[14] 조공이 순문약(荀文若)에게 말하기를 "적군이 나의 귀환하는 군사들을 막으니 이것으로 승리할 것을 알았다"고 하였다.⑤

삼면을 포위하되 적에게 한 면을 터주고 살 길을 보여주어 결사적인 전투를 못하게 한다. 예를 들면, 이광필(李光弼)이 사사명(史思明)을 포위했을 때 동남쪽 모퉁이를 터서 놓아주게 하여 적들이 과연 갑옷을 버리고 달아나자, 마침내 이를 격파하였다.[15]⑥

예를 들면, 조충국(趙充國)이 선령(先零)을 만났을 때 군수품을 버리고 황수(湟水)를 건너고자 하였다. 충국이 말하기를, "궁지에 빠진 도적을 다그쳐서는 안 된다. 천천히 하면 뒤를 돌아보

---

14 조조가 양읍에서 장수(張繡)를 공격할 때 유표가 조조군의 퇴로를 차단하자, 조조는 밤에 땅굴로 군사를 이동시키고 기병으로 협공하여 장수와 유표의 군사를 크게 격파하였다.《삼국지》〈무제기〉

15 당나라 때 이광필이 토문에서 사사명과 전쟁할 때 적군을 사면 포위했는데, 이광필이 동남쪽 모퉁이를 터서 놓아주게 하여 적들이 갑옷을 버리고 달아나자, 이를 추격하여 섬멸했다.(두목)

지 않고 도주할 것이요, 급히 하면 돌아와서 죽음을 무릅쓸 것이다."라고 하였다. 오랑캐들이 과연 물에 투신하여 빠져 죽은 자가 수만 명이었는데, 이를 크게 격파하였다.[16]⑦

무릇 절명의 위험이 있는 곳을 만나면 머물지 말 것이니, 적군이 요새를 막고 혹은 복병을 두어 우리의 대비하지 못한 곳을 엄습할 것이 염려 된다. 이 이상의 아홉 가지가 용병하는 변법이다.⑧

---

16 전한의 장수 조충국(趙充國)이 오랑캐 선령(先零)을 칠 때 오랑캐들이 오랜 유랑으로 해이하여 군수품을 버리고 황수를 건너려는데 길이 좁고 험했다. 서행하는 충국에게 어떤 이가 빨리 좇자고 하자, 충국이 "궁한 도적을 압박하지 말라"고 하였다. 그후 강물에 투신한 오랑캐들을 대파하였다.《한서》〈조충국신경기전〉

3. 아홉 가지 전술의 이점을 활용하라

길에는 가서는 안 되는 곳이 있고,① 적군은 공격해서는 안 되는 것이 있으며,② 성에는 공격해서는 안 되는 것이 있고,③ 땅에는 다투어서는 안 되는 곳이 있으며,④ 임금의 명령은 받아들이지 않을 때가 있다.[17]⑤

그러므로 장수로서 구변(九變)[18]의 이점에 통달한 사람은 용병을 아는 것이다. 장수가 구변의 이점에 통달하지 못하면 비록 지형을 알아도 지형의 이점을 얻지 못할 것이다. 군사를 다스리는데 구변의 전술을 모르면 비록 다섯 가지의 이점[19]을 알

---

17 이상의 다섯 가지는 장수가 구변의 도와 진퇴(進退)의 옳지 않은 점을 알아야 함을 말한 것이다.(조본학)

18 구변은 위에 언급한 '높은 언덕을 향하여 공격하지 말고(高陵勿向)' 이하, '절명의 위험이 있는 곳에는 머무르지 말라(絶地無留)'까지 아홉 가지의 전술을 말한다.

19 다섯 가지 이점이 되는 전술이다. 즉, 위에서 언급한 길(途), 적군(軍), 성(城), 땅(地), 임금의 명령(君命)에 관한 다섯 가지의 일을 말한다.(가림, 오구룡)

아도 사람의 이점[20]을 얻지 못할 것이다.[21] ⑥

途有所不由,[22] 軍有所不擊, 城有所不攻, 地有所不爭, 君命有所不受. 故將通於九變之利者, 知用兵矣. 將不通於九變之利, 雖知地形, 不能得地之利矣. 治兵, 不知九變之術, 雖知五利, 不能得人之利矣.

【주해】

험준한 곳은 수레가 나란히 가지 못하고, 기병이 대열을 이루지 못하기 때문에 경유하지 않는 것이다. 어쩔 수 없이 가게 된다면, 반드시 주아부(周亞夫)가 오(吳)와 초(楚)를 정벌할 때 효산(崤山)과 민지(澠池)를 경유하지 않고 무관(武關)으로 나오고, 등애(鄧艾)가 촉(蜀)에 들어갈 때 검각(劍閣)을 경유하지 않고 음평(陰平)으로 달려간 것처럼 해야 하는 것이[23] 바로 이것

20 본문 주해의 "利"자가 《손무자직해》에는 "用"자로 되어 있다.

21 이 역시 변통의 중요성을 말한 것이다. 조본학은 "용병하는 데는 변통이 우선이기 때문에 지형의 이점은 그 다음이다"라고 하였다.

22 "途有所不由"는 《십일가주본》과 조주본, 《통전》, 조본학본과 같고 다만 "途"자가 "塗"자로 되어 있다. 《손무자직해》에는 "塗有所可由"로 되어 있다.

23 위(魏)나라의 장수 등애가 종회(鍾會)와 함께 촉한을 공격할 때 촉군을 피하여

이다.①

적군의 형세가 실(實)하면 공격해서는 안 된다. 예를 들면, 주아부(周亞夫)가 오(吳)와 초(楚)의 군사가 정예함을 알고 견고한 성벽을 항거하여 지키면서 적을 기다린 것이 바로 이것이다.②

성곽이 견고하고 식량이 풍족하면 공격해서는 안 되고, 점령해도 수비할 수 없는 곳은 공격할 필요가 없다. 예를 들면, 조공(曹公, 조조)이 화(華)와 비(費) 고을을 공격하지 않았기 때문에 병력을 완전하게 하여 서주(徐州)로 깊이 진입하여 성과 고을을 많이 얻을 수 있었다.[24]③

얻어도 지키기 어렵고 잃어도 손해가 없다면 다툴 필요가 없다. 오자서(伍子胥)가 말하기를, "이제 오(吳)나라가 제(齊)나라를 정벌하는데 그 땅을 얻는 것은 돌밭과 같은 것이다."라고 하였다. 또 도간(陶侃)이 주성(邾城)을 정벌하지 않았으니[25] 모

검각으로 가지 않고 음평(陰平)의 험한 산길을 거쳐 성도를 공격하니 유선(劉禪)이 항복하였다.《삼국지》〈등애전〉

24 조조가 태산의 화읍(華邑)과 비읍(費邑)을 버리고 병력을 완전히 하여 서주로 깊이 진입하여 14개 고을을 얻었다. 적이 요해지에 있어서 많은 식량을 비축하고 있으면 공격해도 이득이 없으므로 공격하지 않는다.(두목)

25 이는 오자서가 부차에게 간언(諫言)한 말을 인용한 것이다. 동진(東晉)의 도간

두 옳은 것이다.④

주아부(周亞夫)가 왕의 명령을 받들어 양(梁)나라를 구원하지 않은 것이 바로 이것이다.⑤

장수가 된 자로서 능히 구변(九變)의 방법을 통달하여 그 이점을 얻은 사람은 용병의 도(道)를 알게 될 것이다. 이와 반대라면, 비록 지형의 험하고 평탄하고 넓고 좁음을 알아도 기회에 따라 변통하지 못하여 지형의 이점을 얻지 못할 것이다. 만약 군사를 다스리는 자에게 이점이 있고 변통이 있어도 다만 이점만을 알고 변통할 줄 모른다면, 하나만을 고집하고 변통하지 못하여 반드시 사람의 사력(死力)을 얻을 수 없을 것이다.⑥

(陶侃)이 무창을 진압할 때 논하는 자가 주성(邾城)도 진압하자고 했으나 도간은 형세가 불리하다며 응하지 않았다.(두목)

4. 지혜로운 자는 변통에 능하다

이런 까닭에 지혜로운 자의 생각은 반드시 이익과 손해를 섞어서 해야 한다.[26]① 이로운 상황에 해로운 것을 섞어서 헤아리면 힘써야 할 이로운 일[27]을 펴서 행할 수 있고,② 해로운 상황에 이로운 것을 섞어서 헤아리면 환난을 해결할 수 있다.[28]③

때문에 제후들을 굴복시킬 때는 계책으로 해롭게 하고,④ 제후들을 부릴 때는 부강한 업[29]으로써 하며,⑤ 제후들을 급히 나

---

26 이는 상황에 맞게 대처하는 통변술(通變術)이다.(장예) 조조는 "유리함에 있을 때 해로움을 생각하고 해로움에 있을 때 유리함을 생각하면 권도를 행할 수 있다"고 하였다. 조본학은 "이로움과 해로움으로 섞인 양끝이 가슴속을 왕래하여 짐작하는 것이다"라고 하였다.

27 힘쓸 무(務)는 힘써야 할 이로운 일이다.(주해) 조본학은 "오로지 하고자 하는 일"이라고 하였다.

28 조본학은 "전쟁은 일정한 형상이 없으니 이로운 가운데 혹 재앙이 있고 해로운 가운데 혹 성공할 수 있다. 해로움을 보고 이익에 미치지 못하면 후퇴에 전일하여 일을 이루는 공이 없고, 이익을 보고 손해에 미치지 못하면 진취에 전일하여 혹 의외의 변고가 있는 것이다"라고 하였다.

29 업(業)에 대해 두목은 "병력증원, 국부(國富), 인화(人和)"로 보았다. 장예는 "부강(富强)한 업"으로 보았는데, 여기의 주해와 같다.

아오게 하는 것은 이익으로써 한다.⑥ 그러므로 용병의 방법은 적이 오지 않는다는 것을 믿어서는 안 되고 아군에게 충분한 방비가 있음을 믿어야 한다. 적이 공격하지 않는다는 것을 믿어서는 안 되고 아군에게 적이 공격하지 못할 역량이 있음을 믿어야 한다.[30]⑦

是故智者之慮，必雜於利害．雜於利而務可信也，雜於害而患可解也．是故屈諸侯者，以害，役諸侯者，以業，趨諸侯者，以利．故用兵之法，無恃其不來，恃吾有以待之．無恃其不攻，恃吾有所不可攻也．

제8편
구변편
九變篇

【주해】

지혜로운 사람이 일을 생각하는 데는 반드시 이익을 보면 손해를 생각하는 것과(見利思害), 반드시 손해를 보면 이익을 생각하는 것(見害思利), 이 두 가지가 서로 섞여야 한다.①

---

30 조본학은 "대비하고 다스림은 오직 이득과 손해를 깊이 생각하는 자가 능히 알 수 있다. … 만약 스스로 견고한 근본이 없다면 생각을 정밀하게 다할지라도 지혜에 보탬이 없을 것이다."라고 하였다.

신(信)의 음은 펼 신(伸)이다. 우리가 적의 이익을 취하고자 하면, 먼저 모름지기 적군이 우리를 해롭게 하는 일을 섞어서 헤아린 뒤에 우리가 힘써야 할 이로운 일을 펴서 행할 수 있는 것이다.[31] 예를 들면, 정(鄭)나라가 채(蔡)나라를 이기자 백성들이 모두 기뻐하였다. 그러나 자산(子產)이 두려워하여 말하기를, "작은 나라가 문인의 덕망이 없고 무인의 공로만 있으니 이보다 더 큰 재앙이 없을 것이다."라고 하였다. 그후 초(楚)나라가 과연 와서 정(鄭)나라를 공격하였는데,[32] 이것은 이로운 상황에 있으면 손해를 생각한다(在利思害)는 뜻이다.②

해로움을 알면 능히 미리 대비할 수 있기 때문에 환난을 해결할 수 있다. 예를 들면, 장방(張方)이 낙양에 있을 때 연속된 전쟁에서 모두 패배하자, 어떤 이가 장방에게 야간 도주하기를 권하였다. 이에 장방은 "군사가 예리하고 둔한 것은 보통의 일이니, 패배로 인하여 승리를 거두는 것을 귀히 여길 뿐이다" 하고는 밤에 몰래 나아가 적을 핍박하고 마침내 승첩을 하였

31 이 내용은 두목의 주해 내용을 인용한 것이다.《십일가주손자교리》

32 이 구절은 장예의 주해 내용을 인용한 것이다. 장예는 "해로운 것으로 유리한 것을 참작하면 자기의 일을 펼 수 있다."고 하였다.

다. 이것은 해로운 상황에 있으면 이익을 생각하는 것이다(在害思利).[33]③

이웃 나라의 제후들을 굴복시킬 때는 마땅히 계책으로써 해롭게 해야 하는데, 혹은 그들의 외교와 지원을 끊고, 그들의 임금과 신하 사이를 이간하며, 어질고 지혜로운 선비들로 하여금 그곳에 등용되지 못하도록 하는 것일 뿐이다.④

제후들을 부리고자 하면 마땅히 우리에게 부강(富强)한 업이 있게 해야 한다.⑤

이익으로써 유인하여 달려오게 만드는 것이다.[34]⑥

예를 들면, 군사가 정예하고 양식이 풍족한 따위가 모두 적을 대비하는 것이고, 성이 견고하고 기구가 예리한 따위가 모두 믿을 만한 것이다. 대저 편안한 곳에 있을 때 위태함을 생각하고, 다스려지는 곳에 있을 때 혼란함을 생각하여 형체가 없는 상태에서 경계하고 미연의 상태에서 예방하니 이것이야

---

33 이 구절도 장예의 주해 내용을 인용한 것이다. 장예는 "유리한 것으로 해로운 것을 참작하면 자기의 환난을 해결할 수 있다."고 하였다.

34 주해가 "以利誘之"인데, 두목의 주해와 같다. 장예는 "작은 이익으로 움직이게 하면 반드시 달린다"하였고, 조본학은 "이는 어리석은 자의 생각이 이득과 손해를 섞어서 하지 못함이 이와 같다"고 하였다.

말로 훌륭한 것이다.⑦

5. 다섯 가지 위험이 패전 요인이다

그러므로 장수에게는 다섯 가지 위험한 것이 있다.[35]

용감하게 싸워 죽기를 기필하면 죽임을 당할 수 있고, 적을 만나서 살기를 기필하면 사로잡힐 수 있으며, 분노하고 빨리하면 업신여김을 당하고, 청렴결백하면 모욕을 당하며, 인자하여 백성을 사랑하면 번거롭게 된다. 이 다섯 가지가 장수의 과오이고, 용병의 재앙이다. 군대를 패배시키고 장수를 죽이는 것은 반드시 이 다섯 가지 위험에 의하게 되니,[36] 살피지 않을 수 없는 것이다.①

故將有五危, 必死可殺. 必生可虜. 忿速可侮. 廉潔可辱. 愛民可煩. 凡此五者, 將之過也, 用兵之災也. 覆軍殺將,

35 이는 다섯 가지의 성정이 치우쳐서 이득과 손해를 섞어서 생각하지 못한 경우이다.(조본학)

36 원문 "必於五危"의 "於"자가 《십일가주손자교리》와 무경본 등에는 "以"자로 되어 있다.

必於五危，不可不察也.

【주해】

위에서는 지혜로운 장수가 변통의 훌륭함을 아는 것을 말하고, 여기는 용렬한 장수가[37] 하나만을 지키고 변통할 줄 모르는 것을 말하였다. 용감하게 전쟁을 하여 죽기를 기필하는 자는 복병을 두어서 죽일 것이고,[38] 적을 대하고서 살기를 기필하는 자는 엄습하여 사로잡을 것이며,[39] 성질이 분노하고 급한 자는 능멸하고 모욕하여 오게 할 수 있고,[40] 성질이 청렴결백한 자는 모욕해서 나오게 하며,[41] 성질이 인자하고 사람을 사

37 원문의 "게으를 용(慵)"자가 《손무자직해》에는 "보통 용(庸)"자로 되어 있어 이를 따랐다.

38 장예는 "용맹스러우나 무모하면 사투를 하려고 해도 적이 복병으로 유인하여 죽인다"고 하였고, 조본학은 "승패를 헤아리지 않고 오직 삶을 가볍게 여기고 결전하여 요행을 도모하는 것이다"라고 하였다.

39 유인의 주해를 근거한 내용이다. 조본학은 "적진을 대하여 물러나 위축되고 스스로 지나치게 방위하면 나약하고 용기가 없어 적을 만나 분발해도 패하게 된다"고 하였다.

40 유인의 주해를 근거한 내용이다. 화를 잘내는 장수는 능멸을 받으면 격노하여 적의 계략에 빠진다. 조본학은 "급하게 노하는 사람은 생각이 얕고 지식이 용렬하여 모욕하면 경솔히 교전한다"고 하였다.

41 장예의 주해를 근거한 내용이다. 청렴결백한 자는 명예를 좋아하여 그를 욕되

랑하는 자는 오직 병사들을 살상할까 염려하니 번거롭고 가혹하게 하여 어지럽게 한다.[42] 이 모두 장수의 잘못이고 용병의 필연적인 재앙이며 군대를 전복시키고 장수를 죽이는 까닭인 것이다. 임금으로서 장수를 등용하는 자는 어찌 살피지 않을 수 있겠는가.①

게 하면 충동을 느껴 경솔하게 진격한다. 조본학은 "청렴결백한 자는 고집이 세고 자신을 꾸미는 자니 모욕을 받으면 뜻이 거세진다"고 하였다.

42 유인의 《손무자직해》와 당순지(唐順之)의 《무편전집(武編前集)》권1에 나온다. 조본학은 "백성을 사랑하는 자는 동정심이 강하나 마음이 약하여 번민하게 되면 마음이 어지럽고 계획이 정교하지 못하다"고 하였다.

제 9 편

행군편
行軍篇

군대의 효율적인 운영 방법

이 편은 군대를 배치하고 적을 관찰하는 두 가지 일을 논하고 끝에는 군사를 다스리는 것을 언급하였다.

此篇, 論處軍相敵二事, 而末以治兵言之.

행군편은 군대 배치와 정찰 방법, 군사의 지휘방법을 말하였다. 작전 시에는 아군을 주둔하고 적의 정세를 살피는데 군대를 배치하는 네 가지 방법을 알아야 한다. 즉, 산에 군사를 배치하는 법, 물가에 군대를 배치하는 법, 큰 습지에 군사를 배치하는 법, 평원에 군대를 배치하는 법이다. 장소는 높고 양지바르고 실한 곳이 이롭다.

여섯 가지 지형을 피해야 한다. 즉, 절간(심산 계곡)·천정(중앙 함정)·천뢰(산중 우리)·천라(가시 그물)·천함(진흙 함정)·천극(갱참 협곡)이다. 아군은 이를 멀리하고 적군은 이를 가까이 하게 하고, 아군은 이를 맞이하되 적은 이를 등지게 한다. 앞에 보이는 여러 가지 징후로 적의 형세를 판단해야 한다. 적이 근거리에서 출동하지 않고 멀리서 도전함은 함정을 두고 유인하려는 것이다.

작전 중에 보이는 적의 여러 동작들을 보고 상황을 판단할 수 있다. 병력 증강과 무용보다는 협력과 지략이 중요하다. 병사가 친하게 따르기 전에 벌을 내리면 그들이 복종하지 않고, 병사가 이미 친하게 따라도 형벌이 시행되지 않으면 부릴 수 없다. 군사를 명령하는 데는 은혜로 하고, 가지런히 하는 데는 형벌(武)로써 해야한다. 평소에 엄한 명령을 내리고 백성을 교화해야 신임이 두터워져서 복종한다.

1. 군대를 배치하는 네 가지 방법

손자가 말하였다.

대체로 군사를 배치하는데 적을 잘 살펴야 한다.[1]① 산을 넘어 갈 때는 계곡을 의지하고,[2]② 양지를 살펴보고 높은 언덕을 점거하며,③ 높은 곳에서 싸울 때는 올라가지 말아야 한다.④ 이것은 산에 군사를 배치하는 군법이다.[3]⑤

강물을 건너면 반드시 강물을 멀리해서 머물고,[4]⑥ 적군이 강

1 처군(處軍)은 지형의 조건에 따라 군대를 적당하게 배치하는 것이다. 이는 "배치(安置)"의 의미이고(주해), 처(處)는 안배(安)의 뜻이다.(《예기》〈단궁〉 정현 주) 조본학은 "행군하는 일은 아군을 배치하는 것과 적의 정세를 서로 살피는 것, 이 두 가지에 달려 있다"고 하였다.

2 조본학은 "계곡에 수초가 있으면 사람과 군사들을 기를 수 있기 때문에 이에 의지한다"고 하였다.

3 조본학은 "행군하여 산을 지나며 머무는데 편리함을 선택함에 세 가지가 있다. 적군이 먼저 높은 양지를 얻어 진을 치고 전쟁을 기다리면 아군이 적에게 제압을 당하기 때문에 떠나야 한다"고 하였다.

4 강물을 넘어 지나가면 반드시 물에서 멀리 떨어져서 주둔하는 것이다.(주해) 절(絶)을 조본학은 "넘어서 지나는 것이다."라고 주석하였다.

물을 건너오면 강가에서 그들을 맞지 말고 반쯤 건너게 하고서 이를 공격하면 이로울 것이다.[5]⑦ 전쟁하고자 하는 자는 강물에 근접해서 적을 맞아 공격하지 말고,⑧ 양지를 보아 높은 언덕에 군대를 배치하고, 낮은 곳에서 강물의 상류를 맞이해서는 안 되니[6] 이는 물가에 군대를 배치하는 군법이다.⑨ 큰 습지[7]를 지나갈 때는 오직 속히 지나가서 머물지 말아야 한다.⑩ 만약 큰 습지 가운데에서 적군과 교전하게 되면, 반드시 물과 풀을 옆에 두고 많은 나무를 등지고서 해야 한다. 이것이 큰 습지에 군사를 배치하는 군법이다.⑪ 평원에서는 평탄한 곳에 군대를 배치하고, 우측은 높은 언덕을 등지며, 전방을 낮게 하고 후방을 높게 해야 한다. 이는 평원에 군대를 배치하는 군법이다.⑫

---

5 객(客)은 적군(敵人)이다.(주해) 《예기》〈월령〉의 "爲客不利"에 대한 주석에 "군사를 일으키고 사람을 공격하는 것이 객(客)이다"라고 하였다. "水內"는 "물가"의 뜻으로, 內는 강물 어귀 예(汭)자와 같다.(왕석) 조본학은 "적이 반을 건너면 행렬을 이루지 못하고 머리와 끝이 구원하지 못하니 이를 치면 유리하다"고 하였다.

6 무영수류(無迎水流)에 대해 두우는 "역류하는 물이 하류에 있으니 하류에 있는 게 맞지 않고, 강물이 사람에게 오고 혹 상류에 독을 타기 때문이다"라고 하였다.《통전》

7 척(斥)의 주해는 "크다(大)"의 의미로 되었는데(새로운 해석), 《창힐편》에 보이고, 《문선》2권에는 "광대(廣大)한 모양"으로 나온다. 기존에는 소금밭(鹹鹵)이나 갯벌로 보았다. 택(澤)은 강물과 풀이 뒤섞인 땅이니(《풍속통의》〈산택(山澤)〉), 척택(斥澤)은 큰 습지나 늪지를 뜻한다.

무릇 이 네 가지 군대의 이점은 황제가 사제(四帝, 4제왕)를 이긴 원인이었다.[8]⑬

孫子曰 凡處軍相敵, 絶山依谷, 視生處高, 戰隆無登, 此處山之軍也. 絶水必遠水, 客絶水而來, 勿迎之於水內, 令半濟而擊之利, 欲戰者, 無附於水而迎客, 視生處高, 無迎水流, 此處水上之軍也. 絶斥澤, 惟亟去無留, 若交軍於斥澤之中, 必依水草, 而背衆樹, 此處斥澤之軍也. 平陸處易, 右背高, 前死後生, 此處平陸之軍也. 凡此四軍之利, 黃帝之所以勝四帝也.

【주해】

처군(處軍)은 군사를 적당하게 배치하여 반드시 편리한 곳에 있기를 바라는 것이고, 상적(相敵)은 적의 허실(虛實)과 동정(動靜)을 살피는 것이다. 오직 승리를 취할 수 없을 뿐 아니라, 또한 적이 도리어 우리의 틈을 탈까 염려가 되는 것이다. 대체로

---

8 네 가지 군대의 이점은 산(山), 물(水), 큰 습지(斥澤), 평원(平陸)이다. 사제(四帝)는 적제(赤帝), 청제(青帝), 흑제(黑帝), 백제(白帝)이다. 황제가 남쪽의 적제를, 동쪽의 청제를, 북쪽의 흑제를, 서쪽의 백제를 칠 때, 네 가지 이점을 사용하여 승리하였다.(관붕) 조본학은 "四帝"는 "四方"의 오기라고 하였다.

군사를 배치하는 법에는 4개가 있는데, '절산의곡(絶山依谷)'부터 '복간지소(伏奸之所)'까지가 모두 이것이다. 적을 관찰하는 법에는 32개가 있는데, '근이정(近而靜)'부터 '필근찰지(必謹察之)'까지가 모두 이것이다.①

여기의 절(絶)자는 넘어서 지나가는 것이다.[9] 행군하는 데 마땅히 산의 험한 곳을 넘어 지나갈 때는 반드시 계곡을 의지하여 머물러야 한다. 왜냐면 수초(水草)와 험고한 곳을 등지는 이점이 있기 때문이다. 예를 들면, 마원(馬援)이 무도(武都)의 오랑캐를 토벌할 때 유리한 땅을 차지하여 물과 풀이 나는 것을 빼앗고 교전하지 않으니, 오랑캐 무리들이 곤궁해져서 모두 항복하였다.[10] 이는 저들이 계곡에 의지하는 이점을 모른 것이다.[11]②

땅이 태양을 향하는 것을 생(生)이라고 한다. 행군할 때는 마땅히 양지를 대하고 높은 언덕이 있는 땅을 점거해야함을 말

---

9 여기의 절(絶)자는 "넘어 지나간다(越過)"는 뜻이다(주해). 조본학도 이와 같이 해석하였다.

10 후한 때 마원이 무도(武都, 감숙성 성현)의 오랑캐인 삼랑강(參狼羌)을 토벌하는데, 유리한 지역을 점거하여 적의 물과 꼴풀의 공급로를 차단하고 싸우지 않으니 오랑캐가 곤궁하여 항복하였다.《자치통감》

11 이 주석 내용은 장예의 주석 내용을 근거한 것이다.《십일가주손자교리》

한 것이다.[12]③

적군이 먼저 높이 솟은 땅을 점거하면, 우리에게 싸움을 걸지라도 올라가서 싸우지 말아야 한다.④

대개 이 세 가지는 산에 군사를 배치하는 군법이다.⑤

강물을 만나면 빠르게 건너고, 반드시 강물과 멀리 떨어져서 머물면 나아가고 물러나는 데 막힘이 없을 것이다. 또한 적을 유인하여 건너게 하고서 공격한다.[13] 예를 들면, 위(魏)나라 장수 곽회(郭淮)가 강물을 멀리해서 진을 치니, 소열(昭烈)이 그 계략을 알고서 건너지 않은 것이[14] 바로 이것이다.⑥

적군이 강물을 건널 때 물가에서 맞아 공격하지 말아야 한다. 적군을 반쯤 건너게 하면 힘이 나뉘고 무리가 흩어지기 때문에 우리가 유리한 것이다. 예를 들면, 공손찬(公孫瓚)이 동광

12 이 구절은 이전(李筌)의 주해 내용을 인용한 것이다.(向陽曰生, 在山曰高) 장예는 "시생(視生)은 양지를 대하는 것을 말하고, 군대를 주둔할 때는 마땅히 높은 언덕에 있어야 한다"고 하였다. 조본학은 "生地에서 전쟁할만하고 수비할만 하다. 높은 양지에 있으면 사람을 제어할 수 있다"고 하였다.

13 장예는 "적을 유인하여 건너가게 하면 나아가고 물러남에 막힘이 없다"고 하였다. 조본학은 "먼저 지나간 군사를 물과 멀리 진을 치게 하면 적을 방어하고 군사를 잘 건너게 할 수 있다"고 하였다.

14 촉한의 유비가 한수(漢水)를 건너려고 할 때 위나라 장수 곽회의 부하들이 물가에 진을 치고 막자고 했다. 곽회는 강과 멀리 진을 치고 반쯤 건널 때 치려고 했다. 이를 본 유비가 건너지 않았다.(두목)

(東光)에서 황건적을 패하게 하고, 설만철(薛萬徹)이 범양(范陽)에서 두건덕(竇建德)을 쳐부술 때[15] 모두 이 전법을 사용하였다.⑦

아군이 반드시 전쟁하고자 한다면 강물을 가까이 하여 적을 맞아 공격하지 말아야 한다.[16] 적이 건너지 못하면 당연히 강물을 등지고서 방어할 것이 염려되기 때문이다. 예를 들면, 진(晉)나라의 양처보(陽處父)가 초(楚)나라 군대와 저수(泜水)를 사이에 두고 진을 쳤는데, 처보는 물러나서 초나라 군사를 건너게 하기를 원하였고, 초나라 군사들도 물러나서 진나라 군사를 건너게 하기를 원하였다. 그러나 결국은 모두 전쟁하지 않고 후퇴하였다.[17]⑧

---

15 후한 때 공손찬이 발해를 침입한 황건적을 동광(東光)에서 크게 물리쳤다.《후한서》〈응소전〉 당나라 때 보건덕이 범양을 침입하자, 장수 설만균(철)(薛萬均)이 여윈 병사에게 물을 막고 유인한 뒤 나예(羅藝)에게 기병 백명을 성옆에 잠복시킨 후 적이 강을 반쯤 건널 때 치게 하여 격파시켰다.(하씨)

16 강물에 근접하여 적을 공격하면 적이 강을 건너지 못하고 방어에만 힘쓴다. 아군이 전쟁을 원하지 않으면 강물을 막아 항거하고 적이 건너지 못하게 해야 한다.(장예)

17 장예의 주석을 근거했다. 진(晉)나라 장수 양처보(陽處父)가 채(蔡)를 치자, 채를 구하려고 초나라 장수 자상(子上)이 진군과 저수(泜水)를 끼고 대치하였다. 자상이 저수를 건너려다가 후퇴하고, 양처보도 후퇴하고 나중에 자상은 뇌물혐의로 죽었다.《춘추좌씨전》〈노희공〉

물가에 군사를 배치하는 것은 혹은 언덕 가에 진을 만들기도 하고, 혹은 물가에 배를 늘어세우기도 하니, 모두 양지를 대하고 높은 곳에 주둔하는 것이다. 만약 낮은 곳에 있으면서 상류를 맞으면 적이 아군에게 물을 댈까 염려되고, 또한 상류에 독을 푸는 것을 막아야 하니 피해가 적지 않기 때문이다.[18] 예를 들면, 초(楚)나라가 오(吳)나라를 항거할 때 점친 것이 불길하자, 사마(司馬) 자어(子魚)가 말하기를, "우리가 상류를 얻었는데 어떤 연고로 길하지 않으랴" 하였다. 드디어 전쟁하여 과연 승리한 것이[19] 바로 이것이다.⑨

척(斥)은 크다(大)의 뜻이다. 군사들이 큰 습지와 갯벌이 있는 땅을 지나갈 때는 물과 풀이 열악하여 나아가고 물러가는데 이롭지 못하니, 마땅히 속히 지나가고 지체해서는 안 될 것이다.⑩

양쪽 군대가 우연히 그 가운데에서 교전하게 되면, 아군은

---

18 이 구절은 장예의 주석을 근거하였다. 장예는 "낮은 곳에서 적이 아군에게 물을 대고, 상류에 독을 탈 것이 염려된다"고 하였다.

19 오(吳)가 초(楚)를 칠 때 영윤(令尹)이 전쟁 점이 불길하다고 하자, 사마(司馬) 자어(子魚)가 "상류를 얻었는데 왜 불길하겠냐"며 다시 점을 쳐서 길점을 얻었다. 그후 전쟁하여 자어가 죽고 초군이 승리했다.《춘추좌씨전》〈노소공〉

반드시 물과 풀을 항상 옆에 두어 나무하고 물 긷는 것을 편리하게 하고, 숲의 나무를 등지고 의지하여 험한 방비로 삼아야 한다. 대개 큰 습지에 군사를 배치하는 군법이다.⑪

평원의 땅에서 모름지기 평탄하여 함몰된 구덩이가 없는 곳을 선택해야 하는 것은 우리 군사들로 하여금 달려가 돌진하는데 편하게 하려는 것이다. 우측은 높은 언덕을 등지고 그 형상을 특별하게 믿어서 형세로 삼는 것이다. 전방이 낮고 후방이 높은 것은 역시 달려가서 공격하는 것을 편하게 하려는 것이다. 여기서 사(死)는 아래(下)를 말한 것이고, 생(生)은 높음(高)을 말한 것이라고 한다.[20]⑫

군법의 이로움이 황제(黃帝)로부터 시작했기 때문에 황제가 사제(四帝)를 이기고 토덕(土德)으로 천하에서 왕노릇을 할 수 있었던 것이다.[21]⑬

---

20 이 내용은 장예의 주석을 근거한 것이다. 태공이 "군대는 왼쪽에 늪을 두고 오른쪽에 언덕을 둔다." 하였고, 두목은 "사(死)는 낮은 곳이고 생(生)은 높은 곳이다."라고 하였다. 즉 뒤에 험한 산을 의지하고 앞에 평탄한 곳을 향하는 것이다.(오구룡)

21 황제는 신농씨의 후손으로 헌원인데, 토덕(土德)으로 천하를 다스렸기 때문에 이에 해당하는 황자를 써서 황제라고 하였다.

2. 높고 양지바른 곳이 유리하다

모든 군사들은 높은 곳을 좋아하고 낮은 곳을 꺼려하며 양기를 귀히 여기고 음기를 천하게 여긴다.[22]① 물과 풀로 생명을 기르고 실한 곳에 배치하여 군사들은 모든 질병이 없으니 이를 필승이라고 말한다.② 언덕과 제방에서는 반드시 양지에 군사를 배치하고 우방을 등지게 해야 한다.[23] 이것이 군대의 이점이고 지형의 도움인 것이다.③ 상류에 비가 내려서 물거품이 흘러오면, 건너가고자 하는 자는 강물이 평온해지기를 기다려야 한다.[24]④

---

22 조본학은 "이것은 군대를 배치하는 방법을 대략 논하고 의미를 넓힌 것이다"라고 하였다.

23 조본학은 "우방을 등지는 것은 우방으로 등진 뒤쪽에 구릉과 제방을 이룬 곳이다"라고 하였다.

24 상류에서 물거품이 흘러오면 홍수가 터질 징후이므로 건너지 말아야 한다. 조조는 "반쯤 건너다가 물이 갑자기 불어날 것이 염려된다"고 하였고, 조본학은 "상류에 폭우로 강물이 불어날까 염려되니 멀리 건너지 말아야 한다"고 하였다.

凡軍好高而惡下, 貴陽而賤陰, 養生而處實, 軍無百疾, 是謂必勝. 丘陵隄防, 必處其陽, 而右背之, 此兵之利, 地之助也. 上雨, 水沫至, 欲涉者, 待其定也.

【주해】

높은 곳에 있으면 돌아보기가 편하고 달려가 추격하기에 유리하며, 낮은 곳에서는 고수하기가 어렵고 쉽게 병이 생기기 때문에 꺼려한다.[25] 양기를 향하면 살리는 기운(生氣)을 탈 수 있고, 음기를 향하면 죽는 기운(死氣)을 받기 때문에 천하게 여긴다. 이는 주둔하는 곳을 가리켜 말한 것이다.①

생명을 기르는 것은 물과 풀이 가까워 편리한 곳을 말하고, 실(實)한 곳에 배치함은 높고도 양기를 향한 곳을 말한다.[26] 여기에 주둔하면 땅의 기운이 건조하고 음기와 습기가 침범하지 않아서 군사들은 전염병이 없으니 이곳이 바로 승리를 이

---

25 이 내용은 장예의 주석 내용을 근거한 것이다.

26 양생(養生)은 수초가 가까워 방목과 나무하기, 채취가 편리한 곳이다. 처실(處實)은 지대가 높아 양지 바른 곳이다.(조본학) 장예는 "양생은 수초를 잘 길러서 방목하는 것이고, 처실은 높은 곳에 의지하여 주둔하는 것이다" 하였다.

루는 땅이다. 예를 들면, 공명(孔明)이 위(魏)나라를 정벌할 때 위수(渭水)의 남쪽에 군사를 주둔시킨 것은 이 방법을 안 것이다. 또 조공(曹公, 조조)이 오(吳)나라를 정벌할 때 복파(伏波, 마원)장군이 오랑캐를 정벌하는데 군사들이 전염병에 걸린 것은
[27] 이 방법을 잃은 것이다.②

언덕은 산이 있는 곳이고, 제방은 강물이 있는 곳이니, 반드시 양지에 군대를 배치하고, 우방을 등지게 하여 스스로 견고하게 해야 하니, 이는 대개 지형의 이점으로 도움을 삼는 것이다.③

상류에 빗물이 있어서 물거품이 흘러오면 폭우로 불어난 물이 있을까 염려되니, 반드시 물이 안정된 뒤에 건널 수 있는 것이다.④

27 후한 광무제 때 복파(伏波) 장군 마원(馬援)이 한 여름 교지(交阯)를 치러 갔다가 군사들이 장기(瘴氣)를 앓았고, 그 후 무릉의 만족(蠻族)을 치러 갔다가 군사들이 열병을 앓고 자신도 병사했다.《후한서》〈마원전〉

3. 해로운 여섯 지형을 피하라

무릇 지형에 절간(絶澗, 심산 계곡), 천정(天井, 중앙 함정), 천뢰(天牢, 산중 우리), 천라(天羅, 가시 그물), 천함(天陷, 진흙 함정), 천극(天隙, 갱참 협곡)이 있으면 반드시 속히 이를 떠나고 접근하지 말아야 한다. 우리는 이를 멀리하되 적은 가까이 하게 하고, 우리는 이를 맞이하되 적은 이를 등지게 해야 한다.① 군대의 근방에 험하고 물 많은 곳과 연못을 이룬 곳, 갈대가 있는 나무숲, 우거진 숲이 있다면 반드시 근신하기를 반복하여 적을 찾아야 한다. 이는 간악한 적이 잠복할 수 있는 곳이다.②

凡地有絶澗・天井・天牢・天羅・天陷・天隙, 必亟去之, 勿近也. 吾遠之, 敵近之, 吾迎之, 敵背之. 軍旁, 有險阻, 潢井, 蒹葭林木, 翳薈者, 必謹覆索之, 此伏姦之所也.

【주해】

두 산 사이에 물이 낀 것을 "간(澗)"이라 하고, 옆이 높고 중앙이 낮은 곳을 "정(井)"이라 하며, 산에 둘러싸여 들어가기가 쉽고 나오기가 어려운 곳을 "뢰(牢)"라 하고, 숲의 나무에 가시가 무성하여 들어가면 나오지 못하는 곳을 "나(羅)"라 하며, 낮고 더러우며 진흙 진 곳을 "함(陷)"이라 하고, 길이 좁고 구덩이가 많은 곳을 "극(隙)"이라고 한다.[28] 이를 천(天)이라 붙여 말하는 것은 모두 자연의 생성하는 의미인 것이다. 이 여섯 가지 해로운 것을 우리의 군사가 만나게 되면, 마땅히 속히 떠나되 이를 멀리하거나 맞이하고, 적은 가까이 하게 하거나 등지게 해야 한다.[29]①

군대의 근방에 우연히 높고 낮은 기이한 형상이 있는 험한

28 조본학은 "사방이 높고 중앙이 낮은 형세가 오목하여 굽은 것 같은 것이 천정(天井)이고, 숲이 빙 둘러쳐서 들어가기는 쉬우나 나오기가 어려운 것이 천뢰(天牢)이고, 초목이 빽빽하여 칼날을 휘두르지 못하는 것이 천라(天羅)이고, 언덕이 진흙져서 수레와 말이 빠져 죽는 것이 천함(天陷)이고, 도로가 좁고 땅에 구덩이가 많은 것이 천극(天隙)이다."라고 하였다. 주해는 이를 근거한 것이다.

29 용병에는 여섯 가지의 해로운 점을 항상 멀리해야 한다. 적으로 하여금 가까이 하고 등지게 하면, 우리는 이롭고 적은 흉하게 된다.(조조) 우리가 이곳을 멀리하면 적은 저절로 가까이 하게 된다.(장예)

곳(險), 물이 많은 곳(阻)[30], 연못을 이룬 곳(潢井)[31], 대나무로 군락을 이룬 갈대가 있는 나무숲(蒹葭林木), 병풍처럼 가릴 수 있는 우거진 숲(蘙薈)[32]이 있다면 모두 간악한 적이 숨어있을까 염려되기 때문에 근신함을 반복하여 수색해야 한다.②

---

30 조조는 "험한 것은 한번 높고 한번 낮은 곳이고, 조(阻)는 물이 많은 곳이다"하였다. 조본학은 "험조는 굴곡되고 좁아서 수레와 말이 대열을 이루지 못하는 곳이다"하였다.

31 황정(潢井)은 연못, 또는 물이 많은 웅덩이(積水)이다(안사고 주). 조조는 "潢은 연못, 井은 낮은 곳"이라 하였다. 조본학은 "황정은 웅덩이와 진창에 수레와 말이 함몰하는 곳이다"하였다.

32 예회(蘙薈)는 초목이 우거진 숲이다. 조조는 "병풍처럼 가릴 수 있는 곳이다"하였다.

4. 보이는 징후로 적을 감지하라

적군이 접근했어도 조용한 것은 험한 요지를 믿기 때문이고, 멀리 있는데도 도전하는 것은 아군을 진군하게 하고자 하기 때문이다.[33] ① 적군이 평탄한 곳을 점거하는 것은 이익이 있기 때문이고, ② 많은 나무가 흔들리는 것은 적이 오는 것이며, ③ 많은 풀을 묶어서 장애물을 많이 만드는 것은 적을 의심하게 만드는 것이다. ④ 새가 날아오르는 것은 복병이 있는 것이고, ⑤ 짐승이 놀라 달아나는 것은 적이 잠복한 것이다.[34] ⑥ 먼지가 높이 일어나고 곧게 치솟는 것은 적의 수레가 빠르게 오는 것이고, ⑦ 먼지가 낮고 넓게 퍼지는 것은 보병이 느리게 오는 것이다. ⑧ 먼

33 조본학은 "적이 가까운데 조용한 것은 험한 함정이 있고, 적이 먼데 도전하는 것은 필시 복병을 둔 것이다."라고 하였다.

34 진호(陳皞)는 "잠복한 자(覆者)가 숲 속에 숨어 있다가 몰래 와서 아군을 엄습한다. 양군의 싸움을 살피고 주변에서 나오기 때문에 숨은 짐승도 놀란다"고 하였다. 조본학은 "여기에 반드시 복병이 있으니 기병을 시켜 수색하여 죽이게 해야 한다"고 하였다.

지가 사방으로 흩어지고 이리저리 뻗는 것은 적이 나무를 하는 것이고,⑨ 먼지가 적으면서 우왕좌왕하는 것은 군영의 보루를 지은 것이다.⑩

敵近而靜者, 恃其險也. 遠而挑戰者, 欲人之進也. 其所居易者, 利也. 衆樹動者, 來也, 衆草多障者, 疑也. 鳥起者, 伏也. 獸駭者, 覆也. 塵高而銳者, 車來也. 卑而廣者, 徒來也. 散而條達者, 樵採也. 少而往來者, 營軍也.

【주해】

적군이 아군과 가까운 거리에 있는데도 안정하여 출동하지 않는 것은 필시 험한 곳의 견고함을 믿고 있기 때문이다. 적군이 아군과 먼 거리에 있는데도 일부로 와서 도전하는 것은 필시 아군을 유인하여 진격하게 하고자 하기 때문이다.①

험한 곳에 의지하지 않고 평탄한 곳을 점거하는 것은 이익으로 우리를 유인하려는 것이다.[35]②

---

35 두목은 "적이 험한 곳에 머물지 않고 평탄한 곳에 머문 것은 필시 유리함이 있기 때문이다"라고 하였다.

나무를 베면서 길을 정리하기 때문에 적이 오려고 하는 것을 알 수 있다.[36] 예를 들면, 진(晉)나라 사람이 나무를 베어 병기를 만든 것도 역시 나무가 흔들린 것이다.[37]③

적이 물러가려고 하면 혹 풀을 묶어 장애물을 만들어서 적이 우리를 추격하는 것을 피하게 한다. 적이 우리를 습격하려고 하면 혹 풀을 모아서 사람의 진지를 만들어서 우리로 하여금 동쪽을 대비하고 서쪽을 공격하게 하니, 모두 의심하게 만드는 것이다.[38]④

(새가 나는 곳) 아래에 복병이 있다.⑤

들짐승들이 놀라서 달아나는 것은 반드시 적군이 잠복하다가 와서 우리를 습격하려고 하는 것이다.⑥

수레와 말이 짐이 무거운데 빨리 가기 때문에 올 때는 먼지

---

36 조본학은 "높은 데서 나무숲을 바라봤을 때 나뭇가지가 흔들리면 적군이 길을 정리하면서 오는 것이니, 마땅히 진영을 단속하고 높은 데서 대기해야 한다"고 하였다.

37 장예는 "길을 정리하는데 그치지 않고 병기를 만들었다. 진(晉)나라 사람이 나무를 베어 병기를 더한 것이 바로 그것이다"라고 하였다.

38 이 구절은 장예의 주석 내용을 인용한 것이다. 조본학은 "형상을 만들어 의심하게 하여 적이 예측하지 못하게 하고, 엄습할 군사를 다른 곳에 둔다"고 하였다.

가 높이 일어나고 곧게 치솟는다.[39] 초(楚)나라의 반당(潘黨)이 먼지를 바라본 것과 같다.[40]⑦

도보로 가는 것이 느리고 걸음이 가볍기 때문에 그 먼지가 낮고 넓게 퍼지는 것이다.[41]⑧

적의 무리가 나와서 나무하기 때문에 먼지가 사방으로 흩어지고 이리저리 뻗는 것이다.[42]⑨

진영의 보루를 이미 완성하면 반드시 날랜 기병을 보내어 헤아려 보고 전망대(斥堠)를 만들기 때문에 먼지가 적으면서 혹은 가기도 하고 혹은 오기도 한다.[43]⑩

---

39 이 내용은 장예의 주석을 근거하였다. 조본학은 "수레가 무겁고 빨리 가기 때문에 먼지가 높이 솟고 날카롭다"고 하였다.

40 초왕이 진(晉)나라 장수 조전(趙旃)을 쫓자 조전이 숲으로 도주했다. 진이 전차를 보내자, 초나라 장수 반당(潘黨)이 멀리서 먼지가 이는 것을 보고 진군이 온다고 고했다. 이에 초군이 출동했다.《춘추좌씨전》〈노선공〉

41 이 내용은 두목과 장예의 주석을 근거한 것이다 조본학은 "걸음이 가볍고 느리게 가니 진도 성기기 때문에 먼지가 낮고 넓게 퍼진다"고 하였다.

42 두목은 "나무하는 자가 각자 향하는 곳을 따라가기 때문에 먼지가 흩어진다. 조달(條達)은 이리저리 흩어지는 모양이다"고 하였다. 조본학은 "먼지가 흩어졌다가 다시 성글게 이는 모양이다" 하였다.

43 이 내용은 두우의 주석을 근거한 것이다. 조본학은 "군대가 진영에서 내려가면 날랜 군사가 땅을 살피기 때문에 먼지가 많지 않고 뒤섞여 오간다"고 하였다.

5. 적군의 계략과 유인작전

적군의 말이 겸손하면서 따로 갖추기를 더하는 것은 진군하려는 것이고,① 적군의 말이 강경하면서 진격하는 것은 후퇴하려는 것이다.② 적의 가벼운 전차가 먼저 출동하고[44] 적이 그 옆을 점거하는 것은 진을 치려는 것이고,③ 약속이 없이 갑자기 화해를 청하는 것은 계책을 세운 것이다.④ 적이 달려가서 군사들을 배치하는 것은 전쟁을 기약한 것이고,⑤ 반쯤 나아가고 반쯤 물러가는 것은 어지럽게 하여 우리를 유인하려는 것이다.⑥

辭卑而益備者, 進也. 辭强而進驅者, 退也. 輕車先出, 居其側者, 陣也. 無約而請和者, 謀也. 奔走而陳兵者, 期也. 半進半退者, 誘也.

44 가벼운 전차를 출동시키는 것은 먼저 전쟁하는 진영의 경계를 정하려는 것이다.(두목)

【주해】

적군이 말을 낮추고 우리를 유인하면서 구비(具備)를 더욱 증가하니 이는 우리를 교만하게 만들고서 진군하려는 것이다.[45] 예를 들면, 전단(田單)이 연(燕)나라 장수에게 보내는 글을 가지고 "성이 항복하면 처첩(妻妾)을 사로잡지 말기를 원한다"고 한 후 화우(火牛, 불붙인 소)를 내보내고 제(齊)나라를 수복한 것이 바로 이것이다.①

적군이 불손한 말을 하고서 진격하는 형상을 짓는 것은 바로 우리를 거짓으로 협박하여 우리로 하여금 고수하게 만들고 달아나고자 하는 것이다.[46] 예를 들면, 오(吳)나라와 진(晉)나라가 황지(潢池)에서 회동했을 때 오왕 부차(夫差)가 말하기를, "내가 임금을 섬기는 것이 오늘에 있고 임금을 섬기지 않는 것도 오늘에 있다."고 하였다. 진나라 정공(定公)이 두려워하여 먼저 희생피를 마시기를 허락하니, 오왕이 회동을 마치고 마

---

45 이 내용은 장예의 주석을 근거한 것이다. 조본학은 "기만하여 아군의 마음을 느슨하게 하고 아군의 기운을 교만하게 한 것이니 마땅히 엄습을 방어해야 한다"고 하였다.

46 적이 거짓으로 더욱 급히 진군하려는 것은 후퇴하려는 것이다.《통전》 조본학은 "적이 몰래 도망가고자 하나 추격당할 것이 두려워서 거짓으로 아군을 협박하여 깨닫지 못하게 하는 것이다."라고 하였다.

침내 돌아간 것이[47] 바로 이것이다.②

경차(輕車)는 전차(戰車)이다. 적군이 전차 옆으로 먼저 출동하는 것은 진영을 펼쳐서 나아가 전쟁하려는 것이다.③

약속이 있지 않은데 홀연히 화해를 청하는 것은 계책을 세운 것이다[48].④

만약 적의 무리가 급히 달려가서 진영에 나아가는 것은 필시 이미 전쟁의 기약을 결정한 것이다.[49]⑤

거짓으로 어지러운 형상을 만드는 것은 우리를 유인하여 나아오게 하는 것이다.[50]⑥

47 오왕 부차(夫差)가 진(晉)나라 정공(定公)과 황지에서 회동할 때 부차가 갑병 3만으로 진군과 1리에서 대치했는데, 소리가 천지를 진동했다. 오왕이 동갈(董褐)에게 내가 진을 섬기는 여부가 오늘에 달렸다고 하자, 동갈이 진왕에게 가서 오와 싸워서는 안된다고 했다. 오왕은 회맹 후 귀환했다.(두목)

48 장예는 "까닭없이 화친을 청하면 반드시 간사한 계책이 있는 것이다"라고 하였고, 조본학은 "적이 먼저 강화하자는 약속 없이 갑자기 오라고 청하면 이는 필시 간교한 계략이다"라고 하였다.

49 가림은 "보통의 기약은 급히 달리는 것과는 맞지 않으니 필시 멀리 가는 군사로 서로 호응하려는 것이다"라고 하였다. 조본학은 "마땅히 처한 곳에 따라 대비를 더하려는 것이다"라고 하였다.

50 이 내용은 두목의 주석을 근거한 것이다. 조본학은 "후퇴란 아군을 유인하는 것이고, 전진이란 아군을 맞는 것이다"하였다.

6. 적의 동작을 보고 상황을 판단하라

병기를 의지하여 서는 것은 굶주린 것이고,① 물을 길어서 먼저 마시는 것은 목이 마른 것이며,② 이득을 보고도 나아올 줄을 모르는 것은 피로하기 때문이다.③ 새들이 모여 있는 것은 진영이 빈 것이고,④ 밤에 고함을 지르는 것은 전쟁이 두려운 것이다.⑤ 군사들이 소란한 것은 장수가 장중하지 못한 것이고,[51]⑥ 깃발이 요동하는 것은 대오가 어지럽기 때문이다.⑦ 관리가 노하는 것은 군사들이 게으른 것이고,⑧ 말을 죽여서 그 고기를 먹는 것은 군대에 식량이 없는 것이다.⑨ 밥솥을 매달아 놓고 막사로 돌아가지 않는 것은 곤궁에 빠진 적이기 때문이고,⑩ 장수가 반복하여 뜻을 잃고 천천히 부하들에게 말하는 것은 군중의 마음을 잃었기 때문이다.⑪ 부하에게 자주 상을 주는

---

51 부중(不重)은 "장중하지 못하다"로 해석했는데, 조본학은 "위엄이 없다"로 해석하였다.

것은 형세가 군색하기 때문이고,⑫ 부하에게 자주 벌을 주는 것은 궁핍하기 때문이다.⑬

먼저는 부하들에게 포학하게 하다가 나중에 두려워하는 것은 주장이 지극히 정밀하지 못하기 때문이고,⑭ 적이 사자를 보내어 예물을 바치고 사죄하는 것은 휴식하고자 하는 것이다.⑮ 군사가 노하여 서로 맞서고 오랫동안 교전하지도 않고 또 진영을 떠나지도 않으니 기습하는 복병이 있는지 반드시 신중하게 살펴야 한다.[52]⑯

仗而立者, 饑也. 汲而先飮者, 渴也. 見利而不知進者, 勞也. 鳥集者, 虛也. 夜呼者, 恐也. 軍擾者, 將不重也. 旌旗動者, 亂也. 吏怒者, 倦也. 殺馬食肉者, 軍無糧也. 懸甀不返舍者, 窮寇也. 諄諄諭諭[53], 徐與人言者, 失衆也. 數賞者, 窘也. 數罰者, 困也. 先暴而後畏其衆者, 不精之至也. 來委謝者, 欲休息也. 兵怒而相迎, 久而不合, 又不相去, 必謹察之.

52 조본학은 "이와 같으면 반드시 기교가 있게 되고 아군의 군사가 먼저 움직이기를 기다리다가 틈을 엿보고 편승하고자 한다."고 하였다.

53 諭諭이 《손무자직해》에는 "翕翕"으로 되어 있다.

【주해】

굶주리면 피곤하기 때문에 병기(兵器)를 의지하여 서게 된다.①

물을 길어서 진영에 돌아오지 않고 다투어 먼저 마시면 필시 목이 마르다는 것을 알 수 있다.[54]②

병사들이 피로하기 때문에 이득에 나아오지 않는 것이다.[55]③

진영이 비고 도망갔기 때문에 새들이 모이는 것이다. 예를 들면, 초(楚)나라가 정(鄭)나라를 정벌할 때 정나라 사람들이 장차 달아나려고 하자, 간첩이 고하기를 "초나라 군막에 까마귀가 있는 것은 초나라 군사들이 떠난 것입니다."라고 하였다. 정나라가 그대로 머문 것이 바로 이것이다.[56]④

예를 들면, 진(晉)나라가 초(楚)나라와 전쟁하여 패하였는데, 진나라 군사들이 밤새도록 소리를 지른 것이 바로 이것이다.⑤

---

54 이 내용은 장예의 주석을 근거한 것이다.

55 조본학은 "삼군이 음식을 먹고 휴식하고 상하가 때를 함께 하는 경우, 한두 사례를 보면 삼군을 알 수 있다"하였다.

56 이 내용은 장예의 주석을 근거한 것이다. 조본학은 "새가 모인 것은 진영이 비었거나 험도를 돌렸거나 다른 곳에 병사를 잠복시킨 것이다"라고 하였다.

군중이 많이 놀라서 소란한 것은 장수가 장중하지 못한 것이다. 아부(亞夫)가 꼼짝하지 않고 누워서 일어나지 않은 것과 장료(張遼)가 진영 가운데 서있던 것이 모두 능히 장중함을 지킨 것이다.⑥

대오가 어지럽기 때문에 깃발이 요동하는 것이다.[57] 예를 들면, 조귀(曹劌)가 수레바퀴자국이 어지럽고 깃발이 쓰러진 것을 보고 추격한 것이[58] 바로 이것이다.⑦

오직 군사들이 게으르기 때문에 장리(將吏)가 발노하는 것이다.⑧

군중에서 말을 사용하는데, 이를 죽여서 먹는 것은 식량이 끊어진 것을 알 수 있다.⑨

부(缻)의 음이 부(府)이고 취사하는 기구이다. 이를 매달아 보이고 막사로 돌아가지 않는 것은 곤궁에 빠진 적이 마음으로 결사(決死)를 원하기 때문이다. 예를 들면, 맹명(孟明)이 배

57 이 내용은 장예의 주석을 근거한 것이다. 조본학은 "깃발이 뒤섞여 안정하지 않은 것은 대오가 문란함을 알 수 있다"고 하였다.

58 노장공이 제나라를 패망시키자, 조귀(曹劌)가 좇기를 청했다. 조귀는 수레바퀴 자국이 어지럽고 깃발이 쓰러진 것을 보았기 때문에 좇자고 하였다고 하였다.(두목)

를 불사르고 초(楚)나라 군사가 가마솥을 깬 것은 한번 결사적으로 싸우고자 함을 이른 것이다.[59]⑩

순순(諄諄)은 반복하는 모양이고, 흡흡(諭諭)은 뜻을 잃은 모양이다.[60] 장수가 천천히 부하에게 말하는 것은 본디 그 마음을 잃었기 때문에 수습하고자 하는 것이다.⑪

형세가 군색하고 급하기 때문에 자주 상을 내려 부하들의 마음을 거두는 것이다.⑫

부하들이 궁핍하여 지쳤기 때문에 독려하는 것이다.[61]⑬

먼저는 포학하게 하다가 나중에는 다시 부하들을 두려워하는 것은 주장(主將)이 소략하고 정밀하지 못하기 때문이다.[62]⑭

---

59 진(秦)나라 목공(穆公)이 진(晉)에게 패한 후 맹명(孟明)이 다시 진나라를 치러 갈 때 황하를 건넌 후 배를 모두 불태워 결사의 뜻을 보였다.《춘추좌씨전》 항우는 진(秦)과 싸우러 갈 때 하수를 건넌 뒤 배를 모두 가라앉히고 솥과 시루를 깨고 3일치 양식만으로 결사의 의지를 보였다.《사기》〈항우본기〉

60 조조의 주석을 인용한 것이다. 순순(諄諄)은 본래 반복하여 말하는 것인데(《시경》〈대아〉주), 주해에는 반복한다는 의미로 되어 있고, 흡흡(翕翕)은 뜻을 잃어 불만스러운 모양이다.

61 조본학은 "상을 자주 주는 것은 인심이 이산하는 것을 상으로 안정시키고, 벌을 자주 주는 것은 부하들이 명을 감당하지 못하는 것을 벌로 독려하는 것이다."라고 하였다.

62 조본학은 "처음에는 살륙을 좋아하고 엄한 형벌로 부하를 다스리다가 나중에는 자신을 배반할 것을 두려워 하니, 이는 은혜와 위엄이 알맞지 않은 것으로 장수가 정밀하지 못한 것이다."라고 하였다.

적군은 우리가 가까이 하여 믿는 사람으로 하여금 예물을 보내고 사죄하는 것은[63] 필시 그 형세가 궁하고 힘이 쇠하여 병사를 쉬게 하고 전쟁을 그치게 하고자 하는 것이다.⑮

군사가 노하여 서로 맞서고 오랫동안 교전하지도 않고 진영을 해체하여 떠나지도 않으니, 이는 기습하는 복병이 있을까 염려되므로 마땅히 신중히 살펴야 한다.[64]⑯

63 위(委)는 예물을 바친다는 뜻이고(委質), 사(謝)는 "사죄한다"의 뜻이다.(주해) 기존에는 대부분 "사례하다(賠禮)"로(《전국책》〈진책〉주) 해석했다. 조본학은 "거짓으로 휴식을 구하는 것"이라고 하였다.

64 이 내용은 이전과 두목, 장예의 주석을 근거한 것이다. 이러한 적군은 반드시 기병을 잠복시킨다고 보았다.

7. 무용보다 협력과 지략이 중요하다

군대는 많이 증원하는 것을 귀하게 여기지 않는다. 오직 강건한 무용(武勇)만으로 나아가지 말고, 충분히 협력하여 적을 헤아림으로써 적군에게 승리를 취하게 할 뿐이다.[65]① 대체로 아무 생각도 없이 적군을 경이하게 여기는 자는 반드시 적군에게 사로잡힐 것이다.[66]②

兵非貴益多也. 惟無武進, 足以併力料敵, 取人而已. 夫惟無慮而易敵者, 必擒於人.

---

65 취인(取人)은 적에게 승리를 취한다는 뜻이다.(주해, 《손무자직해》) 매요신과 왕석, 장예, 성백효도 이와 같은 해석을 하였다.

66 조본학은 "군사는 수가 많은 것을 유익하다고 여기지 않는다. 비록 무용으로 나아가 싸울 병사가 없어도 충분히 협력하여 적의 형세를 헤아리고 적의 뜻을 취함을 잘하면 될 뿐이다."라고 하였다.

【주해】

군대는 인원이 많은 것을 귀하게 여기지 않는다. 오직 강건한 무용(武勇)으로만 경솔하게 나아가지 말고, 진중함을 지키고 자세히 살펴서 충분히 협력하여 적을 헤아림으로써 적군에게 승리를 취하게 할 뿐이다.①

계책과 생각이 부족하여 적군을 경이하게 여기는 자는 반드시 적군에게 사로잡힐 것이다. 예를 들면, 제(齊)나라와 진(晉)나라가 서로 공격할 때 제나라 임금이 말하기를, "내가 우선 이들을 소탕하고서 아침을 먹겠다"고 하고, 전마를 타지 않고 달려가서 진나라에게 패하였다.[67] 이를 일러 적을 쉽게 보고 무용으로만 나아간 것이라고 한다.②

67 진(晉)의 장수 극극(郤克)이 제(齊)와 전쟁할 때 제군의 병하와 진군의 해장이 대치했다. 이때 제경공(齊頃公)이 말에 갑옷을 입히지 않고 달려갔다가 부상을 입고, 제나라 군사가 크게 패했다.《춘추좌씨전》〈노성공〉

8. 은혜와 형벌로 교화하라

병사가 친하게 따르기도 전에 벌을 내리면 이반하여 그들이 복종하지 않고, 복종하지 않으면 그들을 부리기가 어려울 것이다.① 병사가 이미 친하게 따라도 형벌이 시행되지 않으면 교만해져서 그들을 부릴 수 없는 것이다.② 그러므로 명령하는 데는 은혜(文)로 하고, 가지런히 하는 데는 형벌(武)로 한다.[68] 이를 일러 "반드시 쟁취하는 것"이라고 말한다.③ 엄한 명령이 평소에 행해지고, 이것으로 백성을 교화하면 백성은 복종한다. 명령이 평소에 행해지지 않는데, 이것으로 백성을 교화하면 백성은 복종하지 않는다. 엄한 명령이 평소에 행해지는 것은 부하

68 이전은 "문(文)을 인은(仁恩), 무(武)를 위벌(威罰)"로 보았고, 조본학은 "文을 은혜, 武를 형벌"이라고 하였다. 주해에는 "文이 은혜와 신의, 武가 형벌(위엄)"로 되어 있다. 주해와 조본학의 주석을 근거하여 여기서는 문무를 "은혜와 형벌"로 해석했다. 오구룡은 문무를 각각 "관후(寬厚)와 군기형벌"로 해석했다.

들과 서로 투합하기 때문이다.[69]④

卒未親附而罰之，則不服，不服則難用也. 卒已親附而罰不行，則不可用也. 故令之以文，齊之以武，是謂必取. 令素行，以教其民，則民服. 令素不行，以教其民，則民不服. 令素行者，與衆相得也.

【주해】

은혜와 신의를 믿지 못하면 병사들이 친하게 따르지 않을 것인데, 형벌을 먼저 더하면 군사들의 마음이 이반하고 복종하지 않게 되어 그들을 부려서 전쟁하기가 어려울 것이다.① 은혜와 신의가 이미 베풀어지면 군사들이 이미 친하게 따를 것이나 형벌이 행해지지 않으면 교만한 사람을 기른 것과 같아서 명령하여 부릴 수 없는 것이다.[70]②

69 조본학은 "명령을 시행하고 백성을 교화함은 평소에 해야지 적을 대한 뒤에 가르쳐서는 안 된다. 평소에 하면 민심이 단결하고 서로 신임함이 깊어져도 武로만 하면 백성이 복종하지 않는다"고 하였다. 상득(相得)은 민심 단결, 즉 서로 의기가 투합(投合)한 것이다.(《사기》주, 변우건)

70 이 내용은 왕석과 장예의 주석을 근거한 것이다.

먼저 은혜와 신의를 사용하여 친하게 따르도록 한 뒤에 형벌을 사용하여 엄하게 정제하게 하고, 은혜와 위엄을 겸해서 이루면 반드시 승리를 쟁취할 수 있을 것이다.[71] 예를 들면, 안자(晏子)가 양저(穰苴)를 천거하여 문(文)으로 능히 무리를 복종하게 하고, 무(武)로 능히 적을 위협하였다.③

엄한 명령이 평소에 행해진 뒤에 전쟁을 가르치면 민심이 복종하고, 이와 반대로 하면 복종하지 않을 것이다. 대개 엄한 명령이 평소 행해지는 것은, 부하들과 서로 투합하여 따르지 않은 이가 없기 때문이니, 이는 교화가 복종하게 하는 이유이다.④

---

71 조본학은 "반드시 먼저 文으로써 명령하고 뒤에 法으로써 정제한다. 이를 일러 '공격하면 반드시 취하는 길이다'"라고 하였다.

제 10 편

지형편
地形篇

지형의 조건을 유리하게 이용하라

이 편은 구지편과 함께 상호 발명해야 한다.

此篇, 與九地篇, 互相發.

지형편은 아래의 구지편과 함께 지형의 조건을 전쟁에 잘 이용해야 함을 말하였다. 전쟁하기 어려운 지형에는 통형(通形)·괘형(挂形)·지형(支形)·애형(隘形)·험형(險形)·원형(遠形) 여섯 가지(六地)가 있다. 통형은 운송이 편리한 높은 양지이고, 괘형은 갈 수는 있으나 돌아오기 어려운 곳이며, 지형은 아군과 적군 양측에 불리한 곳이고, 애형은 두 산 사이에 낀 협로이며, 험형은 험하여 통행이 어려운 곳이고, 원형은 진영이 멀어 싸우기가 어려운 곳이다.

여섯 가지 패전 요인(六敗)이 있다. 즉, 도주·해이·함락·붕괴·혼란·패배이다. 이것이 패망하는 길이다. 장수는 항상 군대의 상황을 살피고, 적국의 상황에 따라 잘 대응해야 승리할 수 있다. 땅의 험하고 평탄함, 원근을 계측하는 것이 중요하다. 전쟁 상황에 따른 나아가고 물러나는 판단은 임금이 아닌 장수가 하는 것이다. 이것이 전쟁의 원칙이다.

군사들을 아이를 돌보듯이 은혜를 베풀면 장수와 부하가 생사를 함께 할 수 있다. 그러나 군사를 총애하되 교령을 내리지 않고 후대만하고 형벌로 다스리지 않으면 교만해져서 부릴 수 없다. 나를 알고 적을 모르고 나를 모르고 적을 알면 반쪽 승리를 하게 된다. 나를 알고 적을 알고 천시와 지리를 알면 완전한 승리를 할 수 있는 것이다.

1. 여섯 지형에서 기회를 이용하라

손자가 말하였다.

지형에는 통형(通形)이 있고 괘형(挂形)이 있고 지형(支形)이 있고 애형(隘形)이 있고 험형(險形)이 있고 원형(遠形)이 있다.① 아군이 갈 수도 있고 적군이 올 수도 있는 곳을 "통(通)"이라고 말한다.[1] 통형(通形)이란, 먼저 높은 양지를 점거하고 식량보급로를 편리하게 하고서 전쟁하면 유리하다.② 갈 수는 있으나 되돌아오기 어려운 곳을 "괘(挂)"라고 한다.[2] 괘형(挂形)이란, 적에게 방비가 없으면 나가서 이길 수 있고, 적에게 방비가 있으면

---

1 통(通)은 오고감이 무한한 것이니(往來無窮)《역경》〈괘사전〉, 자유롭게 오갈 수 있는 사통팔달 지역이다. 조본학은 "평지 사방에서 아군이 가고 적이 오는데 불가함이 없는 곳"이라 하였다.

2 괘(挂)는 걸 괘(掛)자와 통용이다. 조본학은 "괘(掛)는 건다는 뜻이니, 가면 순조롭게 내려가고 돌아올 때는 거슬려서 올라오니 전방이 높고 후방이 낮은 것이 물건이 걸린 것과 같다"고 하였다.

나가도 이기지 못하고 되돌아오기 어려워서 불리한 것이다.[3]③ 아군이 나가도 불리하고 적군이 나가도 불리한 곳을 "지(支)"라고 한다.[4] 지형(支形)이란, 적군이 비록 아군에게 이롭게 유인해도 아군은 나가서는 안 된다. 군사를 이끌고 떠나가는 척하다가[5] 적이 반쯤 나오게 한 다음 공격하면 유리한 것이다.[6]④ 애형(隘形)이란, 아군이 먼저 점거해야 하는데 반드시 군사를 가득히 충원해서 적을 기다려야 한다.[7] 만약 적군이 이를 먼저 점거한 경우 군사가 가득하면 추격하지[8] 말고 가득하지 않으면 추

---

3 매요신은 "적이 생각하지 못한 곳으로 출동하면 이득을 얻고 적이 방비가 있으면 반드시 제어를 받는다"고 하였다. 조본학은 "적이 방비가 없으면 이길 수 있는 이치가 있고, 적이 군사를 정비하면 적이 아군을 속이니 돌아가기 어려울 것이다."라고 하였다.

4 조본학은 "전쟁할 곳이 험하고 경사져서 분산과 집중이 불편하고 적과 아군을 구원해야하는 상황에서 서로 지지할 뿐이기 때문에 지(支)라고 이름한 것이다."라고 하였다.

5 인이거지(引而去之)는 이끌고 가는 것처럼 위장하고 적이 나오도록 유인하는 것이다.(매요신). 조본학은 "거짓으로 약함을 보이고 이끌고 가는 것이다"라고 하였다.

6 적이 반쯤 나온 것을 엿보고 정병이 공격하면 반드시 승리한다(장예). 조본학은 "적이 반쯤 나올 때 전쟁하면 구원을 받지 못하고 유린의 환난이 있으니 반드시 패하게 된다"고 하였다.

7 두우는 "군사를 좁은 지형에 가득히 채워서 적이 나아가고 물러가지 못하게 하는 것이다"라고 하였다.

8 종(從)은 추격(逐)의 뜻이다.(가림) 《상서》〈탕서〉에 "夏의 군사가 패하자 탕왕이 마침내 추격했다(湯遂從之)"는 내용이 있다.

격해야 하는 것이다.⑤ 험형(險形)이란, 아군이 먼저 차지하여 반드시 높은 양지에 머물러서 적을 기다려야 한다.[9] 만약 적이 먼저 차지했다면 군사를 이끌고 떠나가서 추격하지 말아야 한다.⑥ 원형(遠形)이란, 서로의 세력이 균등하여 도전하기가 어려우니 싸워도 이롭지 못한 것이다.[10]⑦ 무릇 이상의 여섯 가지는 지리에 관한 원칙이고 장수의 가장 중요한 임무이니 살피지 않을 수 없는 것이다.[11]⑧

孫子曰 地形, 有通者, 有挂者, 有支者, 有隘者, 有險者, 有遠者. 我可以往, 彼可以來, 曰通. 通形者, 先居高陽, 利糧道, 以戰則利. 可以往, 難以返, 曰挂. 挂形者, 敵無備, 出而勝之. 敵若有備, 出而不勝, 難以返, 不利. 我出而不利, 彼出而不利, 曰支. 支形者, 敵雖利我, 我無

---

9 장예는 "먼저 높은 양지에 머물러 안일한 군사로 피로한 군사를 기다리면 승리한다"고 하였다. 조본학은 "험형(險形)은 그 사이에 참호와 가시가 있어서 수레와 말이 달려가기에 불편한 곳이다. 부득이 전쟁하려면 반드시 높고 밝은 곳을 택하여 먼저 점거해야 한다."고 하였다.

10 세균(勢均)은 아군과 적의 세력이 균등하다의 의미이다. 세(勢)는 "군사의 세력(兵勢)"이다(맹씨와 두예). 조본학은 "원형이란 전쟁터가 진영과 거리가 먼 것이니, 세력이 균등함은 강약과 많고 적음이 서로 같은 것이고, 도전이 어려움은 유인할 수 없는 것이다"라고 하였다.

11 조본학은 "땅에 머무는 형세는 그 임무가 지극히 중요하다, 장수로서 살피지 않을 수 없으니 여섯 지형의 요점을 한마디로 말한다면 적을 부르되 적에게 불림을 당해서는 안되는 것일 뿐이다."라고 하였다.

出也. 引而去之, 令敵半出而擊之, 利. 隘形者, 我先居之, 必盈之以待敵. 若敵先居之, 盈而勿從, 不盈而從之. 險形者, 我先居之, 必居高陽以待敵, 若敵先居之, 引而去之, 勿從也. 遠形者, 勢均, 難以挑戰, 戰而不利. 凡此六者, 地之道也, 將之至任, 不可不察也.

【주해】

여섯 가지의 지형이 아래에 상세하다.①

통(通)은 사방으로 통하는 길이다(通衢). 먼저 높고 해를 향한 곳을 점거하고 식량보급로를 편리하게 한 뒤에 적과 전쟁을 해야 한다. 이른바 "적을 불러들이되 적에게 불림을 당하지 않는다"는 것이다.[12]②

괘형(掛形)은 험한 곳이니 개의 어금니가 서로 어긋난 것과 같은 것이다. 아군이 적을 공격하는 데 적에게 만약 방비가 없

12 이 내용은 두목과 장예의 주석을 근거한 것이다. 조본학은 "해가 사방에 통하는 곳을 점거하고 식량보급에 유리한 곳에 주둔하는 것이 통형(通形)의 이점이다"라고 하였다.

다면 공격하여 반드시 이길 수 있다. 비록 험한 곳에 들어가도 적군이 이미 패하면 돌아가는 길에서 아군을 다시 맞아 싸우지 못할 것이다. 그러나 적에게 만약 방비가 있다면 출전해도 반드시 이기지 못할 것이다. 적에게 차단되어 돌아오지 못할 것이 염려되니 이롭지 못하다.[13]③

피차간이 험한 곳에 머물러 수비하고 길이 좁아서 진을 만들 수 없으며 출전해도 모두 이득이 없는 곳을 지형(支形)이라고 한다. 적군이 이익을 만들어 아군을 유인하면 우리는 부디 나가서는 안된다. 혹은 군대를 이끌고 가서 그들이 출동하도록 유인한 다음 적군이 반쯤 나오려고 할 때를 기다렸다가 공격하면 유리할 것이다.④

두 산 사이에 낀 길을 "애(隘)"라고 한다.[14] 이 협로에 자리한 땅은 아군이 먼저 차지한 다음 마땅히 산골짜기에 군사를 가득히 충원하여 진을 만들고, 적으로 하여금 나아가지 못하게 하고 아군이 기병(奇兵)을 출동시키면 적이 꺾지 못할 것이다.

---

13 이 내용은 두목의 주석 내용을 근거한 것이다.

14 조본학은 "두 산 사이 가운데에 통하는 골짝이 있는데, 형세가 허리와 다리와 같은 것이 애형(隘形)이다"라고 하였다.

만약 적군이 먼저 그곳을 점거하고 협로 입구에 군사를 가득 충원하여 진을 만들었으면, 신중히 하여 추격하지 말아야 한다. 오직 적군이 먼저 와서 진지의 군사가 가득하지 않으면, 진입하여 추격해서 그 땅을 나누어 차지하되 기병을 세워 공격하는 것은 무엇 때문이겠는가.⑤

험한 형상의 땅은 언덕과 골짜기가 험하여 가기가 어려우니, 마땅히 먼저 높은 양지에 머물러 적을 기다려야 형세를 얻게 될 것이다. 만약 적군이 먼저 차지했으면 우리는 마땅히 군사를 이끌고 떠나가서 추격하여 싸우지 말아야 한다. 무릇 높은 양지에 주둔하는 것은 전쟁에 유리할 뿐 아니라, 홍수의 근심을 면할 수 있는 것이다.⑥

진영의 보루가 서로 멀고 세력이 또한 균등하면 다만 앉아서 적들을 오게 해서 공격하고, 멀리 가서 적을 부추겨서 싸우려고 해서는 안될 것이다.[15] 대개 도전하면 피로하고 적을 부르면 안일한 것이다.⑦

---

15 먼저 적을 부추겨서 전쟁을 하려고 해도 지역이 멀고 형세가 균등하면 도전하기에 맞지 않는 것이다.(《국어》〈진어〉 위소 주) 조본학은 "싸울 수 없는 것을 싸우려고 하면 아군이 피곤하고 적이 편해서 패망한다"고 하였다.

이상의 여섯 가지는 지리에 관한 원칙이고, 장수된 자의 임무에서 가장 중요한 것이니, 자세히 살피지 않을 수 없는 것이다.⑧

2. 여섯 가지 패전 요인

그러므로 군대에는 달아나는 경우가 있고, 해이한 경우가 있고, 함락되는 경우가 있고, 붕괴하는 경우가 있고, 어지러운 경우가 있고, 패배하는 경우가 있다. 대체로 이 여섯 가지는 천지에 의한 재앙이 아니고 장수의 잘못에서 오는 것이다.① 서로의 세력이 균등할 때 한 명으로 열 명을 공격하는 것을 "달아남"이라고 한다.② 병사들이 강하나 군관[16]이 나약한 것을 "해이함"이라고 한다.③ 군관이 강한데 병사들이 나약한 것을 "함몰"이라고 한다.④ 부장들이[17] 노하여 장수에게 복종하지 않고, 적을 만나면 원한을 품고 각자 싸우니, 장수가 부하들의 능력을 알지 못하는 것을 "붕괴"라고 한다.⑤ 장수가 나약하여 위엄스런

---

16 이(吏)는 군영의 문무관리인 군관이다.(오구룡) 주해에는 이사(吏士)로 되어 있고, 장예와 조본학은 "장리(將吏)"로 보았다.

17 대리(大吏)는 부장(裨裨)이다.(주해) 조본학도 이를 "보필하는 편장(偏將)"이라고 하였다.

덕이 없고 군사에게 호령하는데 법이 없으며, 군관과 병사에게 일을 맡기는데 일정함이 없고 군대 사열을 멋대로 하는 것을 "어지러움"이라고 한다.⑥ 주장(主將)이 적군을 헤아리지 못하고 적은 군사로 많은 적군과 싸우며, 약한 군사로 강한 적군을 공격하고, 군대에서 정예군을 선발하지 않는 것을 "패배"라고 한다.[18]⑦ 무릇 이 여섯 가지는 패망하는 길이다. 장수의 중요한 책임이니, 살피지 않을 수 없는 것이다.⑧

故兵有走者, 有弛者, 有陷者, 有崩者, 有亂者, 有北者. 凡此六者, 非天地之災, 將之過也. 夫勢均, 以一擊十曰走. 卒强而吏弱者曰弛. 吏强卒弱曰陷. 大吏怒而不服, 遇敵懟而自戰, 將不知其能曰崩. 將弱不嚴, 教道不明, 吏卒無常, 陳兵縱横曰亂. 將不能料敵, 以少合衆, 以弱擊强, 兵無選鋒曰北. 凡此六者, 敗之道也, 將之至任, 不可不察也.

---

18 매요신은 "적군의 실정을 헤아리지 않고 적은 군사로 많은 적을 대하며, 정예한 군사를 선발하지 않고 약한 군사로 강한 적군을 공격하는 것은 모두 패배하는 이치이다"라고 하였다. 여기서 배(北)는 패하여 달아나는 것이다(以敗走爲北).(이경(李倞) 주) 조본학은 "이는 선봉을 잘 선발하지 못한 잘못이다"라고 하였다.

【주해】

위에서는 지형을 말하고 여기서는 군대의 실정을 말하였는데 역시 여섯 가지의 패함이 있다. 그 자세한 내용이 아래에 있다.①

한 명으로 열 명을 공격하는 경우는 반드시 장수의 지략과 군사의 용기, 하늘이 내린 시기와 지리의 이점, 굶주리고 배부름과 수고롭고 안일함이 십배 차이가 있을 때 가능한 것이다. 그러나 만약 세력이 맞먹을 때 적은 군사로 많은 적을 공격하고자 하면, 이는 능력을 헤아리지 않고서 경솔하게 싸우는 것이기 때문에 "달아나는 것(走)"이라고 말한다. 달아나는 자는 포위되어 달아나서 탈출하지 못할 것이 두려운 것이다.[19]②

군관이 경솔하고 나약하여 사나운 병사를 통제하지 못하면, 법령이 없어지고 붕괴될 것이니, 이는 마치 쇠뇌가 늘어져서 펼 수 없는 것과 같은 것이다.[20]③

---

19 이 내용은 두목의 주석내용을 근거한 것이다. 조본학은 "이는 많고 적음을 헤아리지 못함에 대한 잘못이다. 아군에게 승리의 기회가 있고 적에게 패할 형상이 있으면 비록 하나로 열을 쳐도 가능한 것이다."라고 하였다.

20 장예는 "병사가 사납고 장리가 나약하면 통제하여 약속하지 못하므로 군정이 해이하고 무너진다"고 하였다. 조본학은 "이는 장리를 잘못 뽑은 잘못이다."이라고 하였다.

군관들이 강하고 용감하여 전쟁을 좋아하나 군사들은 훈련을 적게 하고 겁내하는데, 이를 부리면 반드시 패망에 이를 것이다.[21]④

모든 장수들이 마음을 하나로 하고 삼군(三軍)이 힘을 합하면 반드시 승리할 수 있다. 만약 부장(偏裨)이 분노하여 복종하지 않고 대장과 약속하고도 적을 만나면 분해하고 원한을 품고 각자 싸우니, 대장 된 자가 그들의 재능 여부를 알지 못한다면 그 군사들은 산이 붕괴하는 것처럼 전복될 것이다.[22] 옛날 진(晉)나라가 진(秦)나라를 정벌할 때 순언(荀偃)이 명하기를 "닭이 울 때 수레에 말을 메고 오직 나의 말머리가 어디를 향하는지를 보라"고 하자, 난서(欒書)가 노하여 "진(晉)나라의 명령이 이렇게 내려진 적이 없었다"며 드디어 이를 버리고 떠났다.[23] 진(秦)나라가 진(晉)나라를 정벌할 때 조천(趙穿)은 유

제10편
지형편
地形篇

---

21 두목은 "공격하고자 하나 병사가 나약하고 능력을 헤아리지 못하는데 억지로 진격하면 사지에 함몰한다"고 하였다. 조본학은 "이는 병사를 잘 훈련하지 못한 잘못이다"라고 하였다.

22 이는 장예의 주석을 근거한 것이다. 조본학은 "이는 장수들을 제어하지 못한 잘못이다. 위에서 아래로 추락하는 것이 붕(崩)이다. … 주장이 살펴서 단속하되 그들의 능력을 모르고 전쟁하는 것이 붕괴하는 길이다"라고 하였다.

23 진(晉)나라의 원수 순언(荀偃)이 군사들에게 대장의 말머리가 어디를 향하는지를 보고 향방을 결정하라고 명령하자, 난서(난염)는 동쪽으로 간다며 부하를

변(臾駢)이 상군의 좌(佐)가 된 것을 발노하여 스스로 휘하를 보낸 것이[24] 모두 이것이다.⑤

만약 장수가 위엄스런 덕이 없고, 호령하는데 법이 없으며, 장졸에게 일을 맡기는데 일정하지 않고, 군대에 절제가 없다면 이와 같은 것이 바로 스스로 어지럽히는 것이다.[25]⑥

주장(主將)이 적을 헤아리지 못하고 도리어 적은 군사로 많은 적군을 공격하고, 정예한 군사를 선발하지 못하여 갑자기 약한 군사로 강한 적군을 대적하는 것은 모두 패망하는 길이다.⑦

여섯 가지는 곧 스스로 패망하는 길로서 위의 글을 결론지은 것이다. 장수된 자는 항상 군대의 실정을 살펴야 함을 요구한 것이다.⑧

거느리고 떠났다.《춘추좌씨전》〈노양공〉

24 진백(秦伯)이 전쟁방법을 묻자, 사회(士會)가 답한 내용이다. 조천은 전쟁을 좋아하나 과격하고 유변(臾駢)이 상군의 보좌가 된 것을 증오하니, 예리한 군사로 도전하면 전쟁할 수 있다고 하였다.《춘추좌씨전》〈노문공〉 厲자가 《좌전》에는 "屬"자로 되어 있다.

25 이는 장예의 주석을 근거한 것이다. 그 주석은 "장수가 위엄스런 덕이 없고, 열병에 옛 법도가 없고, 장신을 오래 임명하지 않고, 병사가 절제가 없다"고 하였다. 조본학은 "이는 진법을 모르는 잘못이다."라고 하였다.

3. 전쟁 원칙은 상황을 따르는 것이다

지형이란, 병세를 돕는 것이니,① 적군의 실정을 헤아려서 승리하게 하고, 땅의 험하고 평탄한 것과[26] 멀고 가까운 것을 계측하는 것은 상장[27]이 해야 할 도리이다.② 이것을[28] 알고서 전쟁하는 자는 반드시 승리하고, 이것을 모르고 전쟁하는 자는 반드시 패할 것이다.[29]③

때문에 전쟁의 원칙에[30] (상황이) 반드시 이길 수 있다면 임금

26 험액(險阨)은 주석 앞 구의 "강약(强弱)"과 대구이고 기존의 학자들이 험이(險易)로 해석하므로 이를 따랐다.(《통전》, 《치평어람》) 역배기(易培基)는 《잡기》에서 "액(阨)"은 "평이할 이(夷)"의 오자라고 하였다.

27 상장(上將)은 군대를 지휘하는 주장(主將)이다. 유능한 장수(能將)로도 보고(고유(高誘), 조본학), 오구룡은 "현명하고 유능한 장수"라고 하였다.

28 이것은 위에 언급한 적의 실정과 지형이다. 아래의 주해는 장예의 주석을 근거한 것이다.

29 조본학은 "전쟁은 계측에 달렸지 땅에 달린 것이 아니다. … 장수된 자가 능함을 겸하고서 이 두 가지 실정과 지형으로 용병하면 반드시 이기고 그렇지 않으면 반드시 진다"고 하였다.

30 전도(戰道)는 전쟁의 원칙이다. 주해에 '필승과 필패의 도(道)'와 '육지(六地)·육패(六敗)와 같다고 한 점을 미루어 전쟁의 원칙으로 보았다. 오구룡은 "전쟁

이 싸우지 말라고 명해도 반드시 싸우는 것이 맞고, 전쟁의 원칙에 (상황이) 이길 수 없다면 임금이 반드시 싸우라고 명해도 싸우지 않는 것이 맞다.④ 그러므로 나아가서는 전승의 명성을 구하지 않고, 물러나서는 항명의 죄를 피하지 않으며, 오직 백성을 보호하고 임금에게 유리하게 하니, 이러한 장수는 나라의 보배이다.⑤

夫地形者, 兵之助也. 料敵制勝, 計險阨[易]遠近, 上將之道也. 知此而用戰者, 必勝, 不知此而用戰者, 必敗. 故戰道必勝, 主曰無戰, 必戰可也. 戰道不勝, 主曰必戰, 無戰可也. 故進不求名, 退不避罪, 唯民是保, 而利於主,[31] 國之寶也.

【주해】

땅에는 통형(通形)·괘형(掛形)·지형(支形)·애형(隘形)·험형(險

의 지도 규칙"이라고 하였다.

31 이어주(利於主)는 무경본과 조주본을 따른 것이다. 이(利)자 뒤에 "합(合)"자가 있는 판본도 있으나 조본학은 "아래에 合자가 있는 것은 옳지 않다"라고 하였다.

形)·원형(遠形)의 형상이 있다. 용병하는 자는 반드시 이에 따라서 승리하게 하기 때문에 돕는다고 말한 것이다.①

적군의 강약(强弱)과 허실(虛實)을 헤아려서 승리하게 하고, 땅의 험이(險易)와 원근(遠近)을 계측하여 용병하니, 이는 상장(上將)이 해야 할 도리이다.[32]②

이미 적군의 실정을 알고 또 지형을 알고서 전쟁하면 이기지 못함이 없을 것이다. 그러나 이를 모두 모르는 자는 패하지 않는 경우가 드물 것이다.③

이는 곧 임금의 명령을 수용하지 않음이 있는 경우이다.[33] 전도(戰道)란, 반드시 이기고 반드시 패하는 도(道)이니, 위의 여섯 가지 지형(六地)과 여섯 가지 패배(六敗)[34]와 같은 것이 바로 이것이다.④

나아갈 때는 전쟁에서 승리했다는 명성을 구하지 않고, 물

---

32 이 내용은 장예와 유인의 주석 내용을 근거한 것이다.

33 장예는 "왕명을 따르다가 패하느니 규정을 어기고서 성공하는 것이 낫다. 군중에서는 천자의 명령도 듣지 않는다"고 하였다. 조본학은 "장수는 밖에서 임무를 맡고 유리함이 자기에게 있어 싸울 수 있으면 싸우고, 싸울 수 없으면 싸우지 말아야 하며, 법이 마땅히 어떠한지를 돌아봐야 한다."고 하였다.

34 여섯 가지 지형은 통형·괘형·지형·애형·험형·원형이고, 여섯 가지 패배는 달아나는 것(走)·해이한 것(弛)·함락되는 것(陷)·붕괴하는 것(崩)·어지러운 것(亂)·패배하는 것(北)이다.

러날 때는 왕명을 어겼다는 죄를 피하지 않는다. 오직 승리를 쟁취함으로써 백성을 보호하고 임금을 비호한다면, 이와 같은 주장(主將)이야말로 충신이니 어찌 나라의 지극한 보배가 아니겠는가.[35]⑤

35 이 구절은 두목과 장예의 주석 내용을 근거한 것이다. 조본학은 "임금의 명령을 따른다면 장수 한몸은 면할 수 있지만, 삼군의 운명과 사직의 계책을 어찌하겠는가. 충성스런 선비는 결코 그렇게 하지 않는다."라고 하였다.

4. 은혜와 형벌로 군사를 부려라

병사들을 돌보기를 어린 아이처럼 하기 때문에 깊은 골짜기에도 함께 달려갈 수 있고,① 병사들을 돌보기를 사랑하는 자식처럼 하기 때문에 장수가 부하와 함께 죽을 수 있는 것이다.[36]② 부하를 총애하되 교령을 내리지 못하고, 어루만지며 기르되 일을 부리지 못하며, 어지러워도 형벌로 다스리지 못하면 비유컨대 교만한 자식과 같아서 부릴 수가 없는 것이다.[37]③

視卒如嬰兒, 故可與之赴深谿, 視卒如愛子, 故可與之俱死. 愛而不能令, 厚而不能使, 亂而不能治, 譬如驕子, 不可用也.

---

36 조본학은 "갓 태어난 아이처럼 함은 극진하게 보호함이고, 사랑하는 자식처럼 함은 극진하게 친애함이고, 깊은 계곡에 달려가고 함께 죽는 것은 마음을 얻었기 때문이다."라고 하였다.

37 조본학은 "군사를 어루만지는데 은혜가 중요하지만, 대중을 부리는 데는 군법을 폐하면 안 되며, 오직 사랑하고 후대만하면 부릴 수가 없다. 전쟁에는 은혜와 위엄을 겸하여 가혹하지 않고 해이하지 않아야 한다"하였다.

【주해】

병사들을 보호하기를 포대기로 감싸듯이 하면, 비록 깊은 골짜기에 달려가게 해도 험하다고 여기지 않는다. 이는 오기(吳起)가 종기를 빨고 효력을 본 것과[38] 같다고 할 수 있다.①

순경(荀卿)이 말하기를 "신하가 임금을 대하고 아랫사람이 윗사람을 대할 때 자제가 부형을 섬기고 손과 발이 머리와 눈을 감싸듯이 해야 한다."고 하였다. 그렇게 하면 좋은 술을 강물에 띄우고 삼군(三軍)이 모두 취할 것이다. 온화한 말로 한번 어루만지면 병사들은 솜옷을 껴입은 것처럼 느끼니, 그래서 은혜로 아랫사람을 대하는 것을 옛 사람들이 중시한 게 아닌가.②

이는 곧 병사들이 이미 친하게 따라도 형벌을 행하지 않으면 그들을 부릴 수 없다는 의미이다. 애(愛)는 총애이고, 영(令)은 교령(教令)이고, 후(厚)는 어루만져 기르는 것(撫養)이고, 사(使)는 부리는 것(役使)이고, 난(亂)은 어지러운 것(擾亂)이고, 치

38 위(魏)나라 장수 오기(吳起)는 평소에 부하들과 항시 음식을 같이 먹으면서 부하들과 정을 돈독히 하였다. 심지어 부하가 종기가 나면 고름을 빨아서 낫게 하니, 전쟁할 때면 부하들이 목숨을 아끼지 않고 싸웠다.《사기》〈오기전〉

(治)는 형벌로 다스린다(刑治)는 뜻이다.[39] 교만한 자식이 은혜가 지나쳐서 은혜를 오로지 하면 부릴 수가 없는 것이다. 이는 조공(曹公, 조조)이 머리를 잘라서 스스로 형벌을 가하고, 공명(孔明, 제갈공명)이 눈물을 흘리며 부하를 죽인 것이다.[40]③

39 애(愛)는 … 다스린다(刑治)이다 내용은 매요신의 주석 내용을 근거한 것이다.

40 조조가 보리밭을 훼손하면 사형에 처한다고 군령을 내렸는데, 자신의 말이 밭에 들어가 어기자, 스스로 머리를 잘랐다. 제갈량은 가정(街亭)의 싸움에서 마속이 명령을 어겨 위(魏)나라 장군 장합(張郃)에게 대패하자, 눈물을 흘리며 마속을 참형에 처하였다.《삼국지》〈촉지〉

5. 나를 알고 적을 알아야 완전 승리한다

나의 병사가 정예하여 적을 공격할 수 있는 것은 알고, 적이 강하여 공격할 수 없음을 모르면, 반쪽 승리가 되는 것이다.① 적을 공격할 수 있는 것은 알고 나의 병사가 적을 공격할 수 없는 것을 모르면, 이 역시 반쪽 승리인 것이다.② 적을 공격할 수 있는 것은 알고, 우리의 병사가 적을 공격할 수 있는 것을 알되 지형이 전쟁할 수 있는 곳임을 모르면, 이 역시 반쪽 승리이다.[41]③

그러므로 전쟁을 잘 아는 자는 행동하는데 미혹되지 않고 거행하는 일이 곤궁하지 않다.④ 그러므로 적을 알고 자기를 알면 승리하여 위태롭지 않고, 하늘의 시기를 알고 지리의 이점을

41 조본학은 "이는 한편의 뜻을 총결론한 것이다. 장수는 우선 병사를 선발하고 무리를 위무하고 법을 바로잡아 군사를 정예하고 용맹하게 만들면 백번 싸워도 패하지 않게 할 수 있으니, 이것이 장수가 되는 근본이다."라고 하였다.

알면 승리를 취함에 만전을 기할 수 있는 것이다.[42]⑤

知吾卒之可以擊, 而不知敵之不可擊, 勝之半也. 知敵之可擊, 而不知吾卒之不可以擊, 勝之半也. 知敵之可擊, 知吾卒之可以擊, 而不知地形之(不)[43]可以戰, 勝之半也. 故知兵者, 動而不迷, 擧而不窮. 故曰 知彼知己, 勝乃不殆. 知天知地, 勝乃可全.

【주해】

나의 병사가 정예하여 공격할 수 있는 것은 알고 적이 강하여 공격할 수 없음을 모르면, 이는 바로 자기는 알고 적을 모르는 것이니 한번 이기고 한번 질 것이다.(知己不知彼 一勝一負) ①

이른바 적을 알고 자기를 알지 못하는 것이다.②

---

42 이 인용문은 당나라 때의 《군서치요(群書治要)》와 《통전》에 나온다. 두우는 "능히 지피지기(知彼知己)를 하고, 지형을 살피고 천도를 본받으면 완전한 승리를 할 수 있다"고 하였다. 조본학은 "이 말을 인용하여 위의 글을 증명한 것이다"라고 하였다.

43 《손무자직해》에는 "可"자 앞에 "不"자가 있다.

여섯 가지 해가 되는 곳과 같은 땅은 모두 병사를 부려서 싸울 수 없는 것이니, 적을 만나서 마땅히 헤아리고 지리도 또한 마땅히 알아야 한다.③

전쟁을 아는 장수는 모든 동작에 있어서 육해(六害)·육파(六破)와 피차간의 형세를 모두 잘 아니 미혹됨이 없는 것이다. 이미 미혹되지 않는다면 거행하는 일이 곤궁함에 이르지 않는다.[44]④

이는 또한 위의 글을 결론지은 것이다. 이미 적과 자신을 알고 또 하늘의 시기와 지리의 이점을 알면, 우리가 승리를 쟁취하는 일이 어찌 위태롭겠는가. 또한 만전을 기할 수 있을 것이다.⑤

---

44 조본학은 "불미(不迷)는 일마다 기미에 적중하여 미혹이 없고, 불궁(不窮)은 백전백승하여 궁박하지 않은 것이다"라고 하였다.

제 11 편

구지편
九地篇

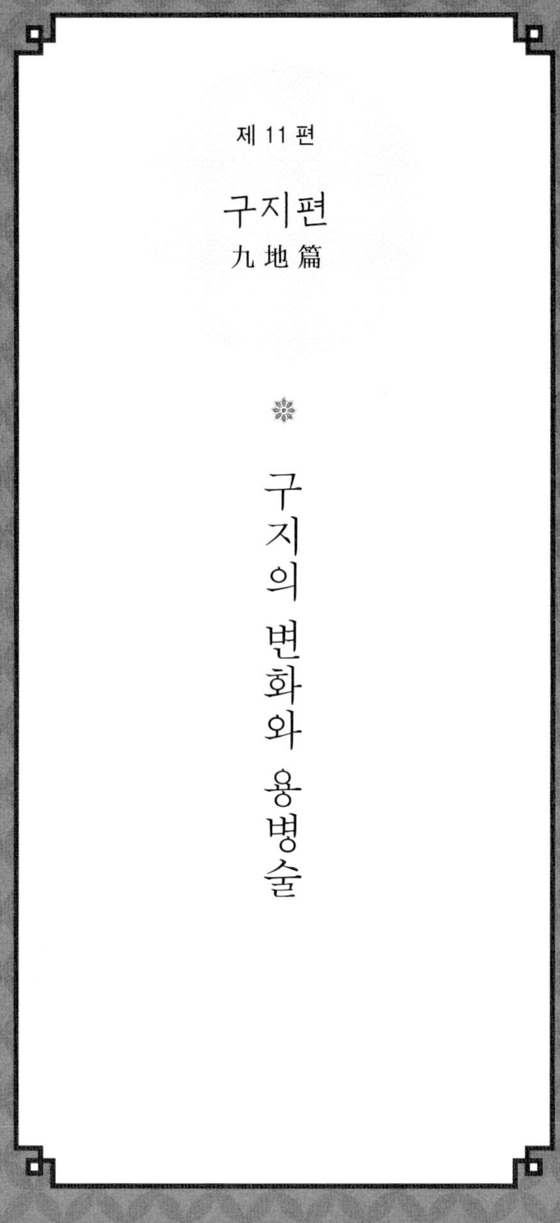

구지의 변화와 용병술

땅의 형세에 이러한 아홉 가지의 변화가 있음을 말하였다.

言地勢, 有此九者之變.

구지편은 용병의 방법에 있어서 아홉 가지 지형의 변화가 있음을 들어 산지·경지·쟁지·교지·구지·중지·비지·위지·사지를 주의해야 함을 말하였다. 용병을 잘하는 자는 교란작전에도 능하다. 적의 대군을 대비하려면 지리와 식량을 먼저 차지해야 하고, 적이 예상하지 못한 길과 경계하지 않은 곳을 신속히 공격해야 한다.

적국의 사지에 진입하면 필사적인 각오와 약탈에 의한 생존법으로 불가사의한 작전을 모의하고 오히려 용감해진다. 상산의 뱀인 솔연(率然)처럼 작전하면 가운데를 찌를 때 좌우에서 호응하니, 전군을 한 사람의 손을 잡은 것처럼 부리게 된다. 군대를 통솔할 때는 미리 알거나 예측하지 못하게 하고 몰고 가되 목적지를 모르게 한다. 구지의 법은 구속하지 않고 변통하는 것이다.

적지에서는 깊이 진입하여 전일히 하고 지형과 상황에 따라 변화하여 대처한다. 패왕의 군사는 구지의 법을 모두 알고 천하에 군림하면 적국을 붕괴시킬 수 있다. 전쟁의 일은 적의 뜻을 따르는 척하며 살피고, 부하들과 협력하여 적을 집중 공격하고 교묘하게 목적을 달성한다. 전쟁을 시작할 때는 적의 변동 상황에 따라 움직여야 한다. 처음에는 약하게 보이고, 적이 문을 열면 토끼처럼 신속하게 공격하여 방어할 겨를도 없게 한다.

1. 전쟁 상황에 따라 다른 아홉 가지 지형

손자가 말하였다.

용병의 방법에는 산지(散地, 쉽게 흩어지는 곳)가 있고, 경지(輕地, 쉽게 돌아가는 곳)가 있고, 쟁지(爭地, 유리한 전쟁터)가 있고, 교지(交地, 서로 교차하는 곳)가 있고, 구지(衢地, 천하의 통로)가 있고, 중지(重地, 깊이 진입한 곳)가 있고, 비지(圮地, 무너진 곳)가 있고, 위지(圍地, 포위 당하는 곳)가 있고, 사지(死地, 존망이 달린 곳)가 있다.①

제후가 스스로 국내의 땅에서 싸우는 것을 산지(散地)라고 한다.② 적군의 영토에 침입하되 깊이 들어가지 않은 것을 경지(輕地)라고 한다.③ 아군이 차지해도 이롭고 적군이 차지해도 이로운 것을 쟁지(爭地)라고 한다.[1]④ 아군이 갈 수도 있고 적군

제11편
구지편
九地篇

1 조본학은 "땅을 얻은 자는 적어도 무리를 제어하고 약해도 강자를 제어하기에 사람들이 모두 취하고자 하기에 쟁탈하는 곳이라고 하였다"고 하였다.

이 올 수도 있는 것을 교지(交地)라고 한다.[2]⑤ 제후의 땅이 본토와 이웃 나라로 삼면이 이어졌는데, 먼저 도착하여 천하의 무리를 얻는 것을 구지(衢地)라고 한다.[3]⑥ 적군의 영토에 침입한 것이 깊고, 성곽과 고을을 등진 것이 많은 것을 중지(重地)라고 한다.⑦ 산림과 험한 지대, 습지 등 모든 통행이 어려운 길을 비지(圮地)라고 한다.[4]⑧ 경유하여 들어간 것이 좁고 따라서 돌아간 것이 멀리 돌며 적이 적은 군사로 아군의 많은 군사를 공격할 수 있는 것을 위지(圍地)라고 한다.[5]⑨ 빨리 전쟁하면 살아남고, 빨리 전쟁하지 않으면 망하는 것을 사지(死地)라고 한다.[6]⑩

---

2 교지(交地)는 길이 교차하는 지역이다. 아군과 적군의 경계를 연접한 곳으로 적군과 아군이 모두 왕래할 수 있는 곳이다.(고복당(顧福棠) 주) 조본학은 "평원이 백리인 곳에 가린 게 없어 적과 아군이 자유롭게 오갈 수 있는 곳이다'라고 하였다.

3 주변국의 삼면이 회동할 때 먼저 도착하면 제후의 도움을 얻는다.(매요신) 조본학은 "사방이 통한 곳이 구(衢)다. 삼면이 이어진 곳은 경계가 여러 나라에 속하니 먼저 도착한 자가 그 나라와 미리 외교하면 그 나라가 반드시 돕기 때문에 사방으로 통하는 곳이라 하였다"고 하였다.

4 조본학은 "수레가 부서지고 말이 죽어 함몰되기 때문에 무너진 곳이라 하였다"고 하였다.

5 조본학은 "앞으로 나아갈 수 없고 뒤로 돌아갈 수 없으니 적이 나와서 좁은 곳을 막고 도는 곳을 끊으면 아군이 벗어날 수 없기에 포위된 곳이라 하였다"고 하였다.

6 조본학은 "적의 수비가 견고하고 적의 계략이 날로 깊어지고 아군의 식량이 끊기고 군사는 날로 노쇠하고 계책이 날로 다하는데 한번 포위되면 살길이 없기 때문에 사망하는 곳이라 했다"고 하였다.

孫子曰 用兵之法，有散地，有輕地，有爭地，有交地，有衢地，有重地，有圮地，有圍地，有死地．諸侯自戰其地者，爲散地．入人之地而不深者，爲輕地．我得亦利，彼得亦利者，爲爭地．我可以往，彼可以來者，爲交地．諸侯之地三屬，先至而得天下之衆者，爲衢地．入人之地深，背城邑多者，爲重地.[7] 山林，險阻，沮澤，凡難行之道者，爲圮地．所由入者隘，所從歸者迂，彼寡，可以擊吾之衆者，爲圍地．疾戰則存，不疾戰則亡者，爲死地．

【주해】

땅에는 본래 구(九)가 달린 명칭이 없다. 사람이 땅의 형세에 따라서 승리를 만들기 때문에 이 구(九)를 설정한 것이다. 아래의 글에서 자세히 볼 수 있다.①

적군을 방어하려면 마땅히 경계 밖으로 나가야 한다. 그러나 만약 국내의 땅에서 싸우면 병사들은 성곽만을 믿고 안을 돌봐야 하는 근심을 면하지 못할 것이니 그 형세는 쉽게 흩어

7 《손무자직해》에는 “山”자 앞에 “行”자가 있으나 조본학은 이것은 옳지 않다고 하였다.

질 것이다.[8]②

국경을 나간 것이 멀지 않으면 돌아가는 것을 경이하게 여긴다.[9]③

적군과 아군이 모두 유리한 것은 반드시 전쟁하는 곳이 된다. 예를 들면, 오(吳)와 촉(蜀)이 형주(荊州)를 다투어 강구한 것이 바로 이것이다.④

평이한 곳을 왕래할 수 있는 것이 서로 교차하는 곳이 된다.⑤

본토와 이웃 나라가 삼면으로 이어져 있는데, 먼저 그 요충지에 가서 형세를 점거하여 천하의 도움을 얻는 것을 구지(衢地)라 한다. 정(鄭)나라가 제(齊)·초(楚)·진(晉)과 경계하고 있는 것이 바로 이것이다.⑥

적군의 영토에 침입한 것이 이미 깊고, 적군의 성과 고을을

---

8 병사들은 전쟁터에서 집이 가까우면 처자를 생각하고 집안을 돌아보게 되어 쉽게 흩어지게 된다.(이전, 장예) 조본학은 "경내의 성읍을 믿는 사람들이 편한 계책을 생각하니 전쟁하면 용감하지 못하고 패하면 달아나 귀향하기 때문에 흩어지는 곳이라 하였다"고 하였다.

9 장예는 "처음 적경에 들어간 병사들이 돌아가기를 생각하면 이곳이 귀환을 경이하게 여기는 곳이다"라고 하였다. 조본학은 "경계를 나간 것이 멀지 않으면 군사의 마음이 나갈까 후퇴할까하는 사이에 있기에 경홀한 곳으로 이름했다"고 하였다.

등진 것이 이미 많아서 병사들이 돌아가기가 어렵고 그 마음이 절로 전일하게 되므로 "중지(重地)"라고 한다.[10]⑦

비지(圮地)란 무너져서 머물지 못하는 것을 이른다.[11]⑧

앞이 좁고 뒤가 험하여 나아가고 물러남이 어려운데, 적군이 적은 병력으로 우리의 많은 병력을 공격하여 포위를 당함과 같은 것이다.[12]⑨

군사가 험한 곳에 머물면서 식량이 끊겼을 때 적군이 처한 존망의 위기가 이 한 번의 전쟁에 달린 것을 이름하여 "사지(死地)"라고 말한다.⑩

제11편
구지편
九地篇

---

10 앞의 두 글귀는 두목의 주석을 근거한 것이다. 조본학은 "성과 고을을 지나온 곳이 이미 많으면 후퇴할 수 없기 때문에 중난(重難)한 곳이라 하였다"고 하였다.

11 이 내용은 유인의 주석 내용을 근거한 것이다.《손무자직해》

12 이 내용은 유인의 주석 내용을 근거한 것이다.

2. 아홉 가지 지형의 주의할 점

그러므로 산지(散地)에서는 전쟁하지 말고,[13]① 경지(輕地)에서는 주둔하지 말고,[14]② 쟁지(爭地)에서는 공격하지 말고,[15]③ 교지(交地)에서는 길을 막아 단절하지 말고,[16]④ 구지(衢地)에서는 이웃 나라와 외교를 맺고,⑤ 중지(重地)에서는 약탈을 하고,[17]⑥ 비

---

13 조본학은 "적군이 깊이 침입하면 살려는 마음이 없고 후퇴할 리도 없으니 보루를 높이 쌓고 싸우지 말라"고 하였다.

14 조본학은 "적지에 들어간 것이 깊지 않으면 군사의 마음이 견고하지 못하고 속히 진군에 힘쓰며 작은 승리를 부끄러워 하지 않고 노략을 탐하니 도망하다가 쉽게 패할 우려가 있다"고 하였다.

15 조본학은 "다툴 곳을 적이 먼저 점거하면 이익으로 유혹할 것이니 먼길로 돌아가고, 다툴만한 계책이 없으면 떠나거나 싸울만 하면 계략에 빠지게 해야 한다"고 하였다.

16 매요신은 "길이 이미 교차하여 통하니 적이 맞아 단절할까 염려된다"고 하였다. 조본학은 "교착한 곳에서 행군하여 대오의 수미를 이으면 갑자기 적을 만나도 쉽게 진을 이루고 패하지 않을 것이다"라고 하였다.

17 조본학은 "중지에서는 병사들이 싸우지 않음을 근심하지 않고 오직 양식이 부족함을 근심한다"고 하였다.

지(圮地)에서는 속히 떠나고,[18]⑦ 위지(圍地)에서는 계책을 세우고,⑧ 사지(死地)에서는 결전을 해야 한다.⑨

是故散地則無戰, 輕地則無止, 爭地則無攻. 交地則無絶, 衢地則合交, 重地則掠. 圮地則行, 圍地則謀, 死地則戰.

【주해】

적과 함께 전쟁하지 말아야 한다.①

병사가 두려워서 돌아갈까 염려된다.②

마땅히 먼저 도착하여 점거하여 성을 공격하는데 지연해서는 안된다. 예를 들면, 영호(寧濠)가 금릉(金陵)에 주둔할 때 안경(安慶)을 공격한 것이 이것이다.③

길을 막아 끊어서는 안 되니 마땅히 기병을 잠복시켜 이기게 해야 한다.[19]④

주변에 있는 이웃 나라와 마땅히 먼저 외교를 맺으면 우리

18 조조는 "계류하여 머물지 않아야 한다"라고 하였다. 조본학은 "별다른 좋은 법이 없으면 속히 떠나야 한다"고 하였다.

19 이 구절은 장예의 주석 내용을 근거한 것이다.

는 그들의 원조를 얻을 것이다.[20]⑤

양식을 약탈하여 취하고 수비하면서 기병을 내보낸다.⑥

마땅히 속히 떠나 가야한다.⑦

위지(圍地)에서는 힘으로 이길 수 없으니, 오직 계책을 세워야 만이 적을 제어할 수 있다.[21]⑧

힘을 합하여 결전을 한다.⑨

---

20 장예는 "사방으로 통하는 곳에서 먼저 주변국과 외교를 맺어야 한다"고 하였다. 조본학은 "제후와 외교하는 것이 원조를 만드는 것이다. 합교(合交)란 말은 춘추전국시대의 떳떳한 법이다"라고 하였다.

21 이 구절은 장예의 주석을 근거한 것이다. 조본학은 "포위한 초기에는 계략이 미비하니 접전하고 포위한지 오래면 틈을 찾아 기략을 내고 비바람 치는 어둔 밤, 안개낀 날, 봉화가 끊긴 날 등을 도모한다"고 하였다.

3. 적을 교란시키는 여덟 가지 용병술

용병을 잘하는 자는 능히 적군으로 하여금 전군과 후군이 서로 호응하지 못하게 하고,[22] 많은 군사와 적은 군사가 서로 의지하지 못하게 하며, 귀한 자와 천한 자가 서로 구원하지 못하게 하고, 윗사람과 아랫사람이 서로 보호하지 못하게 하며,[23] 졸병들이 흩어지면 모이지 못하게 하고, 군사들이 모여도 통일되지 못하게 하였다.[24]① 이익에 일치하면 움직이고, 이익에 일치하지 않으면 그친다.[25]②

---

22 급(及)을 겸고(兼顧)와 책응(策應)으로 보고(오구룡, 관동), 여기서는 호응하다로 해석했다.

23 귀한 자와 윗사람은 부장들이고 천한 자와 아랫사람은 병사들이다.(조본학) 수(收)는 주해의 "上下隔絶 不相救保"를 따라 "보호하다"로 해석했다.

24 졸병들이 흩어져 모이지 못하면 무너져 흩어지고(潰散), 군사들이 모여도 통일되지 못하면 들쑥날쑥한 것이다(參差)(조본학). 제(齊)는 "통일하다(齊一)", "일치"의 뜻이다.(주해) 오구룡은 "정제(整齊)"로 해석했다.

25 조본학은 "이는 우리가 절제하는데 일정함이 있으나 분산과 집중, 행동과 중지는 자유롭게 함을 말한 것이다. 용병을 좋아하는 자는 능히 남을 어지럽게 한다."고 하였다.

감히 여쭙기를, "적군이 많고 정연하여 장차 침입하여 오려고 하는데, 이를 어떻게 대비해야 합니까?"하니, 대답하기를, "먼저 적이 아끼는 것을 빼앗으면 우리의 뜻대로 될 것이다."[26] 라고 하였다.③ 용병의 이치는 속전을 주로 한다.[27] 적군이 제때 대비하지 못한 때를 이용하고 그들이 생각하지 않은 길을 따라 그들이 조심하지 않은 곳을 공격하는 것이다.[28]④

(古之)[29]善用兵者, 能使敵人, 前後不相及, 衆寡不相恃, 貴賤不相救, 上下不相收, 卒離而不集, 兵合而不齊. 合於利而動, 不合於利而止. 敢問 敵衆整而將來, 待之若何. 曰 先奪其所愛, 則聽矣. 兵之情, 主速, 乘人之不及, 由不虞之道, 攻其所不戒也.

---

26 장예는 "적이 아끼는 지리와 식량을 우리가 빼앗으면 우리의 계략을 따르지 않을 수 없다"고 하였다. 청(聽)에 대해 오구룡은 "적을 움직이게 하여 우리의 뜻대로 되는 것(從我意願)"으로 해석했다.

27 장예는 "용병의 이치는 오직 신처럼 신속함을 숭상한다"고 하였다. 정(情)은 이치, 정리(情理)이다.(오구룡, 관동) 조본학은 "용병에는 신속함을 귀히 여긴다. 급박한 때와 예측하지 못한 길을 통하고 대비하지 못한 곳을 공격하면 '먼저 아끼는 것을 탈취하는 것'이 가능하다"라고 하였다.

28 조본학은 "전쟁에는 신속함을 귀히 여기니 반드시 적이 다급하여 미처 할 수 없을 때 예상하지 못한 길을 통하여 그들이 경계하지 못한 곳을 공격해야 한다"고 하였다.

29 유인의 《손무자직해》에는 "善"자 앞에 "所謂"가 있다.

【주해】

적군의 가운데로 돌진하여 전군과 후군으로 하여금 서로 호응하지 못하게 하고, 적국의 형세를 분리하여 많은 군사와 적은 군사로 하여금 서로 의지하지 못하게 하며, 기병을 출동시켜 엄습하여 귀한 자와 장리(將吏), 천한 자와 병사로 하여금 서로 구원하지 못하게 한다. 위와 아래가 단절되어 서로 구원하여 보호하지 못하고, 병사들이 흩어져서 모이지 못하고, 군사들이 비록 모이더라도 통일되지 못하니, 이것이 모두 계략을 써서 적을 그르치게 하는 일이다.①

적군이 비록 소요하고 달아나는 것이 일정하지 않으나 마땅히 이익이 있으면 움직이고 이익이 없으면 그치는 것을 살펴보아야 한다.②

어떤 이가 적의 군사들이 많고 정연한 것을 두려워하여 이를 대비하는 방법을 물었다. 대답하기를, "먼저 적이 아끼는 지리(地利)와 양식, 소굴 등을[30] 빼앗으면, 적은 반드시 군사를 분산하여 아끼는 것을 구원할 것이고, 많고 정연한 것을 믿지

제11편
구지편
九地篇

30 아끼는 것이 주해에는 "지리(地利)와 양식, 소굴(地利糧食巢穴)"로 되어 있다. 조본학은 아끼는 것을 "축적한 것, 심복의 소굴(巢穴)"로 보았다.

못하게 되면, 그들의 나아가고 물러남은 오직 우리의 뜻대로 될 것이다."라고 하였다.③

먼저 쟁탈하는 계책은 마땅히 빠르게 하고 느리게 해서는 안된다. 적이 제때 대비하지 못한 때를 틈타고 적이 생각하지 않은 길을 따라서 적이 조심하지 않는 곳을 공격해야 한다. 적의 전군과 후군으로 하여금 서로 호응하지 못하게 하고, 적의 많은 군사와 적은 군사가 서로 믿지 않게 되면 적이 아끼는 것을 거의 빼앗을 수 있는 것이다.[31]④

31 이 내용은 장예의 주석내용을 근거한 것이다.

4. 적국의 사지에서 작전하는 방법

무릇 객(客)이 되는 길은[32] 적지에 깊이 침입하면 군사들의 필사적인 마음이 전일해져서 주인이 이기지 못한다.① 풍성한 들을 약탈하여 전군의 식량이 넉넉해지면, 군사들을 삼가 어루만져 기르고 피로하게 하지 말며, 기운이 좋아지고 힘이 온전해지게 한다. 그런 뒤에 작전하고[33] 모의를 하여 적군이 헤아릴 수 없는 계책을 만들어야 한다.[34]② 군사들을 달리 갈 데가 없는 위태한 곳에 투입하면 죽어도 달아나지 않는다.[35]③ 결사적으

---

32 객(客)은 적진에 침입하여 전쟁하는 군사를 말한다. 《예기》〈월령〉주에, "군사를 일으켜 사람을 정벌하는 자를 객(客)이라 한다"하였다. 조본학은 "자국의 땅에서 전쟁하면 주인이 되고 남의 땅에서 하면 객이 된다."고 하였다. 주인은 본국의 군사이다.

33 운병(運兵)은 주해에 따르면 "산가지를 움직이는 것(運籌)"이니, 즉 작전한다는 뜻이다.

34 조본학은 "군사에게 음식을 먹여 휴식하게 하고 기력을 축적하여 계책 가운데에 군대를 운용하여 예측할 수 없는 계책을 만들어야 한다"고 하였다.

35 매요신은 "반드시 전쟁해야 하는 곳에 군사를 배치하면 죽을 것을 알아도 후퇴하여 달아나지 않는다"라고 하였다.

로 싸우려고 한다면, 어찌 군사들이 진력하지 않겠는가.④ 군사들이 패망할 곳에 깊이 함몰되면 두려워하지 않고, 달리 갈 데가 없으면 군사들의 마음이 견고해지며, 적지에 깊이 진입하면 군사들이 구애되어 흩어지지 못하고, 형세가 어쩔 수 없으면 사투를 벌인다.[36]⑤

그러므로 군사들은 정비하지 않아도 경계를 하고, 구하지 않아도 각자 힘을 얻을 수 있으며, 규약을 정하지 않아도 서로 친해지고, 명령하지 않아도 믿고 따른다.[37]⑥ 미신을 금하고 의혹을 제거하면 군사들은 죽음에 이르러도 떠나가지 않을 것이다.⑦

凡爲客之道，深入則專，主人不克．掠於饒野，三軍足食，謹養而勿勞，幷氣積力，運兵計謀，爲不可測．投之無所往，死且不北．死焉，不得士人盡力．兵士甚陷則不懼，無所往則固，入深[38]則拘，不得已則鬪．是故其兵不脩而戒，不求

---

36 조본학은 "이는 적국에서 객(客)이 된 자가 적진에 깊이 진입하는 것이 마땅한 이유를 다룬 것이다"라고 하였다.

37 장예는 "이는 위험하고 험난한 곳에서 군인이 각자 협력하는 것이다"라고 하였다. 조본학은 "이는 적지에 깊이 진입한 군사는 그 기회가 자진하여 싸우게 하는 것이다."라고 하였다.

38 "入深"이 《손무자직해》에는 "深入"으로 되어 있다.

而得，不約而親，不令而信．禁祥去疑，至死無所之．

【주해】

적군의 경계에 들어가는 자를 객(客)이라 한다. 만약 중지(重地)에 깊숙이 가면 군사들은 필사(必死)의 마음을 갖게 되니 어찌 전일(專一)하지 않겠는가. 때문에 주인의 군사를 이기는 것은 오히려 중지(重地)에 달려 있기 때문에 이기지 못하는 것이다.[39]①

군대가 중지(重地)에서 풍성한 들을 분산하여 약탈하고 삼군으로 하여금 양식을 풍족하게 하면, 성벽을 견고히 하고 스스로 지켜서 병사들을 힘써 위무하여 피로하게 하지 말며, 기운이 좋아지고 힘이 온전해지게 한다. 그런 뒤에 작전 계획을 많이 세워 적군이 헤아릴 수 없는 계책을 만들기에 힘쓰면 한 번에 이기기를 도모하는 것이 가능하다.[40]②

군사를 위태로운 곳에 투입하면 달리 갈 데가 없으니 병사

39 이 내용은 두목의 주석내용을 근거한 것이다.

40 이 내용은 장예의 주석 내용을 근거한 것이다.

들은 각자 결사의 마음을 갖게 되어 패하여 달아나기에 이르지 않는다.③

이미 결사적으로 싸우려고 한다면 이길 수 없는 이치도 환난과 함께 존재하니, 어찌 군사들이 함께 힘을 다하지 않을 수 있겠는가.[41]④

군사들이 스스로 위태로워 패망할 땅에 함몰되면, 스스로 반드시 죽는 것을 분수로 여기고 두려워하는 마음이 없게 된다. 좌우와 전후에 모두 달리 갈 데가 없다면, 그들의 마음이 저절로 견고해진다. 중지(重地)에 깊이 진입하면 군사들의 마음이 구애되어 절로 흩어지지 않는다. 형세가 어쩔 수 없으면 군사들은 모두 진력으로 사투를 벌여서[42] 살기를 구할 것이다.⑤

이상은 모두 군사들이 사지(死地)에 있기 때문에 윗사람과 아랫사람이 마음을 함께함을 말한 것이다.[43]⑥

---

41 이 내용은 유인의 주석 내용을 근거한 것이다.

42 조조는 "군사들이 궁해지면 결사적인 전쟁을 한다"고 하였다.

43 이 구절은 두목의 주석 내용을 인용한 것이다.

미신(妖祥)의 일과 의혹(狐疑)의 생각은[44] 모두 인심을 현혹시키고 어지럽히니, 능히 이를 금지시키면 비록 죽음에 이를지라도 떠나가지 않을 것이다.[45] 예를 들면, 위교(渭橋)의 역사에서 형혹성(熒惑星)이 세성(歲星)을 지키기를 오랫동안 하다가 물러나니, 관부 사람들이 모두 치하하였다. 이하(李賀)가 말하기를, "신하된 자는 마땅히 국난에 힘쓰다가 죽어야하거늘 어찌 천도를 알 수 있겠는가."라고 하였다. 이는 미신을 금지한 것이다. 목야(牧野)의 역사에서 큰 우레를 만나 여러 공(公)들이 모두 두려워 흩어졌는데, 의생(宜生)이 길한지를 점치고서 가려고 하자, 태공이 거북판을 부수고 시초(蓍草)를 꺾었다.[46] 이는 의혹을 제거한 것이다.⑦

---

44 상(祥)은 요상(妖祥), 의(疑)는 의혹(疑惑)의 뜻이다.(조조, 장예, 조본학) 요상(妖祥)은 흉조와 길조이니, 미신을 뜻한다.(관동) 호의(狐疑)는 여우가 의심이 많아 주저한다는 데서 의혹된 일을 뜻한다.

45 군중에 미신과 현혹을 없애면 사지에 몰려도 떠나가지 않는다는 뜻이다. 주해의 "無所往"을 따랐다. 무소지(無所之)를 "다른 마음을 먹지 않는다"로 해석하기도 한다.(황석공, 장예, 유인)

46 당나라 때 이성(李晟)이 위교(渭橋)에 머무를 때 형혹성(熒惑星)이 세성(歲星)을 가린 것을 사람들이 치하했지만, 이성은 이에 응하지 않고 나라를 위해 죽기를 다짐했다.《구당서》〈이성열전〉 태공이 무왕을 보필하고 목야(牧野, 하남성 기현)에 갔을 때 우레를 만나 의생이 점을 치려고 하자, 이를 만류했다.《이위공문대》

제11편
구지편
九地篇

5. 군사는 사지에서 용감해진다

우리의 군사가 재물을 훼손하여 버리는 것은 재물을 증오해서가 아니고, 목숨을 포기하는 것은[47] 장수하는 것을 증오해서가 아니다.① 출동을 명하는 날에 군사 중에 앉아 있는 자는 드리운 눈물이 옷자락을 적시고, 누워 있는 자는 흐르는 눈물이 턱에 교차한다. 그러나 이들을 달리 갈 데가 없는 사지로 투입하면,[48] 전저(專諸)와 조귀(曹劌)[49]처럼 용감해 질 것이다.②

吾士無餘財, 非惡貨也. 無餘命, 非惡壽也. 令發之日, 士

---

47 무여명(無餘命)은 목숨을 포기하는 것이다. 주해에는 "변명성명(拚捨性命)"으로 되어 있는데, 변명(拚捨)은 "포기하다" "끊는다"는 의미이다.

48 조본학은 "달리 갈 데가 없는 죽을 땅에 투입한 것은 필사적으로 싸울 것을 보인 것이다"라고 하였다.

49 전저(專諸)는 오(吳)나라의 자객이고, 조귀(曹劌, 조말)는 노(魯)나라 장수이다. 이 두 사람은 용기를 감행한 용사이기에 여기에 인용하여 칭찬한 것이다.(조본학) 오나라 공자 광(光)(합려)이 전저를 시켜 고기 뱃속에 비수를 숨기고 가서 오왕(吳王) 요(僚)를 찔러 죽이게 하고 오왕이 되었고, 노(魯)나라 장공(莊公)이 제(齊)나라 환공과 가읍(柯邑)에서 맹약할 때 조귀가 비수로 환공을 위협하여 노나라 땅을 되찾았다.《사기》〈자객열전〉

坐者涕沾襟, 偃臥者涕交頤, 投之無所往者, 諸劌之勇也.

【주해】

재물과 장수는 사람이 지극히 아끼는 것이지만, 도리어 재물을 훼손하여 버리고 성명(性命)을 포기하는 것은 그것을 증오해서가 아니다. 대개 살길이 없음을 보이고 사람으로 하여금 모두 어쩔 수 없어서 전쟁하는 것을 알게 하는 것이다.[50]①

필사(必死)의 각오로 싸울 것을 기약하여 군사들에게 명령하고 군사들이 들으면, 앉아 있는 자들은 드리운 눈물이 옷깃을 적시고, 누워 있는 자는 흐르는 눈물이 턱에 교차한다. 결사적으로 싸우기를 서로 약속하고서 사지(死地)에 투입되어 달리갈 데가 없는 곳으로 달려가면 저마다 전의를 잃고서 모두 전저(專諸)와 조귀(曹劌)의 용기를 내게 될 것이다. 전저는 오왕(吳王)을 찌르고, 조귀는 제(齊)나라 환공(桓公)을 위협하였다.②

50 이 내용은 장예의 주석 내용을 근거한 것이다.

6. 가운데를 찌르면 좌우에서 호응한다

그러므로 용병을 잘하는 자는 비유하자면 솔연(率然)[51]처럼 하는 것이다. 솔연은 상산(常山)의 뱀인데, 머리를 공격하면 꼬리가 덤벼들고, 꼬리를 공격하면 머리가 덤벼들고, 가운데를 공격하면 머리와 꼬리가 함께 덤벼든다.① 감히 여쭙기를, "솔연처럼 군사를 부릴 수 있겠습니까?"라고 하니, 대답하기를, "할 수 있다. 오나라 사람과 월나라 사람은 서로 증오하지만, 함께 배를 타고 건너다가 바람을 만나면, 그들이 친해져서 서로 구제하기를 서로 친한 좌우의 손처럼 한다."고 하였다.[52]②

그러므로 말을 나란히 묶어 매고 수레바퀴를 땅에 묻어 출동

---

51 솔연은 중국 회계의 상산(常山)에 산다는 큰 구렁이로, 몸의 한 곳이 침입을 받으면 머리와 꼬리가 서로 호응하여 몸을 잘 보호한다. 이를 응용한 진법을 상산진(常山陣)이라고 한다.

52 조본학은 "오와 월은 본디 원수 나라이지만, 함께 환난에 처하면 반드시 한 몸이 된 것처럼 서로 구원하여 사지에서 사람을 부름을 징험한 것은 그 형세가 서로 돕는 것을 운명으로 여긴 것이다"라고 하였다.

하지 않음을 보일지라도 군사들이 협력하지 않으면 믿을 것이 못된다.③ 전군의 용력(勇力)을 통합하는 것을 한 명을 다스리는 것처럼 하는 것이 군정의 도이다.④ 강하고 약함이 모두 적합한 것은[53] 지세의 이치이다.⑤ 그러므로 용병을 잘하는 자가 전군을 한 사람의 손을 잡은 것처럼 호응하여 부리는 것은 어쩔 수 없기 때문이다.[54]⑥

故善用兵者, 譬如率然. 率然者, 常山之蛇也. 擊其首則尾至, 擊其尾則首至, 擊其中則首尾俱至. 敢問[55]可使如率然乎. 曰可. 夫吳人與越人相惡也, 當其同舟濟而遇風, 其相救也, 如左右手. 是故方馬埋輪, 不足恃也. 齊勇若一, 政之道也. 剛柔皆得, 地之理也. 故善用兵者, 攜手若使一人, 不得已也.

53 강유(剛柔)는 주역(周易) 괘효의 6획이 만들어진 원리에서 나온 말로 땅의 도를 가리킨다. 천도(天道)가 음양이고 지도(地道)가 강유(剛柔)이고 인도(人道)가 인의(仁義)이다. 천지인 삼재를 둘로 하여 6획이 된 것이다.《주역》〈설괘전〉 득(得)은 작용을 얻은 것이니(得其用), 적합의 뜻이다.(관동)

54 이는 두목과 장예의 주석을 근거한 것이다. 두목은 "삼군의 군사가 모두 모름지기 나의 명령을 따라야 하기에 쉽게 비유한 것이다"라고 하였다.

55 《손무자직해》에는 "可"자 앞에 "兵"자가 있다.

【주해】

솔(率)은 빠를 속(速)자와 같다. 이를 공격하면 빠르게 반응하니 이것을 진법(陣法)에 비유하였다. 용병하는 자는 마땅히 4개 머리와 8개 꼬리가 닿는 곳을 머리로 삼고, 적군이 그 가운데를 찌르면 머리와 꼬리가 함께 달려들어 구원하는 것이 이것이다. 옛날 제갈공명이 어복(魚腹)의 백사장에 돌을 포개어 무늬를 놓고 가로와 세로를 모두 8이 되게 하였다. 진(晉)나라 환온(桓溫)이 이를 보고, "상산(常山)의 뱀 형세이다"라고 하였다.[56] 이것이 바로 구군(九軍) 진법이니 그것은 이를 두고 이른 말이다.[57]①

이는 손자가 설정하여 문답을 만든 것이다. 병사들의 생각이 다른데, 과연 그들을 솔연(率然)이 상응하는 것처럼 부릴 수 있겠는가. 오(吳)나라와 월(越)나라는 대대로 서로 원수 관계인데, 함께 배를 타고 가다가 재난을 만나면, 또한 서로 구원하

---

56 제갈량이 만든 팔진도(八陣圖)를 말한다. 《진서(晉書)》〈환온열전(桓溫列傳)〉에 보면, "제갈량이 어복(魚腹)의 백사장에 팔진도를 만들 때 돌을 포개어 8줄을 만들고 각 줄 사이의 거리가 2길(丈)이다. 환온이 이를 보고, '상산(常山)의 뱀 형세이다.'라고 하였는데, 문무 관리가 모두 알지 못했다."라고 하였다.

57 이 내용은 유인의 주석 내용을 근거한 것이다.《손무자직해》

기를 서로 친한 좌우의 손처럼 하는 것이다.②

말을 묶어 매고 수레바퀴를 땅에 묻어 출동하지 않음을 보여줄지라도[58] 사람의 마음이 일치하지 않는다면 역시 믿을 것이 못된다.[59]③

삼군의 용력(勇力)을 가지런히 하는 것을 한 명을 다스리는 것처럼 하는 것이 곧 군정의 도이다.④

강유(剛柔)는 강약(强弱)과 같다. 지형의 이점을 얻으면 유약(柔弱)한 병사도 적군을 이길 수 있는데, 하물며 강(强)하고 약(弱)함이 그 쓰임을 얻음에 있어서이겠는가. 이것은 지세(地勢)가 그렇게 만들었기 때문이다.[60]⑤

삼군의 군사들을 한 사람의 손을 잡은 것처럼 부리면, 좌우의 사람들이 서로 호응하니, 사지(死地)에 빠져도 그렇게 되지 않을 수 없는 것이다.[61]⑥

---

58 이는 조조의 주석을 근거한 것이다. 조조는 "이는 전일하기 어려우니 변통하는 방편만 못함을 말한 것이다"라고 하였다.

59 조본학은 "말을 매어 서로 잇고 바퀴를 묻어 움직이지 못하게 해도 합심하지 않으면 각자 분열되어 믿지 못하게 된다"고 하였다.

60 강하고 약함(剛柔)이 쓰임을 얻는 것은 모두 지세의 영향을 받는다.(이전, 두목, 매요신, 장예) 조본학은 "사람이 용기가 없고 겁이 없어도 모두 그 쓰임을 얻는 것은 오직 땅의 이치가 그렇게 만든 것이다"라고 하였다.

61 이는 장예의 주석을 근거한 것이다. 조본학은 "한 사람을 부리는 것 같다 함은

7. 작전 계획은 비밀을 유지해야 한다

군대를 통솔하는 일은[62] 고요하면서도 유심하고 올바르면서 온전히 다스리는 것이다.① 능히 군사들의 귀와 눈을 속여서 미리 아는 게 없도록 하고,[63]② 그 하는 일을 고치고 그 발의한 계책을 변경하여 사람들이 예측하여 아는 게 없도록 하며,[64]③ 그 점거한 곳을 옮기고 그 거쳐 가는 길을 돌아가서 사람들에게 의도를 깨닫지 못하게 해야 한다.[65]④ 장수가 부하들과 전쟁을

삼군이 힘을 다해 사투하여 진퇴와 용겁의 차이가 없는 것이고, 부득이 함은 사지에 깊이 들어가면 반드시 스스로 싸우는 것이다"고 하였다.

62 장(將)자는 "통솔하다", "주재하다"의 의미로(主也)로 해석했다.(오구룡, 관동)

63 우(愚)는 덮어 가리는 것이니(蒙蔽)(오구룡, 관동), 속이는 것이다. 이전은 "계책을 세운 것이 아직 성숙하지 않은 것을 군사들이 알게 해서는 안된다"고 하였다.

64 장예는 "전에 행한 일과 예전에 발의한 계책을 모두 변경하여 사람들이 모르게 해야 한다"고 하였다.

65 태백산인은 "적만 속이는 것이 아니고 아군의 병사들을 속여 따르게 하되 모르게 해야 한다"고 하였다.(장예) 조본학은 "군사들의 마음을 전도시켜 모르게 하고 의혹됨이 없게 하여 쉽게 어거하게 한다."라고 하였다.

약속할 때는 마치 높은 곳에 올라가면 사다리를 없애어 후퇴할 수 없는 듯이 하고, 장수가 부하들과 제후의 영토에 깊이 진입하면 고동을 발사하여 돌아올 수 없는 듯이 한다.[66]⑤ 양떼를 모는 것처럼 군사들을 몰고 가고 몰고 오는데, 그들은 어디로 가는지를 알지 못하게 해야 한다.[67]⑥ 삼군의 군사들을 모아 험지에 투입하게 하니 이는 장군이 해야 할 일이다.⑦ 구지의 변화, 굴신의 이점, 인정의 이치를 살피지 않을 수 없다.⑧

將軍之事, 靜以幽, 正以治. 能愚士卒之耳目, 使之無知, 易其事, 革其謀, 使人無識. 易其居, 迂其途, 使人不得慮. 帥與之期, 若登高而去其梯, 帥與之深入諸侯之地, 而發其機. 若驅群羊, 驅而往, 驅而來, 莫知所之. 聚三軍之衆, 投之於險, 此將軍之事也. 九地之變, 屈伸之利, 人情之理, 不可不察也.

제11편
구지편
九地篇

66 기(機)는 쇠뇌를 발사하는 장치인 고동(弩牙)이다. 조본학은 "적지에 깊이 침입하여 처음에는 고동을 숨기고 도착 후 발사하여 각자 싸우게 한다. 삼군이 도착하면 자유롭지 못하기 때문에 명령을 따르게 한다"고 하였다.

67 조본학은 "군대의 일은 비밀을 숭상하니 인정이 함께 하기 어렵다. 병사들이 사정을 알면 의혹에 놀라고 죽음을 두려워하여 일을 이루지 못한다. 사적으로 알려주면 누설의 우려와 투항할 우려가 있다"고 하였다.

【주해】

군대의 일은 맑고 고요하면서(淸靜) 그윽하고 심오하여(幽深) 사람들이 예측하지 못하게 하고, 바르게 하고 온전히 다스려서 사람들이 어지럽히지 못하게 하는 것이니, 이는 절실하고 긴요한 말이다.[68]①

병가(兵家)의 승리를 먼저 전해서는 안 되기 때문에 병법에 "정교한 승리는 사람들이 알 수 없는 데 있고, 긴밀한 일은 사람들이 들을 수 없는 데 있다"고 하였다.[69] 예를 들면, 한신(韓信)이 조(趙)나라를 파괴하고, 이소(李愬)가 오원제(吳元濟)를 생포할 때 그 초기에 군사들이 어찌 능히 알 수 있었겠는가.②

그 하는 일을 고치고 그 발의한 계책을 변경하여 사람들이 예측하여 알게 해서는 안된다. 그러므로 "계책은 모르게 하는 것보다 더 좋은 것이 없다"고 말한다.[70]③

그 점거한 곳을 변경하는 것은 혹 험난한 곳을 버리고 평탄한 곳으로 나아감을 이른 것이고, 그 거쳐 가는 길을 우회하는

68 이는 조조와 매요신의 주석을 근거한 것이다.

69 《육도직해(六韜直解)》〈발계(發啓)〉에 나오는 말이다. "勝在不可知 事在不可聞"

70 《육도》〈군세〉의 "謀莫善於不識"글귀를 인용한 것이다.

것은 혹 가까운 곳을 버리고 먼 곳으로 감을 이른 것이다. 예를 들면, 한신(韓信)이 배수진(背水陣)을 만들자 조(趙)나라 군사들이 모두 비웃었고, 등애(鄧艾)가 음평(陰平)의 길로 내닫자 군사들이 속으로 불쾌하게 여겼다. 그 당초에 군사들이 어찌 능히 그가 생각하는 것을 깨달았겠는가.[71]④

장수가 군사들과 적이 있는 곳에서 만나기를 약속할 때는[72] 높은 곳에 올라가면 사다리를 없애어 나아갈 수는 있어도 후퇴할 수 없는 것처럼 하고, 깊이 진입하면 고동을 발사하여 갈 수는 있어도 돌아올 수 없는 것처럼 해야 한다.[73]⑤

양떼가 오고 가는 것은 오직 목동에게 달린 것이고, 삼군이 나아가고 물러남은 오직 장수가 지휘하는 것이니, 모두가 어디로 가는지를 먼저 알지 못한다. 예를 들면, 이소(李愬)가 행군하여 중간에 도착했을 때 군리(軍吏)가 가는 곳이 어디냐고 청하자, "채주(蔡州)에 들어간다"고 답한 것이 이것이다.⑥

---

71 이 내용은 장예와 유인의 주석 내용을 근거한 것이다.

72 조본학은 "기(期)는 전쟁 장소를 약속한 것이다. 장수가 부하들과 전쟁할 곳에서 약속할 때 처음에는 말하지 않고 이미 도착한 뒤에 반드시 죽을 것을 보이고 각자 싸우게 하는 것이다"라고 하였다.

73 이 내용은 장예의 주석내용을 근거한 것이다.

사다리를 없애고 고동을 발사하듯이 위험한 곳에 군사를 배치하니 이는 장군이 해야 할 임무이다.[74]⑦

구지(九地)의 법은 구속되어서는 안 되므로 모름지기 변통하는 것을 알아야 한다. 굽힐 곳에서는 굽히고 펼 곳에서는 펴서 그것이 유리한 것인지를 살펴야 한다. 이는 인정(人情)의 이치이니 신중히 살피지 않을 수 없는 것이다.[75]⑧

---

74 이 내용은 장예의 주석 내용을 근거한 것이다.

75 이 내용은 장예의 주석 내용을 근거한 것이다. 조본학은 "굽히고 펴는 것이 서로 감응하여 이익이 생기니, 사물을 굽힘의 극치로 말한 것은 펴는 것이 그 가운데에 있기 때문이다. … 모든 사물에 대한 굴신(屈伸)의 이로움은 또한 인정과 자연의 이로움이다."라고 하였다.

8. 적지의 아홉 가지 대처법

무릇 적국에서 객이 되는 방법은 깊이 진입하면 마음이 전일하게 되고 깊이 진입하지 않으면 쉽게 흩어진다.[76] ① 본국을 떠나 적경을 넘어와서 용병하는 것은 절지(絶地)이다. ② 사방으로 통하는 곳은 구지(衢地)이고, 깊이 진입하는 곳은 중지(重地)이고, 얕게 진입하는 곳은 경지(輕地)이고, 험고한 곳을 등지고 좁은 곳을 앞에 둔 곳이 위지(圍地)이고, 달리 갈 데가 없는 곳이 사지(死地)이다. ③

그러므로 산지(散地)에서는 내가 부하들의 마음을 하나가 되도록 하고, ④ 경지(輕地)에서는 내가 부하들에게 연락이 되도록 하며, ⑤ 쟁지(爭地)에서는 내가 적군의 후방으로 속히 달려가고, ⑥ 교지(交地)에서는 내가 수비를 견고하게 하며, ⑦ 구지(衢地)에

76 조본학은 "이것은 객이 된 자가 깊이 들어가서 마땅히 해야 할 임무가 있음을 말한 것이다"고 하였다.

서는 내가 외교 맺는 것을 견고하게 하고,⑧ 중지(重地)에서는 내가 약탈하여 식량을 계속 지원하며,⑨ 비지(圮地)에서는 내가 그 길을 빠르게 나아가고,[77]⑩ 위지(圍地)에서는 내가 적군이 터놓은 곳을 막으며,[78]⑪ 사지(死地)에서는 내가 결사의지를 보여주어야 한다.[79]⑫ 그러므로 용병의 이치는 위지(圍地)에 있으면 방어하게 되고, 어쩔 수 없으면 분투하게 되고, 승산이 있는 곳을 지나게 되면 부하들이 순종하게 된다.[80]⑬

凡爲客之道, 深則專, 淺則散. 去國越境而師者, 絶地也. 四通者, 衢地也. 入深者, 重地也. 入淺者, 輕地也. 背固前隘者, 圍地也. 無所往者, 死地也. 是故散地, 吾將一其志. 輕地, 吾將使之屬. 爭地, 吾將趨其後. 交地, 吾將謹其守. 衢地, 吾將固其結. 重地, 吾將繼其食. 圮地, 吾將

---

77 진(進)은 빠르게 지나가는 것이다(速過)(매요신, 장예). 주해의 "질행물지(疾行勿止)"도 같은 의미이다. 조본학은 "길을 잃고 장마와 안개를 만나면 피해가 심하기 때문에 천천히 가서는 안된다"고 하였다.

78 조본학은 "이는 스스로 도주할 수 있는 길을 막고 뜻을 견고하게 하는 것이다." 라고 하였다.

79 두목은 "필사적으로 싸울 것을 보이고 스스로 분발하게 하는 것이다"라고 하였고, 조본학은 "강개함으로 뜻을 독려하고 충의로써 그 마음을 감동시킨다"고 하였다.

80 여기서 과(過)는 승산이 있는 곳을 지나간다는 것이다.(過往有勝算)(주해) 조본학은 "이미 험한 곳을 지나가면(已過險地), 도주하려고 해도 길이 없어서 자연히 명을 따른다"라고 해석하였다.

進其塗. 圍地, 吾將塞其闕. 死地, 吾將示之以不活. 故兵之情, 圍則禦, 不得已則鬪, 過則從.

【주해】

적군의 경계에 들어가면 객(客)이 된다. 깊이 진입하면 마음이 전일해 지고 깊지 않으면 쉽게 흩어진다.①

지세가 막히고 단절되어 본국과 서로 연락이 안되니 이 또한 구지(九地) 밖으로 출전한 것이다.②

이것은 오로지 객이 되는 방법을 말하였다. 때문에 구지(九地) 가운데에서 구지(衢地)·중지(重地)·경지(輕地)·위지(圍地)·사지(死地) 다섯 가지만을 뽑아내어 밝힌 것이다.[81]③

무릇 주인과 객(客)이 산지(散地)에서 주둔하는 자는 모두 마땅히 곡식을 저축하고 사람을 모으며, 험한 곳을 수비하고 기병을 설치하고, 위아래가 마음을 같게 하여 적이 뜻하지 않은 곳을 공격해야 한다.[82]④

---

81 이 내용은 유인의 주석내용을 인용한 것이다.

82 조본학은 부하들의 마음을 통일하는 방법으로, 성문을 닫는 것, 교량과 잔도,

만약 경지(輕地)에 주둔하게 되면 우리는 마땅히 부대와 진영의 보루에 긴밀하게 연락하여 한편으로는 부하들의 도주를 방지하고, 한편으로는 생각하지 못하는 곳을 대비하게 해야 한다.[83]⑤

험한 지대는 반드시 싸워야 하는 땅이니 우리가 마땅히 적군의 후방으로 속히 달려가서[84] 적군이 점거하지 못하게 해야 한다. 추후(趨後)라는 것은 나중에 떠나도 먼저 도착함을 이른 것이다.[85]⑥

교지(交地)에 주둔했을 때는 마땅히 성벽의 수비를 견고하게 하고 복병을 설치하여 적군이 오는 것에 맞추어 공격하게 한다.[86]⑦

구지(衢地)에 주둔하면 마땅히 제후들과 외교 맺는 것을 견

배를 불태우는 것, 진영 아래에 배수진을 치는 것으로 예를 들었다.

83 이 내용은 두목과 장예의 주석을 근거한 것이다. 조본학은 "출동하면 대오와 연락하고 머물면 진영의 보루에 연락한다. 이는 도주와 분산을 방비하고 예상하지 못한 것을 경계하는 것이다"라고 하였다.

84 조본학은 "적군이 분쟁하는 땅을 향하면 그들의 후방은 반드시 허(虛)하므로, 아군이 그 뒤를 달려가야한다"고 하였다.

85 이 내용은 두목과 장예의 주석 내용을 근거한 것이다.

86 조본학은 "광활하여 막힘이 없는 곳에는 마땅히 적을 대비하고 엄습해야 한다"고 하였다.

고하게 하여 지원하도록 한다.[87]⑧

깊이 침입하면 식량수송이 되지 않으니 마땅히 들에서 약탈하여 식량을 충족하게 해야 한다.[88]⑨

빠르게 가서 멈추지 말아야 하니, 적군에 의해 길이 막힐까 염려가 되기 때문이다.⑩

적군이 한쪽 길을 열고서 아군을 유인하면, 아군은 이를 막고 군사들의 마음을 하나가 되게 한다. 예를 들면 제(齊)나라의 신무(神武)가 포위를 당했으나 전체를 봉하지 않자, 그 터놓은 한 면을 스스로 막은 것이[89] 바로 이것이다.⑪

명령을 이처럼 내리는 것은 재물을 불 지르고 양식을 버리고 우물을 메꾸고 부뚜막을 부수는 일과 같은 것이다.[90]⑫

용병의 이치가 위지(圍地)에 있으면 적군을 방어하기를 생각

---

87 장예는 "재화로써 이롭게 하고 맹서로써 요구하며, 견고하게 함이 변하지 않으면 반드시 우리를 돕게 된다"고 하였다.

88 이 내용은 장예의 주석 내용을 근거한 것이다. 조본학은 "급히 약탈하면 얻을 수 있다"고 하였다.

89 후한 말 제나라 신무가 하북에서 의병을 일으키자, 이주조(爾朱兆)가 20만 군사로 남릉산에서 신무를 포위하되 완전 봉쇄하지 않자, 신무가 소와 당나귀를 이어서 이를 막고 사면에서 공격하여 이주조를 대파하였다.(두목)

90 재물을 불 지르고 양식을 버리는 등의 일은 부하들에게 살 뜻이 없고 필사적인 전투 의지를 보인 것이다.(가림, 두우, 장예)

하고, 부득이하면 분투하는 거사(擧事)를 생각하며, 지나가는 데에 승산이 있으면 사람들이 비로소 순종하게 된다.⑬

9. 패왕의 군사가 천하를 장악한다

그러므로 제후의 계책을 모르는 자는 이웃 나라들과 미리 외교하지 못하고, 산림과 험한 지대, 습지의 지형을 모르는 자는 행군하지 못하며, 길잡이를 쓰지 않는 자는 지형의 이점을 얻지 못한다.① 네다섯 개 중에[91] 하나라도 모르면 패왕(霸王)의 군사가 아니다.[92]② 패왕의 군사가 큰 나라를 정벌하면 적의 군사들은 구원하기 위해 모이지 못하고, 적국에 위압을 가하면 이웃나라들은 그와 외교를 맺지 못한다.③ 때문에 패왕의 군사가 천하에서 외교 지원을 단절시키고 천하의 권세를 빼앗아서

---

91 네다섯은 위의 구지(九地)를 말한다.(조조, 장예, 조본학) 주해에는 "九地의 利害"로 되어 있다. 구지 중 다섯 개는 객병(客兵), 네 개는 주병(主兵)이므로, 합해서 말하지 않고 나눠서 말한 것이다.(하진익(夏振翼), 《무경체주대전회해(武經體注大全會解)》

92 패왕(霸王)은 춘추시대 제후들의 우두머리이다. 조본학은 "패왕(霸王)은 천하의 임금들에게 패자 노릇하는 것이다. 구지의 법 중에 하나의 일이라도 알지 못하면 천하의 패자가 되지 못한다"라고 하였다.

[93] 자기의 사심을 펴서 적국에 위압을 가하기 때문에 적의 성을 함락시키고 적국을 붕괴시킬 수 있는 것이다.④

是故不知諸侯之謀者, 不能豫交, 不知山林險阻沮澤之形者, 不能行軍, 不用鄕導者, 不能得地利. 四五者, 一不知, 非霸王之兵也. 夫霸王之兵, 伐大國, 則其衆不得聚, 威加於敵, 則其交不得合. 是故不爭天下之交, 不養天下之權, 信己之私, 威加於敵, 故其城可拔, 其國可墮.

【주해】

이미 군쟁편에 보인다. 여기에 중복해서 나오는 것은 아마도 능히 이 세 가지를 안 연후에 능히 구지(九地)의 이점을 자세히 알 수 있음을 말한 것이다.[94]①

네다섯은 구지(九地)의 이해(利害)를 말한다.②

---

93 주해에 부쟁(不爭)은 끊는 것(絶), 불양(不養)은 빼앗는 것이다(奪)(조조). 조조는 "패자는 천하의 제후들과 권세를 맺지 않아서 천하의 외교를 끊고 천하의 권세를 빼앗을 수 있다. 때문에 자기의 위엄을 펼 수 있다."고 하였다.

94 이 내용은 매요신과 장예의 주석 내용을 근거한 것이다. 조본학은 중복의 오류라고 지적하였다.

패왕(霸王)의 군세가 강성하여 큰 나라를 정벌하면 나머지 작은 나라들은 감히 서로 모여서 구원할 수 없고, 적국에 위압을 가하면 이웃 나라들은 그 강성함을 두려워하여 감히 우리의 적국과 외교를 맺을 수 없는 것이다.[95]③

불양(不養)은 빼앗는 것이다. 위의 글을 이어서 말한 것이다. 패왕의 군사가 이미 적국의 군사들로 하여금 모이지 못하게 하고 외교를 맺지 못하게 하면, 이는 천하의 외교 지원을 끊고 천하의 권세를 빼앗는 것이다. 때문에 능히 자신의 사심(私心)을 펴서 적국에 위압을 가하면 적의 성을 함락시키고 적국을 허물 수 있을 것이다.[96]④

95 이전은 "합병한 군사가 위세를 떨치면 제후가 스스로 돌아보느라 미리 외교를 맺지 못한다"고 하였다. 조본학은 "적군들이 모이지 못함은 군사를 분산했기 때문이고, 외교를 맺지 못함은 위세로 무리를 격파했기 때문이다."라고 하였다.

96 이 내용은 조조와 장예의 주석 내용을 근거한 것이다. 조본학은 "간웅이 제후를 제어하여 홀로 정벌하니, 천하에 외교를 맺어 지원하지 않고 남의 권세에 의지해 안정하지 않기에 성을 함락하고 적국을 무너뜨린다"고 하였다.

10. 교묘함으로 목적을 달성하라

법 밖의 포상을 베풀고, 정사 밖의 명령을 반포한다.[97]① 삼군의 무리를 임용하기를 한 사람을 부리듯이 한다.② 전투하는 일로 군사를 임용하는데 분명하게 드러내어 계책을 알려주지 말고,[98]③ 이로움으로 군사를 임용하는 데 해로움을 알려주지 말아야 한다.④ 멸망할 곳에 투입된 뒤에 살아남고 죽을 곳에 함몰된 뒤에 살게 된다. 군사들은 해로운 곳에 함몰된 뒤에 능히 패배할 곳에서 승리할 수 있는 것이다.⑤

그러므로 전쟁하는 일은 적의 뜻을 따르는 척하며 살피는 데

---

97 법 밖의 상은 파격(破格)이고, 정사 밖의 명령은 응변(應變)이다.(황공(黃鞏), 《손자집주》) 조본학은 "이는 모두 장군의 일에 연유하여 전술을 넓히는 것이다"라고 하였다.

98 장예는 "전투에 군사를 임용하되 권모를 말하지 말아야하니, 남들이 계책을 알면 의심한다"고 하였다. 조본학은 "그 계책을 알게 되면 주저하게 된다"고 하였다.

[99] 달려 있다. 부하들과 협력하여 적군을 집중 공격하면,[100] 천리 길에서도 적장을 죽일 수 있다. 이를 교묘함으로 능히 일을 달성한다고 말하는 것이다.[101]⑥

施無法之賞, 懸無政之令, 犯三軍之衆, 若使一人. 犯之以事, 勿告以言, 犯之以利, 勿告以害. 投之亡地然後存, 陷之死地然後生. 夫衆陷於害, 然後能爲勝敗. 故爲兵之事, 在順詳敵之意. 并敵一向, 千里殺將, 此謂巧能成事.

【주해】

상과 명령이 보통의 법과 정사의 밖에서 나오면 사람들은

---

99 주해에 "전쟁하는 일은 적을 살피는 것을 귀하게 여긴다.(兵事貴審敵)"로 되어 있다. 조조는 상(詳)자를 양(佯)자로 보았으나 여기서는 주해대로 "살피다(審)"로 해석했다. 오구룡의 해석도 이와 같다. 오구룡 등은 "살필심(審)"자로 보므로 이를 따랐다.

100 주해에 "부하들과 협력하여 적군에게 집중 공격한다(并力於敵 而專一向之)"고 하였는데, 이를 따라 해석하였다. 병적일향(并敵一向)은 "병일향적(并一向敵)"의 도치된 구절이다.(양병안, 《손자집교(孫子集校)》). 병(并)은 협력, 일향(一向)은 집중 공격하는 것이다.

101 조본학은 "적의 뜻을 거짓으로 따르는 것이 필승의 길이다. 적군이 우리를 맞춘 의도를 따르되 이를 인하여 도리어 적을 적중하면 이것이 교묘하게 승첩의 공을 이루는 것이다."하였다.

헤아리지 못한다.①

범(犯)은 쓴다(用)는 뜻이다.[102] 상과 벌을 명백하고 신실하게 하고 또 신속하게 하기 때문에 능히 많은 이를 등용하기를 적은 이를 등용하듯이 하는 것이다.[103]②

군사들을 전투하는 일로 임용하되 분명하게 드러내어 말하지 않는 것은 의심할 것을 염려하기 때문이다.[104]③

인간의 감정은 이로움을 보면 나아가고 해로움을 보면 피하기 때문에 해로움을 알려주지 말아야 한다.④

땅이 비록 망할 곳이라도 진력하여 싸우면 망하지 않고, 땅이 비록 죽을 곳이라도 진력하면 죽지 않는다. 대개 위태롭고 급박한 때에 해로운 곳에 함몰되지 않았다면, 어찌 전일한 마음을 얻어 마땅히 패배할 땅에서 승리할 수 있겠는가.[105]⑤

전쟁하는 일은 적을 살피는 것을 귀하게 여긴다. 적이 나아

---

102 범(犯)은 "쓸 용(用)"의 뜻이다(조조, 이전, 매요신). "동원하다(動)"로도 해석한다.(황공) 조본학은 "칙령(勑令)"으로 보았다. 조본학은 "이는 한 사람을 빠르게 부리는 것과 같다"라고 하였다.

103 이 내용은 장예의 주석 내용을 근거한 것이다.

104 이 내용은 장예의 주석 내용을 근거한 것이다.

105 이 내용은 매요신의 주석 내용을 근거한 것이다. 조본학은 "사망할 땅에 사람을 두면 심력을 합하여 각자 전쟁하니 일당백(一當百)이 가능하나 편한 곳에 두면 군사들이 살려는 마음을 품어 패하게 된다"고 하였다.

가고자 하면 이를 유인하여 나오게 하고, 적이 물러가고자 하면 이를 늦추어서 물러가게 한다. 강함으로 아군을 업신여기려고 하면 겁냄을 보여 적을 교만하게 한 뒤 그들의 뜻을 받들어 따르고 계책을 세워서 점령한다. 공격할만한 틈이 있게 되면, 부하들과 협력하여 적군에게 집중 공격하여 비록 천리라도 적장을 죽일 수 있다. 이것이 교묘함으로 일을 달성하는 것이다.[106]⑥

106 이 내용은 장예와 두목의 주석을 근거한 것이다.

11. 적의 변동 상황에 따라 움직여라

그러므로 군대의 정사를 거행하는 날에 관문을 봉쇄하고 통행증을 폐기하여 적군의 사자를 통행하지 못하게 하고,[107]① 조정에서 엄하게 독려하여 전쟁의 일이 성공하기를 구하며,② 적군이 문을 열고 닫아 틈을 보이면, 반드시 신속하게 진입해야 한다.③ 적군이 아끼는 곳을 먼저 점거하되 그들과 약속을 할 때는 다 드러내지 말고,④ 군법을 실천하고 적의 변동에 따라서 전쟁할 일을 결정한다.⑤ 그러므로 처음에는 처녀처럼 약하게 보이고 적군이 문을 열면 뒤에는 탈출한 토끼처럼 속히 달려가서 적군이 방어할 겨를도 없게 만들어야 한다.[108]⑥

---

107 조본학은 "우리의 사자가 적에게 빠져 먼저 할 일을 취하다가 기밀이 드러나고, 적이 유인하여 뛰어난 지혜로 우리를 정탐할 것이 염려되기 때문이다"라고 하였다.

108 조본학은 "처녀는 지체하여 두려워 위축하는 형상이고, 문을 여는 것은 우리를 속여 대비하지 않는 것이고, 탈출한 토끼는 뛰어넘고 치솟아 달리는 형세이다. 방어하지 못하는 것은 우리를 두려워하고 후퇴하여 달아나는 것이다."

是故政擧之日，夷關折符，無通其使．厲於廊廟之上，以誅其事，敵人開闔，必亟入之．先其所愛，微與之期，踐墨隨敵，以決戰事．是故始如處女，敵人開戶，後如脫兎，敵不及拒．

【주해】

군정(軍政)을 장차 거행하는 날에 관문의 요새를 없애고 부신(符信)을 훼손하여 적국의 사자를 통행하지 못하게 하는 것은 계책이 누설 될 것을 염려하기 때문이다.[109]①

여(厲)는 엄하게 독려하는 것이고, 주(誅)는 성공하기를 구하는 것이다.[110]②

문을 열고 닫을 때에 틈이 있는 것이다. 적에게 틈이 있는 것을 엿보고서 반드시 신속하게 기회를 타야한다.[111]③

제11편 구지편 九地篇

라고 하였다.

109 이 내용은 매요신과 장예의 주석을 근거한 것이다.

110 이 구절은 하씨의 주석 내용을 근거한 내용이다. 내용은 "조정의 계책을 연구하여 일을 이루기를 구한다"고 하였다. 《자치통감》〈한선제〉조의 "誅利"의 주에 "誅는 구할책(責也)"이라고 하였다.

111 조본학은 "열고 닫는 것은 기회를 탈만한 틈이고, 속히 들어가는 것은 기회를

혹은 식량, 혹은 지리가 적군이 아끼는 것이니, 우리가 먼저 점거해야 한다. 적군과 기약을 할 때는 또한 마땅히 다 드러내지 말 것이다.[112]④

군법의 규칙을 따라 실천하고 적정의 변동에 따라 탐색하면, 결전하여 승리를 쟁취할 수 있는 것이다.[113]⑤

처녀처럼 약함을 보여야 한다. 문을 여는 것은 유인하여 공격할 수 있는 문을 여는 것이다. 그 후 이용할 수 있는 기회가 오면 신속하게 달려가서 탈출한 토끼처럼 하여 적이 창졸지간에 대비하여 우리를 방어할 겨를도 없게 만들어야 한다.⑥

놓쳐서는 안 됨을 말한 것이다"라고 하였다.

112 두목은 "미(微)는 남몰래(潛)의 뜻이다. 적군이 아끼고 이롭게 여기는 곳을 기약하여 빼앗기를 도모하려면 남몰래 기약하고 적군이 알지 못하게 해야 한다"고 하였다.

113 이는 두목과 장예의 주석을 근거한 것이다. 조본학은 "적이 이롭게 여긴 것을 헤아리고 우리는 실책한척 응하며 기약하면 적이 올 것이니 우리는 법도로써 적의 변화에 따라 전투를 결정한다"고 하였다.

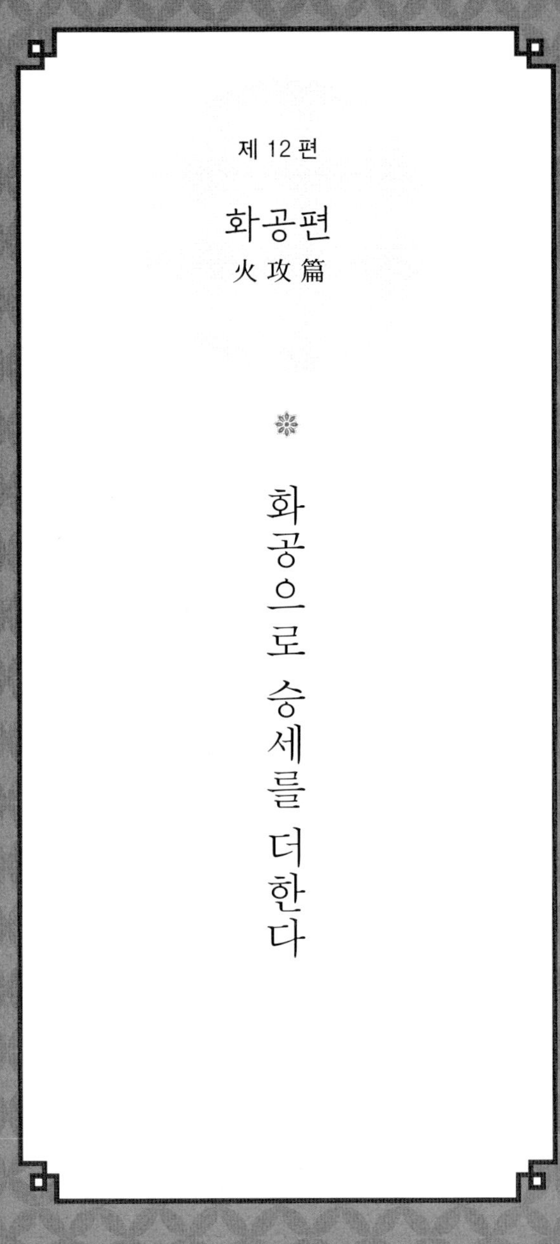

제 12 편

화공편
火攻篇

❁

화공으로 승세를 더한다

화공을 사용하여 적을 공격하는 군정을 말하였다.

言用火攻敵之政.

화공은 불을 사용하여 적군과 군사 시설, 물자 등을 불살라서 공격하는 것이다. 화공법에는 다섯 가지가 있다. 즉, 화인(火人)·화적(火積)·화치(火輜)·화고(火庫)·화대(火隊)이다. 불을 피울 때는 평소에 재료를 준비하고, 바람 부는 건조한 날을 선택한다. 즉 달이 기성(箕星)·벽성(壁星)·익성(翼星)·진성(軫星)에 있을 때이다.

화공의 방법은 화공의 변화를 이용하여 군사들이 대응하는 것이다. 적진 안에 불이 나면 아군이 밖에서 대응 공격하고, 불이 났는데 조용하면 공격하지 말아야 한다. 다섯 가지 화공의 변화를 알고 바람 부는 날에 맞추어야 한다. 화공에서 물을 빌려 불의 공력을 돕지만, 물은 적군의 요새와 축적한 것을 빼앗을 수 없는 한계가 있다.

전쟁에서 승리하면 반드시 전공자에게 포상해야 한다. 포상하지 않으면 군사들에게 소비를 보류하는 것이라고 한다. 명철한 임금과 어진 장수는 상벌에 관한 군정을 잘 실행한다. 전쟁이란 이익과 소득을 위해 하는 것이지 분노함 때문에 하는 것이 아니니, 항상 나라를 편안히 하고 군대를 온전히 하는 길을 따라야 한다.

1. 다섯 가지 화공법

손자가 말하였다.

무릇 화공(火攻)에는 다섯 가지가 있다. 첫째는 화인(火人)이고,① 둘째는 화적(火積)이고,② 셋째는 화치(火輜)이고,③ 넷째는 화고(火庫)이고,④ 다섯째는 화대(火隊)이다.⑤ 화공(火攻)을 행할 때는 반드시 의거하는 조건이 있고,[1] 연기와 불을 놓을 때는[2] 반드시 평소에 재료를 구비해야 한다.⑥ 불을 피우는 데는 알맞은 때가 있고 불을 일으키는 데는 알맞은 날짜가 있다. 알맞은 때란, 날씨가 건조한 것이고, 알맞은 날짜란, 달이 기성(箕星)·벽성(壁星)·익성(翼星)·진성(軫星)에 있을 때이다. 이 4개 별은 달

1 인(因)은 의거하다(依)의 뜻이다.(고유(高誘) 주《안자춘추》) 오구룡은 이를 일정한 조건인 천시(天時)로 보았다.

2 원문의 연화(煙火)는《십일가주본》과 무경본을 따른 것이다.《장단경》과《통전》에는 "必"자가 없다.

을 만났을 때 바람이 일어나는 날이 된다.[3]⑦

孫子曰 凡火攻有五. 一曰火人, 二曰火積, 三曰火輜, 四曰火庫, 五曰火隊. 行火必有因, 煙火必素具. 發火有時, 起火有日. 時者, 天之燥也. 日者, 月在箕壁翼軫也. 凡此四宿者, 風起之日也.

【주해】

화인(火人)은 불을 사용하여 적군을 불사르는 것이다.[4] 예를 들면 제갈공명이 등갑군(藤甲軍)을 불태운 것과 같은 종류이다.[5]①

화적(火積)은 쌓아둔 곡식 등을 불사르는 것이다.[6] 제갈공명

---

3 4개 별은 28수에 속한 별들로서 기(箕)는 동방, 벽(壁)은 북방, 익(翼)·진(軫)은 남방에 속한다. 익(翼)과 진(軫)은 바람을 주관하고,《사기》〈천관서〉 기(箕)는 팔풍(八風)을 주관한다.《사기정의》 두목은 "성수(星宿)란 별이 묵는 곳이니, 네 별은 달의 사자(使者)이다"라고 하였다.

4 이는 유인의 주석을 근거한 것이다. 조본학은 "집과 진영, 목책을 불살라서 사람을 다치게 하는 것이다"라고 하였다.

5 등갑군은 등나무를 반년을 기름에 담갔다가 말려 만든 등갑을 입은 군사로, 활과 창이 뚫지 못한다. 장수 위연(魏延)이 등갑군에게 패한 후 제갈량이 이를 반사곡으로 유인하여 화공으로 전멸시켰다.

6 두목은 "양식과 땔감이다"라고 하였고, 조본학은 "벼와 보리, 꼴풀이다"라고 하

이 박망둔(博望屯)을 불사른 것과 같은 종류이다.[7]②

화치(火輜)는 군대에 딸린 의복과 군량과 기계를 불사르는 것이다.[8] 때문에 군대에 군수품(輜重)이 없으면 망한다고 말한다.③

화고(火庫)는 군부의 창고를 불사르는 법이다.[9] 군대에 재정이 없으면 병사가 오지 않는다고 하였다.[10]④

화대(火隊)는 군대의 대오를 불살라서 혼란한 때를 이용하여 공격하는 것이다. 요즘 사람들이 화차(火車)와 화전(火箭)과 화포(火炮)를 사용하는 것과 같은 종류이다.[11]⑤

혹은 날씨가 가물고 바람이 편리한 것과 진영의 막사에 가까운 풀을 의거하고, 혹은 내부에 응대하는 사람을 둔다. 평소

였다.

7 촉한의 유비가 박망파(博望坡)에서 하돈(夏惇)과 전쟁할 때 몰래 복병을 설치하고 박망마을을 불지르고 달아나는 척했다. 하돈이 추격하고 계략에 빠져 십만 군사를 잃었다.《삼국지》〈촉지〉박망은 하남성의 고을이름이다.

8 이 내용은 두목과 장예, 유인의 주석을 근거한 것이다. 조본학은 "수레를 불사르는 것"이라 하였다.

9 이 내용은 이전과 장예, 유인의 주석을 근거한 것이다. 조본학은 "기계, 재물, 문서를 둔 창고를 불사른 것이다."라고 하였다.

10 이 내용은 황석공의《삼략》과 조조의 주석에서 보인다.

11 이 내용은 두목의 주석을 근거한 것이다. 조본학은 "전쟁할 때 화포와 화차, 화우(火牛)로 대오를 불사르는 것이다."라고 하였다.

에 구비하는 것은 쑥(蒿艾)과 기름(膏油), 염초(硝), 유황(硫), 갈대(荻葦), 불창(火槍), 불화살(火箭) 같은 종류이다.[12] ⑥

무릇 화공(火攻)은 갑작스럽게 사용해서는 안 된다. 마땅히 날씨가 건조한지를 살피면 불을 피우기가 쉬울 것이다. 또한 반드시 달이 기성(箕星)의 수표(水豹), 벽성(壁星)의 수유(水貐), 익성(翼星)의 화사(火蛇), 진성(軫星)의 수인(水蚓)에 있으면, 이 4개의 별이 바람의 사자가 된다. 달이 이 별들에 이르면 바람이 일어나는 것이다.[13] ⑦

12 이 내용은 두목과 장예의 주석을 근거한 것이다. 조본학은 "숲에 주둔하고 풀숲에 진을 치고 갈대로 지붕을 덮고, 혹은 간인이 안에서 응하고 건조한 날씨와 순한 풍세가 모두 화공의 이용함이며, 불을 놓는 기구는 갈대와 장작, 기름, 화약, 화전, 화차, 화포 등의 종류이다"라고 하였다.

13 이는 두목과 유인의 주석에 근거한 것이다. 조본학은 "가물면 모든 물건이 쉽게 탄다. 기(箕)·벽(壁)·익(翼)·진(軫) 이 네 별은 바람을 좋아하니 달이 도수에 들면 바람이 인다. 이 일시를 만나면 화공 계획을 행할 만하다"고 하였다.

2. 화공의 응용방법

무릇 화공의 방법은 반드시 다섯 가지 화공[14]의 변화에 의거하여 군사들이 대응하는 것이다.① 불이 적진의 안에서 발생하면 아군은 조속히 밖에서 대응하여 공격해야 한다.② 불이 났는데도 그 적군이 조용하면 대기만하고 공격하지 말아야 한다. 그 화력이 극성해지게 하고서 형세를 따를만하면 이를 따라 공격하고, 이를 따를 수 없으면 공격을 그쳐야 한다.③ 적진의 밖에서 불을 놓을 수 있다면 안에서 기다릴 필요 없이 때에 맞추어 불을 질러야 한다.④ 위쪽의 바람에 불을 놓으면 아래쪽의 바람을 공격하지 말아야 하고, 낮에 바람이 오래 불면 밤에는 바람이 그칠 것이다.⑤ 무릇 군대는 반드시 다섯 가지 화공(火攻)의 변화가 있는 것을 알고, 별의 도수(度數)를 헤아려서 수비

14 위에서 언급한 다섯 가지의 화공법이다. 즉, 화인(火人)·화적(火積)·화치(火輜)·화고(火庫)·화대(火隊)를 말한다.

해야 한다.⑥

凡火攻, 必因五火之變而應之. 火發於內, 卽早應之於外. 火發而其兵靜者, 待而勿攻, 極其火力, 可從而從之, 不可從而[15]止. 火可發於外, 無待於內, 以時發之. 火發上風, 無攻下風. 晝風久, 夜風止. 凡軍, 必知有五火之變, 以數守之.

【주해】

무릇 화공의 방법은 반드시 윗글에서 말한 다섯 가지 화공(火攻)의 변화를 이용하여 다시 군사로써 대응하는 것이다.[16]①

불이 적군의 진영 안에서 발생하면 적군이 반드시 요란할 것이니, 아군은 속히 군사로써 밖에서 대응해야 한다. 안과 밖이 협공해야 비로소 승리를 만들 수 있는 것이다.[17]②

---

15 "而"자가 《손무자직해》에는 "則"자로 되어 있다.

16 이 내용은 장예의 주석 내용을 근거한 것이다. 조본학은 "불을 발사하면 적군이 구원하느라 소란하여 변화가 생길 것이니, 변화가 있으면 군사로써 응할만하다"라고 하였다.

17 이는 조조와 장예의 주석을 근거한 것이다. 조본학은 "밖의 아군이 급히 공격하면 적군은 미처 불에서 구원하지 못하고, 미처 출동하지 못하기 때문에 이길

불이 났는데도 적군이 소란하지 않은 것은 적군이 대비하고 있는 것이니, 변란이 있을 것을 방어하고 아직 공격해서는 안 될 것이다. 큰 형세가 극에 달하기를 기다리면, 적군이 혼란해질 때 따라서 공격하고, 안정되면 공격을 그쳐야 한다. 이것이 가능함을 보면 나아가고 어려움을 알면 물러난다는 것이다.[18]

③

화공을 쓰는 방법을 말한 것이다. 만약 적군이 거친 늪과 우거진 풀숲에 있어서 기회를 탈 수 있다면, 안에서 일으키기를 기다릴 필요가 없고 즉시 때에 응하여 불을 놓아야 한다. 그렇지 않으면 이릉(李陵)이 먼저 불을 놓고서 흉노의 불의 기세를 끊으려다가 미치지 못한 것과 같이 될 것이다.[19]④

상풍(上風)에서 형세를 취하면 편리하고 하풍(下風)에서는 도리어 불에 탈까 염려가 된다. 낮바람에 불을 놓으면 마땅히 군

수 있다"고 하였다.

18 이는 조조와 장예의 주석을 근거한 것이다. 조본학은 "불이 났으나 소란이 없으면 적이 먼저 대비하여 피해가 없는 것이니, 군사로 대응하지 말고 불의 형세로 변란이 있으면 따르고 없으면 따르지 말아야 한다"고 하였다.

19 이 내용은 두목과 유인의 주석을 근거한 것이다. 조본학은 "때에 따라 불을 놓는 것은 적군이 스스로 풀을 태워서 아군이 불을 일으키는 것이 이익이 없게 될까 염려하는 것이다"라고 하였다.

사를 동원하여 이를 따르고, 만약 밤바람에 불을 놓으면 이를 따라서는 안 된다. 적이 복병을 두어 도리어 편승하게 될까 염려되기 때문이다.[20]⑤

아군에 있어서는 또한 마땅히 다섯 가지 화공의 변화를 알아야 한다. 네 개 별의 도수(度數)를 추산하여 엄하게 수비하고,[21] 적이 우리를 공격하는 것을 막아서 헛되이 남을 공격하는 계책을 만들어서는 안될 것이다.[22]⑥

20 이는 유인의 주석을 근거한 것이다. 조본학은 "하풍(下風)은 연기와 화염에 충돌을 받으니 공격하기에 맞지 않고, 군사를 어지럽히고 불을 피하게 하여 패주하며 서로 짓밟을 것이 염려된다"고 하였다.

21 장예는 "네 별(기(箕)·벽(壁)·익(翼)·진(軫))의 운행 도수를 추산하여 바람이 이는 날을 알아서 엄하게 수비해야 한다"고 하였다.

22 이 내용은 장예의 주석을 근거한 것이다. 조본학은 "가뭄과 바람을 만났을 때 달이 네 별의 도수에 있는 것을 미리알고 아군이 화공으로 적을 치거나 적이 우리를 공격하는 것을 방비해야 한다"고 하였다.

3. 물을 빌려서 불의 공력을 돕는다

그러므로 불로 공격을 돕는 것은 위세가 매우 잘 드러나고,[23] 물로 공격을 돕는 것은 형세가 강한 것이다. 물은 적의 보급로를 끊을 수 있어도 적의 요새와 축적한 것을 빼앗을 수는 없는 것이다.①

故以火佐攻者明, 以水佐攻者强. 水可以絶, 不可以奪.

【주해】

이것은 물을 빌려서 불의 공력을 돕는 것이다. 불로써 공격을 돕는 것은 그 위세가 매우 잘 드러나고, 물로써 공격을 돕

23 명(明)은 위세가 매우 잘 드러나는 것이다(其威甚著)(주해). 조본학은 "명민하고 임기응변하는 지혜"로 보았다. 오구룡은 《경의술문》의 왕염손의 해석을 인용하여 "明"을 "强"으로 해석하였다.

는 것은 그 형세가 막을 수 없는 것이다. 그러나 물은 겨우 적군의 식량 보급로를 끊고 충격과 공격을 구원할 뿐이지, 적군의 요새와 축적한 것을 빼앗을 수는 없다.[24]①

24 두목은 "물은 적의 식량 운송로를 끊고 적의 구원을 끊고 적의 도주를 끊고 적의 충격을 끊지만 물로 요새와 축적한 것을 빼앗을 수는 없다"고 하였다. 조본학은 "火攻은 천문을 알아 바람을 따르고 때를 알아 형세를 통달하는 것이기에 明이라 한다"고 하였다.

4. 공로자는 반드시 포상하라

전쟁하여 승리하고 공격하여 쟁취해도 공로자에게 포상하지 않는 것은 흉한 일이다. 이를 일컬어 비류(費留)[25]라고 한다.① 그러므로 명철한 임금은 그것이 마땅함을 생각하고, 어진 장수는 그것을 수행한다.[26]②

夫戰勝攻取, 而不脩其功者, 凶, 命曰費留. 故曰明主慮之, 良將脩之.

25 비류(費留)는 유공자를 포상하는 데 비용과 지출을 보류한다는 뜻이다.(費出留滯)(주해) 조본학은 "군사들에게 소비를 보류하는 것(留衆)"이라고 하였다. 양병안은 이를 "자리만 차지하고 권한이 없다는 뜻(贅旒)"으로 보았다.《공양전》

26 조본학은 "전승하여 점령하면 마땅히 공을 거둬야 하니, 그렇지 않으면 흉한 도가 된다. 소비를 지체하면 나라의 근심이 연유하기 때문에 명철한 임금과 어진 장수는 반드시 걱정하여 거두고, 군사를 궁하게 하고 무위를 더럽히는 일을 하려고 하지 않는다"고 하였다.

【주해】

물과 불로 전쟁하고 공격한 노고가 있어도 공로를 포상하는 은전을 행하지 않으면 군사들이 힘을 다하지 않기 때문에 흉한 것이다. 이를 명명하여 비류(費留)라고 하니, 비용과 지출을 보류하기 때문이다.[27]①

상벌(賞罰)에 관한 군정은 오직 명철한 임금이 먼저 그것이 마땅함을 생각하고, 어진 장수는 능히 이를 실행하는 것이다.②

---

27 조본학은 "전쟁에서 승리하고 공격하여 점거하면 마땅히 공로를 세워야 함에도 그렇게 하지 않는 것은 흉한 길이다. 비용을 소모하기를 보류하는 것은 나라의 환난이 일어나는 이유이다."라고 하였다.

5. 명분 없는 전쟁은 하지 말라

이로운 것이 아니면 가볍게 움직이지 않고, 얻는 것이 아니면 이 방법을 쓰지 않고, 위태로운 것이 아니면 전쟁 하지 않는다.[28]① 임금은 노여움으로 군사를 일으켜서는 안 되고, 장수는 분노함으로 전쟁을 해서는 안 된다.② 이익에 맞으면 움직이고, 이익에 맞지 않으면 그쳐야한다.[29]③ 발노함은 다시 기뻐할 수 있고, 분노함은 다시 즐거워할 수 있지만, 망한 나라는 다시 존속할 수 없고, 죽은 자는 다시 살아날 수 없다.④

그러므로 명철한 임금은 신중히 하고, 어진 장수는 경계를 하니, 이것이 나라를 편안히 하고 군대를 온전히 하는 길이

28 조본학은 "이 이하 내용은 소비를 보류함으로 인하여 용병의 실마리를 경계한 것이다."라고 하였다.

29 장예는 "장수 개인의 기쁨과 노함 때문에 용병을 해서는 안 되고 마땅히 이해가 있는지를 돌아봐야 한다"하였다. 조본학은 "이를 위해 수시로 기미를 보고 일이 적합한지를 헤아려야 한다"고 하였다.

다.[30]⑤

非利不動, 非得不用, 非危不戰. 主不可以怒而興師, 將不可以慍[31]而致戰. 合於利而動, 不合於利而止. 怒可以復喜, 慍可以復悅, 亡國不可以復存, 死者不可以復生. 故[32]明君愼之, 良將警之, 此安國全軍之道也.

【주해】

큰 공격과 살상이 매우 많기 때문에 만전의 이익이 아니면 가볍게 움직이지 않고, 땅을 얻고 사람을 얻는 게 아니면 이 방법을 쓰지 않고, 위급하고 부득이한 것이 아니면 이를 사용하여 싸우지 않는다. 이는 주장(主將)이 마땅히 신중히 해야 하는 의미를 보인 것이다.①

---

30 조본학은 "사람의 마음이 원망하고 노하는 기운은 간혹 평상으로 회복되고, 나라가 망하고 군사를 잃은 뉘우침도 간혹 좇을 수 있으니, 밝은 임금과 어진 장수는 근신하고 경계하는 것이다. 이득을 본 뒤 움직이고 얻음이 있은 뒤에 사용하고 위험을 대한 뒤 전쟁하는 것이다."라고 하였다.

31 온(慍)자는 "성내다", "분노하다(忿)"의 뜻이다.(장예) 조본학은 "분하여 성내다(忿慍)"로 보았다.

32 유인의 《손무자직해》에는 "曰"자가 있으나 여기에는 없다. 《십가주본》과 무경본도 후자와 같다.

노여워서 군사를 일으키는 것은 백성을 위한 것이 아니고, 분노하여 전쟁을 하는 것은 군사들을 성나게 하는 것이다.②

이른바 "이익이 아니면 움직이지 않는다(非利不動)"는 것이다. 위료자(尉繚子)가 말하기를, "전쟁을 일으키는 것은 분함으로 해서는 안 된다. 승리가 보이면 일으키고 승리할 수 없으면 그쳐야 한다."고 하였다. 그것이 바로 이 뜻이다.③

이것은 임금과 장수는 노여움과 분함에 맡겨서 군사를 출동하고 전쟁을 해서는 안 된다는 의미를 해석한 것이다.④

명철한 임금이 신중히 하는 것은 함부로 발노함으로 군사를 일으키지 않는 것이니, 이는 나라를 편안하게 하는 도이다. 어진 장수가 경계하는 것은 함부로 분노함으로 전쟁을 만들지 않는 것이니, 이는 군대를 온전히 하는 도이다. 이 내용을 보니, 불로 사람을 공격한다는 것은 마땅히 신중히 하여 가볍게 사용해서는 안 되는 것임을 알아야한다.⑤

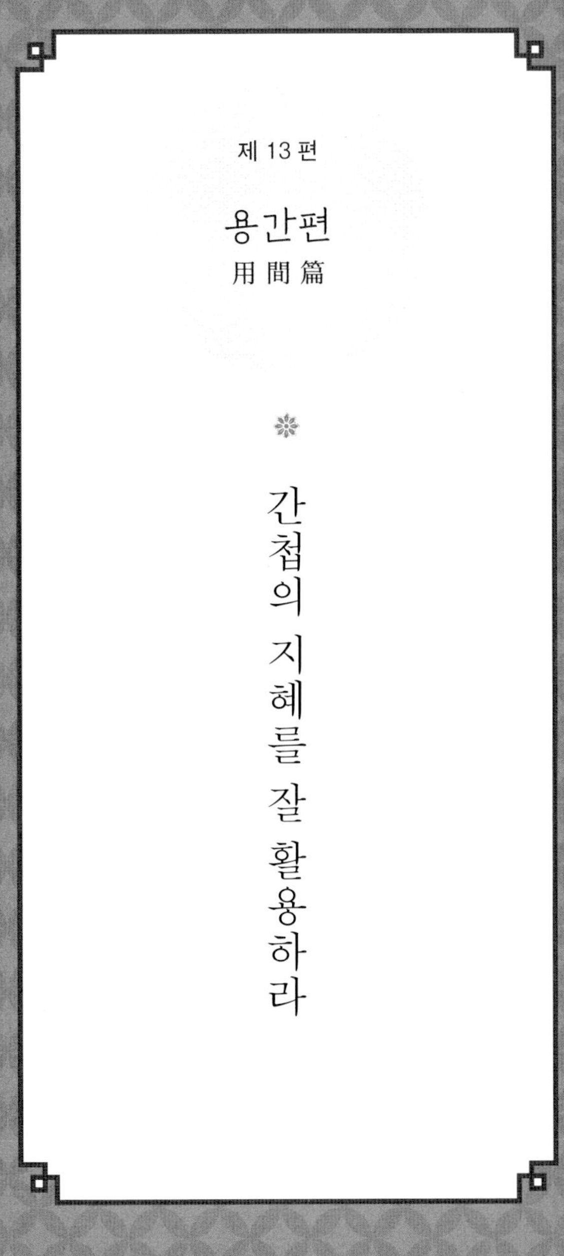

제 13 편

용간편
用間篇

간첩의 지혜를 잘 활용하라

이것은 간첩(間使)[1]에게 일을 맡기고 부리는 방법을 말하였다.

此言任用間使之法.

용간편은 전쟁을 하는데 간첩의 역할이 중요함과 간첩을 효율적으로 부리는 방법을 말하였다. 대군을 동원하여 원정을 하면 천금의 비용이 드는데 결국은 백성들이 큰 부담을 지고 피해를 보게 된다. 지원을 아껴 간첩을 이용하지 않으면 승리를 주재하지 못한다. 승전하여 남다른 전공을 세우려면 반드시 간첩을 통해 적의 정보를 먼저 파악해야 한다. 간첩을 부리는데 인간(因間)·내간(內間)·반간(反間)·사간(死間)·생간(生間)이 있다.

---

1 간사(間使)는 간첩(間諜)과 같은 말이다. 간사는 적진의 정보를 정탐하는 첩자이다.

간첩에게는 후대하여 친근하게 하고, 상을 후하게 주고, 비밀을 보장해야 한다. 일의 기미에 통달한 성자(聖者)라야 간첩을 부릴 수 있고, 인(仁)으로 덕을 베풀고 의(義)로 사리를 판단할 줄 알아야 하며, 깊은 통찰력이 있어야 간첩을 부린 효과가 있을 것이다. 만약 간첩의 일이 드러나지 않았는데 군중이 먼저 알게 되면 관련자가 모두 죽는다.

우리가 적의 간첩을 역이용하는 것이 반간(反間)이다. 간첩을 통해 적군의 정보와 시설물, 관계자에 대해 알아내게 하고, 적의 간첩을 찾아내어 이익을 주고 후대하여 역이용해야 한다. 반간을 통해 적의 고향사람, 사이가 나쁜 사람도 찾아서 부릴 수 있다. 다른 간첩들을 부리는 것이 반간에게 달렸으니 반간을 후대해야 한다. 최상의 지혜를 지닌 자를 간첩으로 삼아야 큰 전공을 기대할 수 있는 것이다.

1. 적의 정세를 알려면 간첩을 이용하라

손자가 말하였다.

무릇 군사 십만 명을 동원하여 천리 길에 나가 정벌하면 백성들의 비용과 국가의 지출이 하루에 천금을 쓰게 된다. 안팎에 소동이 나고 수송하는 길에서 노곤하여 농사일을 하지 못하는 자가 칠십만 가구이다.[1] 수년 동안 적과 서로 버티며 하루의 최후 승리를 다투었는데도 벼슬과 녹봉과 백금을 아끼고 간첩을 통해 적군의 정세를 모르는 자는 어질지 못함이 극심한 것이다. 이는 백성의 장수가 아니고, 임금의 보좌가 아니며, 승리를 만드는 주재자가 아닌 것이다.①

그러므로 명철한 임금과 현명한 장수가 출병하여 적군을 이

1 옛날에는 전쟁에 나갈 때 한명의 장정에 8가구가 함께 나가고, 수레와 우마, 먹이 등을 7가구에서 공급하기 때문에 10만 명이 출정하는데 70만 가구가 휴식하지 못했다고 한다.(조본학)

기고, 공업을 이룸이 뭇사람들보다 빼어난 것은 간첩을 이용하여 적의 정보를 먼저 알기 때문이다.② 먼저 적의 정보를 아는 것이란, 귀신에게 취해서는 안 되고, 지난 일에서 유추해서는 안 되며,[2] 도수(度數)에서 징험해서는 안 된다. 반드시 간첩에게서 취해야 적의 정보를 알 수 있는 것이다.③

孫子曰 凡興師十萬, 出征千里, 百姓之費, 公家之奉, 日費千金. 內外騷動, 怠於道路, 不得操事者, 七十萬家. 相守數年, 以爭一日之勝, 而愛爵祿百金, 不知敵之情者, 不仁之至也, 非人之將也, 非主之佐也, 非勝之主也. 故明君賢將, 所以動而勝人 成功出於衆者, 先知也. 先知者, 不可取於鬼神, 不可象於事, 不可驗於度. 必取於人, 而知敵之情也.

2 사(事)는 과거의 일이고, 상(象)은 일의 현상을 유추하여 모방하는 것이다. 상(象)이란, 형상화하는 것이니(象也者, 像此者也)《주역》〈계사전〉, 즉 비슷한 사물로 유추하는 것이다.

【주해】

이는 간첩을 써서 먼저 적의 정세를 안 다음 승리를 취하지 않으면 안 됨을 심도 있게 말한 것이다. 십만 군사가 출동하여 오랫동안 해산하지 않으면 칠십만 가구가 모두 농사일을 하지 못한다. 이러한 상황에 공사(公私)간의 비용을 계산하여 말하기를, "천금이 있어도 수년간의 비용이 얼마가 될지 알 수 없다."고 하게 된다. 도리어 벼슬과 녹봉을 인색하게 하고, 백금을 아끼며 간사(間使)를 써서 적의 정세를 알아내어 승리를 취하려고 하지 않으니, 이는 지극히 인(仁)하지 못한 사람이다.

사람의 장수된 자의 본체가 아니며 사람의 임금 된 자의 어진 보좌가 되지 못할 것이니, 어찌 능히 승리를 만드는 주재가 될 수 있겠는가.[3]①

그러므로 임금과 장수가 출병하여 즉시 적군을 이기고 공업을 이룸이 뭇사람들보다 뛰어난 것은 능히 간첩을 잘 이용하여

3 장예는 "70만 가구를 구휼하지 않고 벼슬과 포상을 아끼고 간첩을 먹여 적정을 탐지하지 않는 것은 불인(不仁)이 심한 것이다"라고 하였다. 조본학은 "인색하여 적군의 정세를 모르면 백성에게 큰 피해를 주게 된다. 이는 장수와 군신이 모두 도리를 잃은 것이다"라고 하였다.

먼저 적의 정보를 알기 때문이다.[4]②

먼저 적의 정보를 알고자 한다면, 귀신(제사)과 지난 일(유추)과 도수(度數)(천문)를 가지고 해서는 안 되고, 오직 간첩을 이용하는 것을 추구하면 적군의 허실을 알 수 있는 것이다.[5]③

---

4 이 내용은 장예의 주석을 근거한 것이다.

5 이 내용은 두목과 장예의 주석을 근거한 것이다. 귀신에게 취하는 것은 기도와 복서(卜筮)이고, 일을 본뜨는 것은 일의 비슷한 것을 유추하는 것이고, 도수를 징험하는 것은 하늘의 형상과 도수로 추산함으로 먼저 알기에 부족하고 오직 적을 아는 첩자를 이용해야 한다.(조본학)

2. 다섯 간첩을 이용하면 작전이 신묘하다

그러므로 간첩을 이용하는 데 다섯 가지가 있다. 인간(因間)[6]이 있고, 내간(內間)이 있고, 반간(反間)이 있고, 사간(死間)이 있고, 생간(生間)이 있다.① 다섯 가지의 간첩을 함께 이용하면 적은 그 방법을 알 수 없을 것이다. 이를 일러 신묘한 기법(紀法)[7]이라고 하니, 임금의 보배인 것이다.② 인간(因間)[8] 이란, 적의 고을 사람을 이용하여 그를 간첩으로 부리는 것이다.[9]③ 내간

---

6 인(因)자가 유인의 《손무자직해》에는 "鄕"자로 되어 있다. 십일가주본과 무경본, 《통전》, 《태평어람》에는 모두 "因"으로 되어 있다.

7 기법(紀法)은 이치와 법을 말한다.(주해) 기(紀)는 이치, 도리의 뜻이다. 가림은 "적군이 아군이 어떤 방법을 쓰는지 모르는 건 신에 통한 이치와 같기 때문이다"라고 하였다.

8 인간(因間)이 《손무자직해》에는 "향간(鄕間)"으로 되어 있고, 십일가주본에는 위와 같다.

9 因은 "의지하다(憑)", "이용하다"의 뜻이고(오구룡), 용(用)은 부리다(使)의 뜻이다.《광운》 조본학은 "적의 고을사람과 결속하여 소식과 동정을 구하여 몰래 우리에게 보고하게 한다"고 하였다.

(內間)이란, 적국의 관청 사람[10]을 이용하여 그를 간첩으로 부리는 것이다.④ 반간(反間)이란, 적군의 간첩을 이용하여 그를 아군의 간첩으로 부리는 것이다.⑤ 사간(死間)이란, 기만하는 일을 밖에 꾸며놓고 아군의 간첩에게 이를 알려서 적의 간첩에게 전하게 하는 것이다.⑥ 생간(生間)이란, 적에게 갔다가 되돌아와서 보고하는 것이다.⑦

故用間有五. 有因間, 有內間, 有反間, 有死間, 有生間. 五間俱起, 莫知其道, 是謂神紀, 人君之寶也. 因間者, 因其鄕人而用之. 內間者, 因其官人而用之. 反間者, 因其敵間而用之. 死間者, 爲誑事於外, 令吾間知之, 而傳於敵間也. 生間者, 反報也.

【주해】

간첩을 사용하는 데 대략 이 다섯 가지가 있다.①

---

10 두목과 조본학은 "관청 사람(官人)이란, 적국에서 벼슬살이한 자, 현명한데도 실직한 자, 처벌받은 자, 총애를 받고 재물과 여색을 탐하는 자, 낮은 지위에 있어 임용되지 않은 자 등이다"고 하였다.

다섯 가지를 동시에 함께 이용하면 그 방법을 예측하여 알 수가 없다. 이를 일러 신묘한 기법이라고 하니 인군의 지극한 보배이다.[11]②

적의 고을 사람에게 뇌물을 후하게 주어서 간첩으로 삼은 것이다.③

관청 사람은 조정에 있는 신하로 왕의 총애를 받고 재물을 탐하는 자이니, 돈독하게 결탁하고서 간첩으로 이용한다. 예를 들면, 월왕(越王)이 태재(太宰) 비(嚭)에게 뇌물을 준 것이[12] 바로 이것이다.④

적군이 간첩으로 온 자가 있으면 거짓으로 모른 척하되, 혹은 후하게 대접하고, 혹은 겁냄을 보이고, 혹은 가볍고 더디게 대하여, 그로 하여금 돌아가서 보고하게 하여 도리어 우리의 간첩이 되게 하는 것이다. 예를 들면, 조사(趙奢)가 진(秦)나라 첩자를 푸짐하게 먹이고, 진평(陳平)이 초(楚)나라 사신을 거짓

---

11 이는 두목과 장예의 주석을 근거한 것이다. 조본학은 "5등급의 간첩을 잘 이용하는 자는 적이 예측하지 못하게 된다. 신기(神紀)는 귀신의 기사처럼 지극히 그윽하고 영통한 것을 말한다"고 하였다.

12 월왕 구천(句踐)이 오나라 부차(夫差)에게 패했을 때 오나라의 태재 백비(伯嚭)를 이용하여 오나라와 강화를 맺고, 장수 오자서를 참소한 뒤 부차로 하여금 오자서를 죽이게 하였다.《사기》〈오자서열전〉

으로 놀라게 한 것이 바로 이것이다.[13]⑤

적을 속이는 일을 만들어 놓고 밖에 거짓으로 간첩을 둔 것처럼 하고, 우리의 간첩을 시켜 적의 간첩에게 누설시키는 것이다.[14]⑥

생간(生間)이란 안으로는 총명하고 밖으로는 어리석게 함을 선택하여 돈후한 외모와 깊은 심정으로 비루한 일을 많이 하는 자가 이를 행하니, 몸은 공적으로 행하고, 마음은 사적으로 엿보며, 갔다가 돌아와서 보고하는 데 항상 해를 받음이 없기 때문에 생간이라고 한다.[15]⑦

---

13 이는 장예의 주석을 근거한 것이다. 조본학은 "적이 우리에게 간첩을 보내면 우리는 거짓으로 모른 척하고 뇌물을 주어 결속하고, 거짓 정보를 보여주어 총괄하게 하면 도리어 우리의 간첩이 된다"고 하였다.

14 이는 두우의 주석을 근거한 것이다. 조본학은 "밖에서 기만하는 일을 만들어 아군의 간첩이 적에게 가면, 필시 협박과 뇌물, 감금으로 돌아가지 못하다가 부득이 오게 되면 보고 들은 것을 고할 것이다. 적장이 간첩을 매수하고 우리도 매수하면 결국 적이 패하고 간첩이 죽게 된다."고 하였다.

15 이 구절은 가림의 주석 내용을 근거한 내용이다. 조본학은 "지혜가 많고 언변이 있고 의리를 숭상하는 자는 왕래하고 유세하며 적의 정보를 염탐할 만하다"고 하였다.

3. 간첩의 일은 비밀이 관건이다

그러므로 삼군의 일은 간첩에게 가장 친근하게 대하고,[16]①간첩에게는 상을 가장 후하게 주어야 하고,[17]② 간첩에게는 일을 가장 비밀스럽게 해야 한다.[18]③ 통달한 지혜[19]가 아니면 간첩을 이용하지 못하고,④ 인(仁)과 의(義)가 아니면 간첩을 부릴 수가 없으며,⑤ 미묘한 통찰이 아니면 간첩의 실효를 얻지 못할 것이다.⑥ 미묘하고도 미묘하니, 간첩을 이용하지 않는 곳이 없는 것이다.⑦ 간첩의 일이 아직 드러나지 않았는데 먼저 알려진 경우에는 들은 자와 고한 자가 모두 죽는다.⑧

---

16 두우는 "친근하게 어루만지고 관작과 봉록을 후하게 주지 않으면 도리어 적에게 이용을 당한다"고 하였다.

17 장예는 "높은 벼슬과 후한 이익이 아니면 간첩을 부리지 못한다"고 하였다.

18 이는 두우의 주석을 근거하였다. 조본학은 "친근함이 아니면 마음을 얻을 수 없고, 상을 주지 않으면 명령을 행하지 못하고 비밀이 아니면 달성함을 얻지 못한다"고 하였다.

19 성(聖)은 사리에 통달한 것이다.(장예) 조본학은 "일의 기미(幾微)에 통달한 것을 聖이라 한다"고 하였다.

故三軍之事, 莫親於間, 賞莫厚於間, 事莫密於間. 非聖智不能用間, 非仁義 不能使間, 非微妙不能得間之實. 微哉微哉, 無所不用間也. 間事未發而先聞者, 聞與所告者皆死.

【주해】

간첩을 대우할 때는 마땅히 친근하고 믿는 마음을 다해야함을 말한 것이다.①

후한 상이 아니면 어떻게 그의 마음을 결정하게 할 수 있겠는가.②

전쟁의 기략(機略)은 완고하고 치밀해야 하니 간첩을 보내기에 이르러서는 마땅히 개인적인 비밀로 해야 한다.③

통달한 지혜가 아니면 어찌 남의 진위(眞僞)를 알 수 있겠는가. 쓰임에 따라서 마땅함을 얻어야 한다.④

인(仁)은 능히 베풀어 주고[20] 의(義)는 능히 사리를 헤아리는

20 시사(施舍)는 하사하여 베풀어 주는 것이다.(賜予)(왕인지(王引之)의 《경의술문(經義述聞)》주)

것이므로(裁度), 능히 간첩을 부릴 수 있는 것이다.[21]⑤

마음의 깊고 은미하고 정밀하고 오묘함이 아니면 간첩을 부리는 실효를 얻지 못할 것이다. 대개 간첩도 적의 재화를 탐하다가 실정을 얻지 못한 경우가 있다.[22]⑥

기밀의 의미를 깊이 감탄한 것이다. 적의 크고 작은 실정에 관한 일들이 모두 여기에 연유함을 말한 것이다.[23]⑦

간첩을 뒤로 하는 것은 그의 누설을 꺼려하는 것이고, 보고한 자를 죽이는 것은 그가 말한 것을 인멸하는 것이다. 이 이하의 글은 또한 간첩을 이용하는 법을 말한 것이다.[24]⑧

---

21 진호(陳皞)는 "주장이 인으로 맺고 의로써 부리면, 간첩은 마음을 다해 정탐하고 우리에게 쓰인 것을 즐거워 한다"고 하였다. 조본학은 "간첩은 반드시 주장이 그 마음과 맺고 죽을 목숨을 얻어 위탁할 수 있어야 하니, 인(仁)과 의(義)만이 능히 부릴 수 있다"고 하였다.

22 조본학은 "적군의 형세와 말에 眞僞가 있으니 반드시 정밀한 생각과 자세한 관찰을 해야 한다"고 하였다.

23 이 내용은 장예의 주석을 근거한 것이다. 조본학은 "군사의 일에는 모두 간첩을 이용하는 것을 많이 의존하고, 공로에는 반드시 기밀을 은밀히 해야 한다"고 하였다.

24 이 내용은 매요신과 장예의 주석을 근거한 것이다. 조본학은 "만약 군중에서 간첩에 관한 일을 고하거나 말하는 자가 있으면 피차간이 모두 참수된다"고 하였다.

4. 반간을 후대해야 일이 순조롭다

모든 공격하고자 하는 군대와 공격하고자 하는 성곽, 죽이고자 하는 적군은 반드시 먼저 그들의 담당 장수와 측근의 주모자, 빈객 안내자, 문지기, 사령 담당자[25]의 성명을 안 다음, 우리의 간첩을 시켜서 반드시 탐색하여 알아내도록 해야 한다.① 적군의 간첩으로 아군에게 와서 간첩활동 하는 자를 반드시 찾아서, 그에게 이익을 후하게 주고 유인했다가 놓아주어야 한다.[26] 때문에 반간(反間)을 얻어서 이용할 수가 있는 것이다.② 이 반간(反間)을 통해 알 수 있기 때문에 향간(鄕間)과 내간(內間)

25 원문의 "守將左右謁者門者舍人"에 대한 해석은 조본학의 주석을 따랐다. 좌우는 모의를 주관하는 심복이고, 알자는 빈객인 관원의 안내를 맡은 자, 사인(舍人)은 사령을 내리는 사람이다.

26 사(舍)는 놓아준다는 뜻이다. 주해에는 "놓아주어 돌아가게 한다(舍之使還)"로 되어 있고, 조본학은 "놓아주다(遺縱)"로 주석했다. 기존의 "머물다(稽留)"로 보는 해석과는 다르다. 조본학은 "후한 이익으로 유혹하고 거짓말로 유인했다가 놓아주면, 그가 주장에게 돌아가서 우리의 간첩이 되어준다"고 하였다.

을 얻어서 부릴 수 있는 것이다.③ 이 반간(反間)을 통해 알 수 있기 때문에 사간(死間)이 거짓된 일을 만들어서 적에게 고하게 하는 것이다.④ 이를 통해 알 수 있기 때문에 생간(生間)을 기대한대로 부릴 수 있다.[27]⑤ 다섯 가지 간첩의 일은 임금이 반드시 알아야 한다. 그러나 이것을 아는 것은 반드시 반간(反間)에게 달려있기 때문에 반간을 후대하지 않을 수 없다.⑥

凡軍之所欲擊, 城之所欲攻, 人之所欲殺, 必先知其守將左右謁者門者舍人之姓名, 令吾間, 必索知之. 必索敵人之間, 來間我者, 因而利之, 導而舍之, 故反間, 可得而用[28]也. 因是而知之, 故鄕間內間, 可得而使也. 因是而知之, 故死間爲誑事, 可使告敵. 因是而知之, 故生間, 可使如期. 五間之事, 主必知之, 知之必在反間, 故反間, 不可不厚也.

---

27 조본학은 "또 안다고 말한 것은 간첩을 신문하여 구설에 조치가 있음을 쉽게 안 것이니 생간의 보고를 얻는 것은 어렵지 않다"라고 하였다.

28 "用"자가 《손무자직해》에는 "使"자로 되어 있다.

【주해】

적의 군대를 공격하고 성을 공격하고 군사를 죽이고자 하는 자는 반드시 먼저 우리의 간첩을 시켜서 적의 수비하는 장수와 좌우 사람들의 성명을 탐색하여 알아내게 해야 우리의 간첩이 들어가서 승리할 수 있을 것이다.[29]①

적군으로서 우리에게 와서 엿보는 자를 찾아내어 후한 이득을 주고, 정으로써 유인했다가 이를 놓아주어 돌아가게 하기 때문에 반간(反間)을 얻어 부릴 수 있는 것이다. 예를 들면, 제갈공명이 맹획(孟獲)의 군중을 정벌할 때 고정(高定)을 간첩으로 얻었는데, 공명이 옹개(雍闓)에게 보낼 사람으로 삼아 큰상을 주기로 마음먹고 거사를 기약하였다. 고정이 정보를 얻어 고하자, 공명이 크게 노하여 군사를 주둔시키고 마침내 옹개를 습격하여 와서 항복하게 한 것이[30] 바로 이것이다.②

---

29 장예는 "먼저 좌우의 성명을 알아야 가능하다"고 하였고, 조본학은 "이상의 성명을 모두 알면 이간하여 속이는 전술과 탐색하여 헤아리는 계책이 인연하여 생길 것이다"라고 하였다.

30 제갈량이 남중(南中)을 평정할 때 추장 맹획(孟獲)을 일곱 번 놓아주고 일곱 번 생포하여 굴복시켰다. 이때 영창 태수 옹개(雍闓)와 건령 태수 고정(高定)을 토벌하는 과정에서 제갈량이 고정을 이용한 반간책을 써서 옹개가 항복하였다.《삼국지》〈제갈량전〉

이 반간(反間)을 통하여 적군의 고을 사람으로서 이익을 탐하는 자와 관리로서 사이가 안 좋은 자를 알게 되면 그를 유인하여 부릴 수가 있다.[31]③

이 반간(反間)을 통하여 알게 되면, 적군에게 속일 수 있는 일을 알게 되어 사간(死間)에게 적에게 가서 고하게 하는 것이다.[32]④

능히 갔다가 돌아오게 하면 우리가 기대한 것과 같이 될 것이다.⑤

임금은 마땅히 다섯 가지 간첩을 이용하여 적의 정보를 알아야 한다. 그러나 다섯 가지 간첩은 모두 반간(反間)에 의해서 이용되니, 이 반간에게 어찌 상(賞)을 융숭하고 후하게 내리지 않을 수 있겠는가.[33]⑥

---

31 이 내용은 장예의 주석을 근거한 것이다. 조본학은 "적의 간첩을 통해 그 사람을 부리면 향간과 내간을 이용하여 그 방법에 연유가 있을 것이다"라고 하였다.

32 이 내용은 장예의 주석을 근거한 것이다. 조본학은 "또 안다고 말한 것은 기만의 일이 적군의 사의에 적중하여 믿을 리가 있으니, 적에게 고하게만 하고 계책은 행하지 않은 것이다."라고 하였다.

33 이 내용은 장예의 주석을 근거한 것이다. 조본학은 "내간·향간·사간·생간의 네 간첩이 모두 반간에 의해 이용되므로 반간은 네 간첩보다 더 잘 알아야 하고 더욱 후대해야 한다"라고 하였다.

5. 지혜 있는 자가 큰 공을 세운다

옛날에 은(殷)나라가 일어날 때 이지(伊摯, 이윤)는 하(夏)나라에 있었고, 주(周)나라가 일어날 때 여아(呂牙, 태공)는 은나라에 있었다.[34]① 그러므로 명철한 임금과 현명한 장수는 능히 최상의 지혜를 가진 자로 간첩을 삼아서 반드시 큰 공을 이룰 수 있다. 이것은 병가(兵家)의 가장 중요한 것이며, 삼군이 믿고서 출동하는 것이다.②

昔殷之興也, 伊摯在夏, 周之興也, 呂牙在殷. 故明君賢將, 能以上智爲間者, 必成大功. 此兵之要, 三軍之所恃而動也.

---

34 이지(伊摯)는 이윤(伊尹)이다. 유신(有莘)의 들에서 농사를 짓다가 은(殷)나라 탕왕의 부름을 받고 재상이 되어 하(夏)의 걸왕(桀王)을 토벌하고 천하를 평정하여 상(商)나라를 건립하였다.《서경》〈열명〉 여아(呂牙)는 여상(呂尙) 강태공이다. 위수(渭水)에서 낚시를 하다가 주(周)나라 문왕을 만나 그의 스승이 되었고, 후에 무왕을 도와 은(殷)의 주왕(紂王)을 정벌하고 천하를 평정하여 제(齊)나라에 봉해졌다.《사기》〈제태공세가〉

【주해】

두 신하는 반간(反間)한 사람이 아닌데도 이를 인용한 것은 온당치 않다.[35] 하지만 이 역시 빌려서 간첩을 이용하는 방법을 밝힌 것이다.①

명철한 임금과 현명한 장수는 최상의 지혜를 가진 사람으로 간첩을 삼아서 반드시 전쟁에서 승리하는 큰 공을 이룰 수 있다. 이 간첩을 이용하는 것은 곧 병가(兵家)의 지극히 중요한 것이다. 삼군(三軍)은 간첩이 아니면 출동할 수 없으니, 바로 적의 정보를 알지 못하기 때문이다.[36]②

---

35 이윤과 강태공이 반간하지 않은 인물로 보는 견해가 있다. 매요신은 "이들은 반란한 것이 아니다"하였고, 하연석은 "이윤과 여상은 성인의 짝이니 어찌 반간을 했겠는가. 다만 그들의 才智가 用間할만하다"라고 하였다.

36 이 내용은 장예의 주석을 근거한 것이다. 조본학은 "반간이 지극히 중요하니 최상의 지혜를 지닌 사람을 상지(上智)로 여기고 간첩으로 삼으면, 능히 적의 정보를 얻고 적의 아첨을 받지 않는다. 바로 이윤과 태공이 그러한 예이다"라고 하였다.

참고문헌

1. 저본

《孫子註解》, 明萬曆甲午本, 1594

2. 손자 원전 및 주석서

顧福棠,《孫子集解》, 濟魯書社, 1993, 성균관대학교

고유상, 懸吐《孫武子直解》, 匯東書館, 1913

古棣,《孫子兵法大辭典》, 上海辭書, 2015

古棣,《孫子兵法全解》, 上海辭書, 2016

郭化若,《孫子兵法》, 上海古籍出版社, 1984

吉天保,《孫子十家注》, 浙江書局, 1877 국립중앙도서관

吉天保,《孫子注解》, 上海書店, 1988

吉天保,《孫子十家注》, 上海古籍出版社, 1989

杜牧·孫星衍·吳人驥,《孫子十家註》, 국립중앙도서관

《武經七書》, 국방부전사편찬위원회, 1987

駢宇騫 外 4人,《孫子兵法》, 中華書局, 2006

駢宇騫·王麗莎,《武經七書》, 中華書局, 2020

孫武,《孫吳子司馬法》富華圖書館, 1913 국립중앙도서관

孫星衍·吳人驥,《孫子十家注》, 商務印書館

孫星衍,《孫吳司馬兵法》, 菊坡精舍藏板富文齊, 淸代

孫星衍·吳人驥,《孫子十家註》, 1884 국립중앙도서관

施子美,《施氏七書講義》, 국립중앙도서관

施子美,《孫子講義》, 軍事科學院

《十一家注本》, 中華書局, 1961

袁剛,《孫吳子司馬法》, 廣西人民出版社,2005.

楊丙安,《十一家注孫子校理》, 中華書局, 1999

楊丙安,《孫子會箋》, 中州古籍出版社, 1986

吳九龍 外 4人,《孫子校釋》, 軍事科學出版社, 1990

陸懋德,《孫子兵法集解》, 商務印書館

劉伶,《白話孫子兵法讀本》, 白山出版社, 1990

劉寅,《武經七書直解》, 국립중앙도서관

劉寅,《三略》, 국립중앙도서관

劉寅,《孫武子直解》, 台灣泰華出版社, 1979

李零,《孫子譯註》, 中華書局, 2007

李夢生,《左傳譯註》, 上海古籍出版社, 2004

蔣方震·劉邦驥,《孫子淺說》, 武漢出版社, 2011

張元濟,《續古逸叢書》,《宋本武經七書》廣陵書社, 2013

張曉軍,《武經七書》, 北京, 軍事科學出版社, 2001

趙本學,《孫子書校解引類》, 齊魯書社, 1993

趙本學,《趙註孫子十三篇》, 新文豊出版公司, 1982

曹操,《孫子注》, 上海古籍出版社, 2013

朱墉,《武經七書匯解》, 中州古籍出版社, 1989

朱墉,《孫子匯解》, 軍事科學院

《中國兵書集成》, 遼沈書社, 국립중앙도서관

曾公亮,《武經總要》, 遠方出版社, 2005

陳啓天,《孫子兵法校釋》, 上海書店, 1996

黃鞏,《孫子集註》, 齊魯書社, 1993

黃邦彥,《孫子集註》, 齊魯書社, 1949

3. 그 외 병서

唐順之,《武編》, 四庫館, 1868

杜佑,《通典》, 국립중앙도서관

杜牧,《樊川文集》, 上海古籍, 1978

沈津,《百家類纂》, 국립중앙도서관

茅元儀,《武備志》〈兵訣評〉

劉寅,《尉繚子直解》, 국립중앙도서관

劉寅,《六韜直解》, 국립중앙도서관

王先愼,《韓非子集解》, 中華書局, 1998

于鬯,《香草續校書》, 中華書局, 2013

兪樾,《諸子平議》, 中華書局, 1954

兪樾,《諸子平議》, 世界書局, 1991, 국립중앙도서관

易培基,《讀孫子雜記》, 國故

鄭友賢,《孫子遺說》, 中華書局, 1985

趙蕤,《長短經》, 국립중앙도서관

趙本學·兪大猷,《續武要總要》, 商務印書館, 2017

陳深,《諸子品節》, 濟魯書社, 1995

戚繼光·渡邊敬,《紀效新書》, 국립중앙도서관

太宗·李靖,《唐太宗李衛公問對直解》, 국립중앙도서관

畢以珣,《孫子敍錄》, 商務印書館, 1937, 국립중앙도서관

許洞,《虎鈐經》, 국립중앙도서관

何去非,《何博士備論》, 商務印書館, 1930

黃石公,《三略》, 국립중앙도서관

4. 고전 자료(경사부)

歐陽脩·宋祁,《唐書》, 국립중앙도서관

歐陽修·宋祁,《新唐書》, 국립중앙도서관

羅貫中,《三國志》, 국립중앙도서관

杜預,《春秋左氏傳》, 국립중앙도서관

班固·凌稚隆,《漢書》, 국립중앙도서관

范曄·張奐,《後漢書》, 국립중앙도서관

司馬光,《資治通鑑》, 국립중앙도서관

司馬遷,《史記》, 국립중앙도서관

司馬穰苴,《司馬法》, 국립중앙도서관

蕭統,《文選》, 上海古籍, 1986

楊天宇,《周禮譯註》, 上海古籍, 2004

楊天宇,《禮記譯註》, 上海古籍, 2004

王引之,《經典釋詞》, 岳麓書社, 1984

王充,《論衡》, 국립중앙도서관

吳則虞,《晏子春秋集解》, 中華書局

劉盼遂,《論衡集解》, 古籍出版社, 1957

劉向,《戰國策》, 국립중앙도서관

劉熙,《釋名》, 中華書局, 2016

李昉,《太平御覽》, 국립중앙도서관

左丘明,《國語》, 국립중앙도서관

朱熹,《資治通鑑綱目》, 국립중앙도서관

張廷玉,《明史》, 中華書局, 1923

《周易》, 보경문화사, 1986

鄭玄·孔穎達,《禮記註疏》, 국립중앙도서관

陳壽,《三國志》, 국립중앙도서관

托克托·賀惟一,《宋史》, 국립중앙도서관

5. 자서류

郭璞,《爾雅》, 浙江古籍, 2011

郭璞·邢昺,《爾雅註疏》, 국립중앙도서관

顧野王,《宋本玉篇》, 中國書店, 1983

段玉裁,《說文解字注》, 浙江古籍, 1998

梅膺祚,《字彙》, 上海古籍, 1995

宋濂,《洪武正韻》, 濟魯書社, 1997

王念孫,《廣雅疏證》, 中華書國, 2004

李從周,《字通》, 中華書局, 1985

任大椿,《字林考逸》, 上海古籍, 1995

張玉書,《康熙字典》, 上海書店, 1985

張自烈,《正字通》, 中國工人出版社, 1996

丁度,《集韻》, 中國書店, 1983

《中華大字典》, 中華書局, 1990

陳彭年,《宋本廣韻》, 江蘇教育出版社, 2005

鄒華淸,《漢語大字典》, 湖北辭書·四川辭書, 1992

許愼,《說文解字註》, 浙江古籍, 1998

6. 국역서

김석진,《주역전의대전》, 대유학당, 1996

김석진,《대간주역강의》, 한길사, 1999

김원중,《손자병법》, 글항아리, 2011

김학주,《손자》, 대양서적, 1972

김학주,《손자》, 명문당, 1999

노승석, 《교감완역 난중일기》, 여해, 2019

노승석, 《신완역 난중일기 교주본》, 여해, 2021

노태준, 《손자병법》, 홍신문화사, 1976

성백효, 《손무자직해》, 전통문화연구회, 2012

성백효, 《역주 통감절요》, 전통문화연구회, 2006

이기석, 《육도삼략》, 홍신문화사. 2002

이민수, 《손자병법》, 혜원출판사, 1998

정태현, 《춘추좌씨전》, 전통문화연구회, 2016

찾아보기

용어

ㄱ

ㅅ

ㅇ

ㅈ

ㅊ

인 명

ㄱ

ㄴ

ㄷ

ㅁ

ㅂ

ㅅ

ㅇ

ㅈ

ㅌ

ㅎ

지 명(유적)

임진왜란기 손자병법주해

이순신과 조선장수들이 읽은 병법지침서

1판 1쇄 인쇄 2022년 4월 25일
1판 1쇄 발행 2022년 4월 27일

지은이 | 손무
옮긴이 | 노승석
펴낸이 | 盧承奭
교 정 | 여해연구소
펴낸곳 | 도서출판 여해

등 록 | 2012년 9월 4일
번 호 | 제25100-2012-000025호
주 소 | 서울 종로구 자하문로 97-16 1층
팩 스 | 02) 3675-3412
전 화 | 02) 999-5556

ISBN 979-11-973782-2-5

도서출판 여해는 여해고전연구소의 소속사입니다.